Stefan Koldehoff
Tobias Timm

〔德〕史蒂芬·科德霍夫

〔德〕托比亚斯·蒂姆 著

潘南婷 译

艺术与

犯罪

上海书店出版社

艺术市场的
掠夺、造假
与诈骗

目录

前言　光与影

　　纽约与北京、伦敦与莫斯科、柏林与摩纳哥之间的国际艺术市场都有着两面——一个是明面，另一个是暗面。不管是明面还是暗面都是过去20年来画廊、拍卖行和互联网发展的结果，其中绘画和雕塑的价格上涨几乎是爆炸性的：日内瓦私人收藏的保罗·塞尚的《玩纸牌的人》拍出了2.5亿美元；保罗·高更的塔希提岛画作《你何时结婚?》拍出了3亿美元；一次纽约拍卖会上阿梅代奥·莫迪利阿尼的《仰卧的裸女》拍出了1.57亿美元；阿尔贝托·贾科梅蒂的雕塑作品《指示者》拍出了1.41亿美元。当然还有以4.5亿美元成为传奇的历史最高成交价：2017年11月，在第五大道洛克菲勒中心的佳士得拍卖会上，一位穆斯林国家元首拍下了一幅基督肖像《救世主》——尽管直至今日专家们对这块小木板上的画是否达芬奇的真迹仍有分歧。根据TEFAF全球艺术市场报告,整个国际艺术市场每年的销售额超过 600 亿美元。

　　然而,这些价格仅仅是透露给公众的——市场上明面的价格。如今有一些顶级的拍卖行为客户提供的咨询服务丝毫不逊色于各大投行,当然这些服务都是谨慎的,如果有必要,甚至可以通过避税地的离岸公司来进行。马来西亚主权财富基金——一个马来西亚发展有限公司(1MDB)被洗劫的案例就说明了这一点。涉案人员在拍卖会上用足以窃取整个国家的数亿美元的一部分购买了巴勃罗·毕加索和文森特·梵高等人的艺术作品。全球性运营的大型画廊的交易厅看起来就像顶级奢侈品店一样。它们也有这样的期望:在这里,卖的不是价值百万的文化商品,而是生活方式和社会声望。不管是谁,如果能在纽约肉库区的下一个派对把杰夫·昆斯的新作挂在墙上,就绝不单单是有钱人,他或她不仅属于世界上那一小撮多年来财富一直在急剧增加的富人阶层,而且还属于所谓的全球文化精英阶层。这个阶层则可以通过购买艺术品来获取入场券。

　　那些有购买力的人会因此雇佣"艺术顾问"。艺术顾问则为了高额的报酬帮助雇主寻找适宜的作品。方便的是,他们也会同时解释当下哪些艺术家受到追捧以及其作品的含义。即使是这种方式也会出问题——协议可能得不到遵守,还有像毕加索、克尔希纳或利希滕斯坦这样的知名艺术家也会有糟糕的作品,这在艺术顾问赫尔格·阿亨巴赫的惊人案例中显得尤为注目。"投行、交易所的投机者还有股票经纪人的介入让艺术市场彻底变得野蛮了。"他在 2019 年的一次采访中说道[1]，"在股市中，一切都受到监管。如果你通过内幕消息购买了股票，监管部门的人立刻就会来敲你的门并且将你逮捕。艺术市场则更容易被操控。"阿亨巴赫明白他在说什么，在他因通过艺术品交易骗取数百万欧元，并于 2015 年被判 6 年监禁之前，他曾以艺术顾问的身份和一个私人银行合作，尝试成立一项艺术基金。

市场的阴暗面

这就是另一面，艺术交易中有利可图的阴暗面，在像艺术市场这样能赚大钱的地方，就会有一群人蜂拥而至，不择手段地参与这场大型游戏。

比如，在莱茵兰的一栋别墅里，有一批据称收有俄罗斯前卫艺术所有藏品的自制图录可供鉴赏。图录的封面印有一家网络影集制造商的标志。但是这并不阻碍一位西德的企业家一掷千金，附赠的专家报告也没让他产生疑问。

还有一位专家，她掌管着一位最抢手、最昂贵的欧洲古典现代主义艺术家的作品目录，她理所当然地接受了一家德国拍卖行 9.1 万欧元的佣金。据一份独立的审计报告显示，根据合同内容，她没有理由获取如此高额的佣金。

还有一位多年来为艺术品提供科学鉴定的专家，他对那些价值数百万美元的布面油画像海报一样被卷起来，并且快递到他家里不以为奇。每一个博物馆，每一个严肃的艺术品经销商当然会将这些画作装裱，放在高度敏感的气候控制箱里并由专业的运输代理来运输。

所有这些都是 21 世纪艺术市场快速发展的结果。关于这一点，已经有很多人说过和写过：关于曼哈顿和长岛的对冲基金亿万富翁们（他们很方便把艺术收藏变成了他们的爱好和有利可图的投资）；关于不断刷新纪录的成交价格；关于艺术品作为超级富豪新的身份象征；关于中国香港、印度、俄罗斯和南美的新买家和卖家市场；关于市场被席卷一空导致的供不应求。

过去几十年社会和经济的发展导致艺术品成为了投资工具。这些现象对严肃对待文化资产又产生了什么后果，迄今几乎没有人进行系统的研究。对于这些无人再能严肃否认的发展，本书将结合具体的案例来描述引起这些现象的一系列原因及产生的后果。

- 一直以来，艺术品市场就是全球化程度最高，同时也是透明化程度最低的市场之一。通常只有少数核心参与者知道如莱昂纳多·达芬奇、文森特·梵高、阿尔贝托·贾科梅蒂或者杰克逊·波洛克的作品易主之事。关于价格的敲定，谁给谁付了款，有哪些中间人和避税地的空壳公司参与其中，更是无从知晓。

- 艺术品市场依然像一百多年前一样，因交易独一无二的商品而使用着特殊权利。虽然现金转账达到一个相对较低的限额时，正如不动产交易一样需要强制申报，但是在一定条件下，艺术品却可能使敲诈或者贩毒等非法交易的利润流入合法的资金渠道。

- 而且艺术品交易是最纯粹的市场经济模式。这些商品——至少价格在最高区间时——是独一无二的孤本，其价值并不能被客观地决定。伦勃朗、罗伊·利希滕斯坦或者格哈德·里希特的画作价格，不是根据重量或者使用的材料，更不是因为尺寸来决定的。仅仅是市场的供求关系就能最终决定其价格。一个艺术家、一个经销商或者一个收藏者必须愿意放弃一件艺术品。同时另一位收藏者（或最好是两个）一定想要拥有这件艺术品。当极少数人掌握了大量的财富而且愿意为艺术品买单时，不论是因为激情、鉴赏力、声望或者投资，目前任何价格，无论多高，都是可以想象的。而且这种情况照目前来看短期内将不会改变。

并无普遍怀疑

通过艺术品洗钱、逃税和诈骗；全球化的后果；艺术犯罪和宗族犯罪的联系；大大小小画廊的赝品；隐藏在与世隔绝、免税的保税仓库里的秘密画作；黑市上纳粹时期流传下来真真假假的遗物；因为数字化使窃书和假书成为了利润丰厚的生意——这些都是本书的主题。本书不想让整个行业受到普遍的怀疑。绝大多数艺术贸易公司认真经营，遵章守纪并且热衷于艺术事业。

这些公司必须付出加倍的努力来揪出那些害群之马，揭露并终止他们的所作所为，以防将来发生类似的情况。当今艺术品市场上有着一种罕见的陈规，像在一些同盟协议中出现的一样——坚持着传统，比如握手交易、商业伙伴匿名化或所谓的特定行业商业秘密。所有这些传统不仅显得可疑，并且损害了整个市场，在数字化和数据全球联网化的时代，甚至在国际上都没有前途。与其固执地坚持事实上早已过时的东西，与其在这里拒绝建设性的合作，反复花钱购买所谓的持有反驳观点的专家意见书，不如积极地共同塑造这个行业的未来，这才是更有意义的事。

艺术与犯罪的联系绝不仅限于艺术品交易。本书在接下来几章里将介绍一些耸人听闻的案例。全世界的博物馆都不得不参与这个话题。因为这些博物馆不管是在技术方面还是员工方面的安保工作仍然太差。例如柏林重达 100 千克的巨型金币被盗案和德累斯顿绿穹珍宝馆入室盗窃案证明了这一点。所谓的"内部作案"常常由外部公司策划，并由薪资待遇差的临时工参与，最近在鹿特丹、巴黎、阿姆斯特丹、伊斯坦布尔、开罗，甚至有可能在伦敦都发生过。

2006 年夏，俄罗斯圣彼得堡冬宫丢失了 221 件文物——主要是 15 世纪至 18 世纪的圣像和珐琅器，其总价值约为 400 万欧元。人们猜测被盗艺术品被销往远东和南美。根据莫斯科日报网 Gaseta 调查报告显示，自 1990 年俄罗斯经济对外开放以来，据称共有五千多万件艺术品在俄罗斯博物馆被盗，其中包括 340 万幅画作和 3.7 万件圣像。该报告估计，前俄罗斯博物馆馆藏在灰色市场上的总价值超过 10 亿美元。很多图书馆、档案馆和博物馆的图文部门连馆藏都没有清点过一次，更不用说数字化了。比如像发生在那不勒斯的那件案子——珍本被盗或者大开本的古书插图和早期地图被裁剪下来，竟然都没被发现。只要文化机构的私人和公众赞助者没有准备为藏品的安全着想，那么上述情况就不会改变。

造 假 全 球 化

艺术品造假犯罪网的国际化程度有多高，其赝品在最短时间内走遍全球的门路有多宽，这些情况从两起引人注目的伪造案件中则可看出：在 1994 年至 2011 年之间，纽约克诺德勒（Knoedler）画廊曾以与之相应的高昂价格出售过杰克逊·波洛克、马克·罗斯科、威廉·德·库宁、巴奈特·纽曼、克莱福德·斯蒂尔和弗兰茨·克莱恩等名家作品。后来发现这些作品都是赝品。其中牵涉到的是一位西班牙的艺术经销商，意大利和比利时的收藏家，以及一位居住在纽约的中国画家。

另一个案例是近几年通过法国和意大利流入市场的古代大师画作逐渐被发现不是真迹。由于采购木材和画布作为底子的成本很高，而且要能证明是几百年前画作的颜料、粘合剂和老化的痕迹，所以与现代经典作画相比，伪造古典名作要困难得多。这也许就是为什么备受追捧的荷兰画家弗兰斯·哈尔斯一幅所谓的男性肖像画会在没有经过批判性的询问的情况下，通过一个英国艺术品经销商，在 2011 年苏富比拍卖会上以 1 120 万美元的成交价落入一位收藏家手中。此前，来自巴黎卢浮宫和海牙毛里求斯皇家艺术收藏馆的专家们已经确认这幅画像是出自画家本人之手。当通过材料检查发现并非如此时，这位买家——来自西雅图的一名美国房地产企业家和艺术收藏家，便将这幅画退了回去。该经销商曾与伦敦一家公司共同购买了该作品，并为此支付了 320 万美元给法国经销商朱利亚诺·鲁菲尼。此后，后者卖出的其他几幅画作也被怀疑是赝品：一幅被认为是弗兰西斯科·帕尔米贾尼诺圈子的，日期为 1527 年的《圣杰罗姆》曾一度挂在纽约大都会艺术博物馆——该作品却用了 1938 年才上市的颜料酞青绿。2012 年，鲁菲尼在纽约的一次拍卖会上赚取了 84.2 万美元。一幅据称由卢卡斯·克拉纳赫于 1531 年绘制的《带着面纱的维纳斯》被列支敦士登摄政王汉斯·亚当亲王以 700 万欧元的价格在伯恩海默画廊购得。2015 年 3 月在法国普罗旺斯地区的艾克斯，该画被查为赝品并被扣押。法国法律允许这样做。2019 年 9 月，一位与鲁菲尼有关的来自意大利北部的画家被短暂逮捕，据报道，法国也对鲁菲尼本人发出了逮捕令。两人都坚持自己的清白，法院将决定是否将他们从意大利引渡到法国。鲁菲尼告诉法国造假专家文森特·诺斯，他从未鉴定过任何一位画家作品，他只是一个收藏家，不是专家。他卖出的所有画作，都是先由专家和策展人鉴定归属到对应的艺术家名下的。画家的辩护律师在法庭上再次表示，他的当事人只是因为借给博物馆该画作而被错误地卷入了这桩丑闻。[2]

令人备受启发的是，人们不仅终于调查了这些国际纠纷，而且造假者沃尔夫冈·贝尔特雷西奇多年来在未被发现的情况下出售的赝品，在美国的私人收藏和法国的展览中也被发现了。来自全欧洲的专家对此进行了鉴定。对于威斯巴登 SNZ 画廊案件，有线索指向了以色列、英国和俄罗斯。

此外，当犯罪行为发生时，那些记录线索和参与行动的机构就会发挥作用。例如意大利有一个特别部门——文化遗产保护宪兵队（CTPC）光是在 2016 年就找回了价值 5 300 万欧元的被盗艺术品；设在里昂的国际刑警组织总秘书处收集所有成员国关于艺术犯罪的信息，并将其公布在互联网数据库中，一般在登记后即可访问；在美国，除了执法机构外，银行监管局大屠杀索赔处理办公室也参与寻找被盗艺术品。英国一直设有艺术与古董小组，该小组有着传奇的故事，经过多次改革现在已经没有那么大的权力了。1961 年，该小组参与了国家美术馆被盗的戈雅《威灵顿公爵肖像》的搜寻工作。此案在当时引起了极大的轰动，以至于次年第一部詹姆斯·邦德电影《诺博士》中就出现了此案。而这也是所谓"艺术品绑架"——试图归还被盗艺术品以获取赎金——的早期案例。近几年来，该方式在犯罪圈内越来越受欢迎，因为有关保险公司以前都相当愿意支付赎金。本书也将涉及这方面的内容。

在德国的侦查机关中，负责艺术品犯罪的专业部门仍然是个例外。这种专业部门仅在三个州的刑侦部门和联邦州级刑警局存在。然而，那里受过专门训练的调查人员的工作总是以保护和保管文化财产为目标。但当调查要变成起诉书，然后作出判决时，他们的工作往往就结束了。从对威斯巴登 SNZ 画廊老板，或者对造假者沃尔夫冈·贝尔特雷西奇在科隆的审判案例中可以看出：法院通常害怕麻烦或者没有兴趣来对这种案件进行深入调研。仅仅为了节省办案时间，关于成百上千件疑似被盗或者被仿的艺术品案件被减至数件。而即便如此，也往往有所谓的"辩诉交易"，无非以减刑换取口供，是检察院和被告人之间的交易。这样一来，犯罪结构、国际间的相互联系、"艺术与犯罪"的体系被反复简化为单一的个案。人们不愿意从根本上去了解它们的社会和经济结构，以及最重要的全球结构。

作为人质的艺术

多数情况下，个别专家、律师、画廊商、拍卖商或者调查员不顾强烈的反对，有时甚至冒着个人危险会为艺术挺身而出，揭露诈骗犯和造假者的罪行。本书描述的罪行不光影响到了来自摩纳哥和长岛的亿万富翁，还有来自上巴伐利亚地区的普通工薪族。有的受害者买到了赝品却不以为然；有的受害者的生命却会被这些欺诈行为所威胁。但无论如何艺术总是那个输家。它作为人质而被劫持，被藏到现代的贼窝里，被赝品玷污。

所以，关于"艺术与犯罪"这个话题，值得讲述和阐释的还有很多。比如说，关于那些收藏家用来购买藏品的钱，其来源不仅仅是可疑的交易。例如，希腊船主的家族至今仍拥有一些世界上最重要的印象派和后印象派作品。他们与自己国家的右翼军政府紧密合作。还比如，梵高、毕加索等艺术史上的经典作品早已在苏黎世艺术馆等地展出，介绍这些作品的标签上只谨慎地写着"私人收藏"。从 1992 年开始，蒂森·博内米萨的收藏品就一直在马德里自己的博物馆里展出。这些收藏品来自一个企业家家族。这个家族也是通过与纳粹的军火交易而致富的。还有 2019 年 6 月在祖国列支敦士登去世的律师兼财务托管人赫伯特·巴特利纳，他不仅管理着众多企业家的资产，还因金额达数百万的逃税事件被调查。在他的客户中，还有据说与伊拉克有非法生意往来的美国原料交易商马克·R.、不太民主的沙特王室、多哥独裁者埃亚德马以及德国基民盟的多位政客等，他们通过巴特利纳的办公室和"鹡鹩基金会"安排了避税的黑钱账户，事后被称为黑森捐款门事件。另外，根据调查文件显示，一名来自厄瓜多尔的毒枭通过其妻子在巴特林纳那里设立了四个基金会。在此期间，他被逮捕，并因走私毒品、洗钱、逃税和谋杀法官而被定罪。维也纳阿尔贝蒂纳博物馆的整个侧翼是以赫伯特·巴特利纳和他的收藏品命名的。他向该博物馆捐赠了这些艺术品。其中有 7 件俄罗斯前卫艺术作品——大部分是在瑞士同一家画廊购买的——被博物馆认定是赝品。有时候，事实能自圆其说。

　　本书将专注于让人们看到那些在艺术界中愿望与现实常有的巨大差距；看到善、美、真往往是用肮脏的方法来争取的；看到在谈论艺术的时候，备受关注的往往只有物质的而没有审美或启蒙价值的犯罪行为。本书将通过精选的案例和代表性的人物，试图厘清艺术与犯罪的结构性问题，从而也对当今艺术市场和艺术商业体系中存在的问题进行分析。只有那些不否认这种分析的必要性的人，才能真正重新看清艺术的本质。

　　　　2019 年 12 月　斯蒂芬·科德霍夫/托比亚斯·蒂姆

第 1 章　被偷盗，被掠夺，被绑架

传说中的博物馆盗窃案、艺术品绑架和一枚重达 100 公斤的纯金币

《蒙娜丽莎》失踪案

博物馆是作为艺术的殿堂而被建造的——并且必须总是充当艺术的保险库。那些关于殿堂保险库被闯入、被盗和"艺术绑架案"的故事总是充满了传奇色彩。莱昂纳多·达·芬奇的《蒙娜丽莎》是在 1911 年 8 月从卢浮宫被盗之后才真正变得举世闻名的。

这起盗窃案当时是内鬼干的。意大利画匠文森佐·佩鲁贾曾在博物馆干过安装玻璃的工作，因此对安全防范措施了如指掌。在一个周日下午，他和两个哥们儿一起把自己关在卢浮宫里。三人躲在一个抄写员平时存放画具的小房间里。周一上午，卢浮宫不对游客开放，三个穿白色工作罩衫的人进入了方形沙龙，从墙

上轻而易举地取走了《蒙娜丽莎》，然后带着《蒙娜丽莎》从侧门消失。穿着工作服的他们，混在周一打扫博物馆卫生的员工中并不显眼。

两年来，这幅画始终下落不明。警察努力搜寻，私家侦探试图找到其踪迹。著名艺术家巴勃罗·毕加索和诗人纪尧姆·阿波利奈尔曾被怀疑是小偷，他们在经过一番审讯后被释放。一家法国报纸最后甚至悬赏5 000法郎奖励提供线索的人。但是这幅《蒙娜丽莎》依然不见踪影。

这件盗窃案背后的主谋是谁，很长时间不为人知。媒体相信了这个小偷被捕后所讲的故事：他是出于爱国之心偷了这幅画——为了将它重新带回意大利，它最初的归属地。但事实上，佩鲁贾是受人指使。委托和收买他及同伙文森佐和米歇尔·兰切洛蒂的人，是出生在阿根廷的爱德华多·德·瓦尔菲诺。对于这位自称"侯爵"的雇主，我们直至今日也了解甚少。

两幅，三幅，六幅《蒙娜丽莎》

瓦尔菲诺从来没有真正在乎过这幅他让人从卢浮宫偷来的名画。这个策划了战前最轰动的艺术政变的男人想要的并不是举世闻名的画作，而仅仅是一个能向世人证明他理论上能拥有它的新闻头条。这位出生在布宜诺斯艾利斯的富家子弟，长期以出售那些他从众多亲戚那里继承来的艺术品为生。然而，从某时起，他开始按订单去置办画作，不管这些画作本来属于谁。但是他的客户往往收到的不是真迹；瓦尔菲诺在客户不知情的情况下，卖给他们修复大师伊夫·乔德隆为他制作的复制品。

在布宜诺斯艾利斯，两人经营着一个名副其实的穆里罗假画作坊。唯一能采访到"侯爵"瓦尔菲诺的记者是美国人卡尔·戴克。"侯爵"对他说，由于他的行为，现在阿根廷的穆里罗画作比牛还多，他说："我使这个国家极大地致富了。"即使他的客户察觉到了其欺诈行为，对瓦尔菲诺来说也没有任何风险，没有哪个委托他偷窃艺术品的客户会最终告发他。

而瓦尔菲诺对世界上最著名的画作也做了同样的事情。他甚至在行窃之前就将《蒙娜丽莎》提供给了多位收藏家，其中大部分人居住在美国。他让人把乔德隆的复制品以业余爱好仿作的名头一一弄到了美国。当《蒙娜丽莎》失窃的头条新闻传来时，他已经向不同的客户出售了总共 6 幅复制品。从 1910 年冬季开始，也就是在盗窃案发生之前，伊夫·乔德隆就已经极有可能在卢浮宫开始作画了。他的每幅仿作都被当作真迹销售。据说当时一幅就卖了 30 万美元，按照当今汇率约 4 000 万美元。真正的《蒙娜丽莎》从未离开过巴黎。她的位置就在离卢浮宫仅仅不到五公里远的文森佐·佩鲁贾那里。

在这次计划成功后，瓦尔菲诺在北非及中东等地享受着他的财富。当卡尔·戴克在卡萨布兰卡因采访遇见他时，他把这个阿根廷人描述成一位有着白色狮子鬃毛般优雅银须的高大男人。瓦尔菲诺说："盗取《蒙娜丽莎》简直易如反掌。一切都是心理因素。我们的成功就取决于一件事：事实上，在卢浮宫一位穿着白色工作罩衫的工作人员就同一个没有被孵出小鸡的鸡蛋一样毫不值得怀疑。"然而，当为瓦尔菲诺穿上白色罩衫的人在得手两年后没有听到雇主的任何消息时，他首先认为这是一个错误，然后认为是一个掩饰，最后开始制定自己的计划。

佩鲁贾把这幅画带到了佛罗伦萨，通过一位画廊商把它提供给了乌菲兹美术馆的馆长。1913 年 12 月 12 日，在交接的时候，他被捕了。在他的祖国，他被精神病医生诊断为"智力缺陷"后，令人惊讶地只被判处了一年零两个星期的监禁轻刑。上诉法官还将这一刑期减为 7 个月，然而，这 7 个月刑期，被告已经在审判开始前的审查拘留期间服完了。

1931 年，爱德华多·德·瓦尔菲诺去世了。他一次也没有被受托行窃《蒙娜丽莎》的同伙起诉。这位"侯爵"巧妙地隐藏了自己的踪迹。佩鲁贾甚至都不知道他的真名。在这个阿根廷人死后，卡尔·戴克才被允许公布他与瓦尔菲诺的对话。

带着削短型散弹枪去蒙克博物馆

《蒙娜丽莎》失窃案至今仍被认为是艺术盗窃的世纪之案。然而，这位小小的佩鲁贾和他的同伙在世界上最大的博物馆犯下的罪行，这位意大利的大卫和法兰西的歌利亚关于正邪的较量都与当今的艺术犯罪不再有共同之处。这三位绅士大盗事先准确地侦察出藏身之处和盗取《蒙娜丽莎》的必经之路。他们手无寸铁，不会伤及无辜。现在，这幅画被保护在有两层防弹玻璃的真空隔离展柜里。参观博物馆的游客们也只允许在安全距离内观赏此画。

当今的艺术盗贼大都是残暴无情、为了达到目的不择手段的职业罪犯。在全球范围内，每年因此受到的损失估计达到了数十亿美元。在过去的十五年来，伴随艺术犯罪而发生的暴力事件不管增长。例如，2004 年，一伙身份不明的罪犯竟然在白天普通开放时间里，将奥斯陆蒙克博物馆里两幅蒙克的名画抢走了。这些蒙面大盗冒着伤害甚至杀死他人的风险，持枪威胁前来参观博物馆的游客。

但是许多罪犯很难将价值连城的赃物销掉。通过警察机关的网络化，只要通过了拍卖行、艺术品经销商和博物馆都能进入的电子信息库，今天的每一个艺术品买家都能在很短的时间内确定，提供给他的作品是干净的，还是难以再次转卖的烫手山芋。

因此，当今博物馆盗窃的目的不再是将艺术品占为己有。这些被盗和被抢来的艺术品反而被当作了敲诈保险公司和收藏家的筹码。另一方面，有些盗贼仅仅对艺术品的原材料感兴趣，对制作雕塑的青铜或者铸币和绘画用的黄金感兴趣，这些金属很容易被熔化再转卖。因为近年来，不光是艺术品的价格迅速上涨，稀有金属的价格亦然。

艺术品绑架

2008 年 2 月，苏黎世布尔勒基金会私人收藏博物馆（现已关闭）在开放时间内遭到了野蛮的突袭。塞尚、梵高、莫奈和德加的珍品在此期间被盗，估计价值 1.8 亿。该事件被认为是欧洲迄今为止最大的艺术品抢劫案。四年后，塞尚的《穿红马甲的男孩》在巴尔干半岛的贝尔格莱德被查获。不久之后，苏黎世检察院宣布，另一幅画作，即德加描绘的勒皮克伯爵和他的两个女儿的画作，已于几个月前归还给了博物馆。为此，博物馆是支付了悬赏金还是赎金则不得而知。

2012 年 10 月，属于荷兰科迪亚企业家族的 7 幅弗洛伊德、高更、梅杰尔·德·哈恩、马蒂斯、莫奈和毕加索的画作在夜里从鹿特丹艺术馆被盗，其行踪也指向了巴尔干半岛。然而，此案就没有那么幸运的结局了。据称，主要嫌疑人拉杜·D. 的母亲因担心儿子被定罪，烧毁了所有作品。不过，除了炉子里的一些灰烬，对此没有任何证据。还有人试图将赃物卖回给主人。但在 2 月份，一个保险财团不得不为损失赔偿了 1 810 万欧元。

艺术品绑架的营生是诱人的。根据多数艺术调查员的判断，那种为了能在密室里观赏名作而托人盗窃的不明身份的神秘富豪是不存在的。数十年来，没有一人因为全世界发生的任何案件被捕。在 2009 年最后的几小时里，法国南部发生了两起抢劫案。不少于 30 件的德加、毕加索、卢梭等经典现代派的珍品被盗，并且再也没有找回。之后没人因此被捕。2008 年，在瑞士普费菲孔的一次展览中，两幅属于汉诺威史普格尔博物馆的毕加索画作被盗。之后没人因此被捕。2010 年，维杰兰·T. 从巴黎现代艺术博物馆偷走毕加索、布拉克和马蒂斯作品之后也未被捕。2009 年新年前夕，有不明身份的人不顾安全警报，将一幅德加的粉彩画从马赛市中心的坎蒂尼博物馆的墙上拧了下来，之后没人因此被捕。法国警方也认为该案件有"内鬼"，博物馆的工作人员涉嫌参与此案。1990 年 3 月，几名假警察从波士顿伊莎贝拉·斯图尔特·加德纳博物馆偷走了伦勃朗、维米尔、德加和马奈的画作。这些画作估计价值过亿，但至今仍无踪迹可寻。尽管现在有 500 万美元的悬赏金来寻找这些画作的下落，但早已过了诉讼时效。然而这些世界名画是不能在官方艺术市场出售的。在数字化时代，调查机关、机场、海关，甚至艺术品经销商都可以通过数据库在几秒内了解到"烫手山芋"的情况。

偷一幅戈雅为了看电视

最早为人知晓的艺术品绑架案之一在当时引起的轰动如此巨大，以至于被拍进了第一部007电影里。1961年8月21日，来自泰恩河畔纽卡斯尔的前卡车司机肯普顿·邦顿从伦敦国家美术馆偷走了西班牙画家弗朗西斯科·德·戈雅在1812年夏天绘制的《威灵顿公爵肖像》（后来成为在滑铁卢战役中击败拿破仑的胜利者）。当时57岁的他借助梯子，从一间男厕所开着的窗户进入了博物馆。不过，他并不是想用赃物敲诈钱财，而是出于一个政治性决定。他在自首后解释道，他之所以盗窃这幅画是为了成立一项基金，为有需要的人支付电视收视费。他说："我从来没有打算为自己保留任何东西。我唯一的目的是，为那些在我们这个富足的社会里似乎被忽略的穷人和老人支付电视收视费。"据他自己说，他只看当时只在英国有的私人电台节目，但还是得为公共服务的BBC付费。

然而，在近4年的时间里，这幅戈雅一直杳无踪迹。在此期间，第一部007电影《诺博士》在电影院上映。电影中的大反派让人偷了这幅画，数百万电影观众在大银幕上看到了那幅让苏格兰场密集搜寻了数月的画作。这幅 64×52 厘米的画作，就立在反派诺博士地下指挥中心楼梯旁的画架上。

多年后，此案得以侦破。1965 年 5 月 5 日，一个身材高大修长，长着一头金色卷发的男子把一个精心捆扎且贴着"玻璃，小心处理"字样标签的包裹带到了伯明翰新街站的行李保管处。他自称是布卢克萨姆先生，向值班人员罗纳德·劳森支付了 7 先令的费用，并在递交包裹时叮嘱"要非常小心"，然后得到了一张编号为 F24458 的行李凭证。在 16 天的时间里，这个用纸板和木屑保护的包裹一直同箱子和其他行李一起被存放在架子上。接着，5 月 21 日，《每日镜报》编辑部收到一封信，信中有一张伯明翰站编号为 F24458 的行李凭证。警督约翰·莫里森和探员杰克·爱恩立即开着巡逻车前往那里。他们把站长叫下床，在 5 月 22 日凌晨两点，安然无恙地把这幅缺了画框的戈雅的威灵顿公爵肖像捧在手里。经过仔细的检查，五天后，它又和其他西班牙艺术家的画作一起挂在了特拉法加广场的国家美术馆十八号厅里。

肯普顿·邦顿向警方自首，并被从轻判处三个月的监禁，因为他在盗窃时毁坏了画框。至于他是否曾想占有这幅画，则无法证明。

如今，盗窃艺术品的往往是组织严密的犯罪团伙。他们大多是来自前东欧集团国家或者巴尔干半岛，是受过良好教育但是薪酬很低的退伍军人。"自打这些人参与艺术品生意以来，"苏格兰场艺术部门的前总负责人查尔斯·希尔说道，"事情变得野蛮多了。现在博物馆在开放时间内被突然闯入，参观者被枪威胁，或者管理员被歹徒用刀架着脖子的情况之前是没有的。"犯罪分子通常无法转卖赃物，虽然安防措施的不力使得盗窃非常容易。

不可否认，多年来，主要从"铁幕"（注：铁幕是描述第二次世界大战结束后国际关系中东西方对抗的象征性词语）开启以来，那些昂贵的彩色画作便有了灰色的交易市场。它们不是通过正规的画廊或者拍卖行，而是在密室、柜台之下或者互联网上进行交易。在卢森堡，偷来的艺术品被用来洗钱；在土耳其，犯罪分子试图用偷来的艺术品支付海洛因的费用和购买昂贵的房地产。即使是《南德意志报》《法兰克福汇报》《世界报》或《商报》等严肃报纸艺术市场版面上的分类广告也有提供来源可疑、不能在合法艺术交易中出售的作品。不过，按照惯例，这种销售途径对于那些靠盗画赚钱的人来说，太过公开。这就是为什么这些值钱的赃物往往会被多次转手，作为非法交易的支付手段，或者最终用来向原主人索取赎金，又或者仅仅是为了保证不受惩罚。"这并不符合规则。"莱茵地区一家大型保险公司不能透露姓名的高级管理人员说道，"但你还是会惊讶于这种交易的频繁发生。毕竟，我们宁可支付一小部分作为寻物费，也不愿意支付艺术品在我们这里投保的全部市场价值。"

红灯区的阴霾与黑暗

"我们身在苏格兰场，当然倍感压力。"当时的警官查尔斯·希尔回忆道。1994 年 7 月 28 日晚，一伙身份不明的人从法兰克福锡恩美术馆偷走了"歌德与艺术"展览中的两幅威廉·特纳的珍贵画作和一幅卡斯帕·大卫·弗里德里希的画作。官方上，法兰克福警局主导调查这件最震惊德国的艺术盗窃案之一。但因为特纳的画作属于伦敦泰特美术馆，希尔所在的伦敦艺术局在案件发生后同样参与了进来："我请贝尔格莱维亚警察局的总警司把尤雷克·罗科辛斯基借给我们。"十年后，希尔回忆说："他说德语，而且泰特美术馆在贝尔格莱维亚区。总警司同意了，我在苏格兰场的上司也同意了。所以洛奇接下了这份工作，还有离开警队自己去做生意的米奇·劳伦斯也参与了进来。"

这件发生在法兰克福市中心，在法兰克福市政厅和大教堂之间的艺术盗窃案登上了全球的新闻头条。在 1994 年 7 月的一个温热的夜晚，锡恩博物馆最后巡逻的那名守卫本应该关闭所有的电灯。22 点，在所有的参观者都离开、十四名守卫和售票处的工作人员也都回家后，只有一名 28 岁的守卫还在进行最后的巡视。当他准备锁上房间，开启报警装置时，两名藏在展厅某处的蒙面男子将他制服了。他们把一个不透明的布罩套到他头上，用胶带固定。然后他们给他戴上手铐，拿走了他的钥匙，把他锁在一间储藏室里。

几秒钟后，那伙人把挂在楼上展厅的三幅画从墙上拧了下来。他们带着这些共计投保了约 6 200 万马克的画作，爬上货运电梯，从通向大教堂那侧的后门出口离开美术馆。一个司机在那里等着。一对夫妇看到画作被装进了一辆小卡车里。但当他们因为觉得事情蹊跷想报警时，几十名愤怒的司机堵住了附近唯一的电话亭。当晚在锡恩博物馆和市政厅周围被拖走的违章停车特别多。

三名入室抢劫者很快就被抓获了。他们在犯罪现场的门上留下的指纹把警察引向了法兰克福火车站后的红灯区。然而，这些画作却久久不见踪影。英国画家约瑟夫·玛罗德·威廉·特纳的两幅 78×78 厘米的油画：《阴霾与黑暗——洪水灭世之夜》和《光与色——洪水灭世后的清晨》。这两幅画是特纳最后完成的作品之一，在激烈的色彩旋涡中，这两幅作品标志着从具象性绘画向非具象性绘画的过渡，也重现了光的纯粹。同样消失得无影无踪的还有汉堡美术馆借给法兰克福展览的卡斯帕·大卫·弗里德里希的画作《雾》。

价值百万英镑的宝丽来照片

盗窃案发生后，所谓的中间人不断冒出来，声称他们有机会接触到这些画。例如一个"罗斯坦先生"，后来发现他原来是一个来自尼日利亚的骗子。或者是两个来自埃森的人，他们试图将两份拙劣的赝品卖给荷兰私家侦探本·祖德马。后者于 2001 年 1 月在安特卫普充当一个代理人。两家蒙受损失的博物馆一次又一次地希望能拿回自己的宝贝，而他们的希望也一次次地破灭。

多年之后，轰动一时的消息才到来：2002 年 12 月，也就是盗窃案发生八年后，泰特美术馆宣布那两幅本属于他们的特纳画作已经找回来了——一幅画在几天前才被归还，另一幅已于 2000 年 7 月就被还回来了。时任泰特美术馆项目总监的桑迪·奈尔内后来在一本关于此案的书[3]中回忆说：案发后，他便在法兰克福附近巴德洪堡的酒店大堂和莱茵河畔的吕德斯海姆的餐馆里等待，但调查没有结果。而 1999 年 7 月 22 日是他们第一次似乎有可能与那些实际参与犯罪多年后仍持有照片的人取得联系的日子。

前警察罗科辛斯基和劳伦斯从一个直到今天都只被人称作"D"的罪犯那里得知，法兰克福律师和公证人埃德加·李卜鲁克斯可能有办法帮他们同本案犯罪团伙建立联系。"我们的一个线人已经成功地接触到了最初偷画的那伙人，"劳伦斯说，"当谈到归还画作时，李卜鲁克斯的名字不断被提及，因为他曾为罪犯之一受理过案件。随后，线人促成了李卜鲁克斯和尤雷克·罗科辛斯基的会面。那次会面的收获之一是，他想和我们合作。"在英国最高法院、各主管部门和法兰克福检察院的相应保证下，泰特美术馆在法兰克福德意志银行开了一个特别账户。锡恩博物馆的保险公司必须转给伦敦泰特美术馆的2 400万英镑中，有1 000万英镑就存放在了这个账户上。

据称，博物馆方花了相当于100万英镑的信用保证金，为了能从这次艺术盗窃案的幕后黑手那里获得一张宝丽来照片，以此证明他们确实有一幅特纳的作品。在经历了无数次令人沮丧的拒绝、推迟约定的时间和不断提出新的条件后，2000年7月19日，泰特美术馆又花了400万英镑终于迎来了《阴霾与黑暗》这幅画在法兰克福的交接。直到今天，包括桑迪·奈尔内在内的所有相关人员都不希望这笔钱被理解为赎金，而是作为"重新找回珍品线索的奖励"。事实上，"艺术绑架"——盗取艺术品来敲诈物主——作为一门极其赚钱的成功之道在相关圈子里早已不再是秘密。

为了不让关于特纳第二幅画作的谈判处于危险境地，所有相关人员都约定对第一幅画的回归进行保密。在博物馆十二名董事会成员中，只有两名成员知晓此事。1994年的犯罪分子是否和归还画作的是同一批人，埃德加·李卜鲁克斯不予置评："我对此不发表任何意见。"又过了接近两年，《光与色》才在法兰克福的一个办公室里被交给了桑迪·奈尔内和他的同事罗伊·派瑞。先前的几个交接日期最初都告吹了，奈尔内回忆着不断重启的神经战。

埃德加·李卜鲁克斯曾在其他地方报告说，2002 年秋天，他被人从办公室接走，并被载到一间林中小木屋里："在那里，我看到了第二幅特纳和卡斯帕·大卫·弗里德里希的作品。"经过详细的检查后，这幅画于 2002 年 12 月 14 日被移交给了同样在法兰克福的泰特美术馆的代表。为此，泰特美术馆又花费了 500 万英镑的现金。几年前，李卜鲁克斯回忆说："我把这些钱，就装在塑料袋里，穿过法兰克福采尔大街，交给那些能拿出画作的人。"

桑迪·奈尔内在其关于此案的书中，将锡恩博物馆抢劫案描述为一个来自博物馆界深渊的故事。为了拯救宝贵的文化财产，是否允许与可能来自塞尔维亚黑手党并且丧尽天良的罪犯合作？在这种情况下，目的的高尚是否能美化手段的肮脏？奈尔内在最后总结道，这个问题只能针对具体的个案来回答。他很高兴他的国家最高当局明确批准了他所走的道路。

奈尔内当时并没料到整个行动甚至会以泰特美术馆的盈利而告终。盗窃案发生一年后，有关保险公司 Hiscox 已于 1995 年 4 月支付了 2 400 万英镑的保险金。然而三年后，经财政部和文化部批准，泰特美术馆仅以 800 万英镑的价格重新获得了这两幅画作的所有权——万一它们再次出现。这笔交易是有风险的，因为当时已经没有人真心地认为它们能被找回来了。当奇迹终于发生时，博物馆不仅为其珍贵的画作感到高兴，而且他们还多了 1 600 万英镑。

汉 堡 之 雾

关于汉堡美术馆《雾》的回归则各有说辞。据博物馆称，2003 年 1 月，李卜鲁克斯与汉堡艺术馆联系，准备归还卡斯帕·大卫·弗里德里希的《雾》。在提供的宝丽来照片上可以看到该画作和当天的报纸，这也证明这次交易报价的严肃性。律师说，画主要求 150 万欧元的赎金外加 25 万欧元的中介费。据汉堡美术馆的总负责人蒂姆·基斯腾马赫说，在与法兰克福检察院协商后，他假装接受了这一提议。汉堡美术馆这样说道，他们曾告知过中间人，美术馆不允许自己被勒索，这幅画不能在艺术市场上出售。尽管如此，他们还是想继续保持联系。在此之后，律师把他的要求一降再降，最后只要求 25 万欧元的"补贴"。而李卜鲁克斯后来宣称，为了完成交易，他自己现在揽下了这幅画的所有权。而基斯滕马赫要求他立即交出画作，并威胁李卜鲁克斯要承担刑事和民事后果。

对该事件，埃德加·李卜鲁克斯则持有完全不同的说法：他凭一己之力把该画作窝藏者的要求砍到了 50 万欧元。接着，美术馆总负责人基斯腾马赫明确地告诉他，有一个赞助人将支付总金额的一半。他说："我立刻告知了检察机关和艺术馆我现在拥有该画作所有权的事儿。基斯腾马赫告诉我，他需要一个星期来筹备这笔钱。当我一周后给他打电话时，我被告知这位赞助人在度假，没法同他取得联系。但是我们还是约定在周———手交钱，一手交画。但在约定的周一来临前的那个周末，我收到了一封传真。基斯腾马赫在上面说，他的赞助人反悔了，他不知道现在该怎么办。于是，我立刻给法兰克福检察院和安盛保险公司打了电话，告诉他们我想把这幅画脱手。但是他们拒绝接收该画。此后不久，汉堡一家律师事务所发来传真，威胁我如果不立即归还画作，将受到刑事制裁。同时，法兰克福检察院被要求搜查我的住所，但他们拒绝了这样做。我给汉堡方面打了电话，和同事一起开车去了锡恩美术馆。在美术馆门口，我用手机给锡恩的行政主管打了电话，把卡斯帕·大卫·弗里德里希的画交给了他。"

2003 年 8 月 28 日，汉堡美术馆在一个新闻发布会上自豪地宣布了被盗之画的回归。关于博物馆自身所扮演的角色，当天没有讨论。美术馆已经花掉了因盗窃获得的赔偿金，所以不必支付给市政府。

博德博物馆的裂口和巨型金币

柏林的博德博物馆周一闭馆，但这并不影响这三位游客。他们不是在找正门。2017年3月27日凌晨三点整，他们爬上了哈克市场火车站的楼梯，三个人都身着黑衣，帽子遮着脸，深深地埋着头，仿佛已经背上了一件重物，或是他们想在火车站的监控摄像头下隐藏自己的脸？其中一个身影一直用手挡在面前。在视频上，所有手看起来很白，他们可能戴着手套。平时没有这么早的火车运行，站台上空荡荡的，这三个男人特意走到站台的尽头，其中一个背着黑色背包的人，步态相当显眼。是身患腿疾？是抽筋了？还是他的裤腿里藏着什么东西？

这三个男人从站台跳到轨道基床上，沿着铁轨跑过黑夜下的斯普雷河，来到了博物馆岛。在那里，铁轨经过佩加蒙博物馆和博德博物馆的纪念性建筑之间的地方，那里有一个奇怪的突起。那是一座断桥残迹。该桥曾经横跨铁轨，连接着博德博物馆和佩加蒙博物馆。这座桥早已不复存在，只能在历史照片上看到。但三人却把剩下的突起当做桥头堡来使用，借助梯子，他们从铁轨来到了博德博物馆的一个窗户前。这个地方和安吉拉·默克尔的私人住宅离得如此之近，如果这三个作案人员大声喊"你好"，住宅前值班的警察定会做出友好的回应。

　　这三人不是头一次来了，他们很清楚自己要去哪里。十天前已经有两个人探出了这条通往博物馆的路，六天前三个人再次来踩点。火车站的摄像头记录证明了这点。在 2017 年 3 月 21 日凌晨的第二次踩点中，作案人员已经爬到窗前，试图拆除 2005 年安装在窗前的厚重防盗板。他们破坏了其中一个安全螺栓，防盗板裂开了，但仍与其余螺栓相连。博物馆的这部分外墙区域已经有一段时间没有开启视频监控了。

　　关于他们的行动目标，作案人员可能从一个只在博德博物馆工作了几个星期的人那里得到了提示，那人受雇于一个分包商，白天在这里当保安。他们设法获悉了这个神话般宝藏的存在：一个几乎和汽车轮胎一样大的硬币，重达 100 公斤，由世界上最纯的黄金制成，其纯度为 999.99/1 000。

一 枚 软 金 币

　　这枚金币叫"大枫叶"。2007 年，位于渥太华的加拿大皇家铸币厂不用浇铸工艺（这在技术上几乎不可能实现），而是用铣削工艺制作了这枚金币。"大枫叶"一共只有六枚，其中两枚已经在市面上公开出售了。皇家铸币厂仍然保留了一枚样本，他们为能造出如此高纯度的大金币而感到非常自豪。如此细腻柔软的黄金已不再适用于生产首饰了。这种细度的黄金主要应用于高敏感度的技术，比如宇宙航行。

柏林的这枚"大枫叶"样本被陈列在三楼一个防弹玻璃制成的展示柜里。它是从一个来自杜塞尔多夫的房地产商人那里借来的。那个房地产商人是在维也纳的一次拍卖会上拍下了这枚金币，当时只有他一个人出价。为了一次特别展览，它被邀请到了柏林博德博物馆的钱币阁。在此之前，维也纳艺术史博物馆也展出过这枚巨型金币。截至2017年3月底，它的纯原料就价值约400万欧元。纯粹从理论上来讲，它在加拿大也可以作为一种支付手段来使用。人们可以扛着它在商店的柜台前买东西，它的票面价值只有100万加元，这只是其原材料价值的一小部分。

钱币阁的主管后来说，博物馆希望通过这枚巨型硬币吸引那些不常来博物馆的观众。而这个愿望以一种意想不到的方式实现了。

用斧头和平板推车

在三月的那个清晨，三名男子越过博物馆正墙对面的突起物，打开了一扇窗户。这扇窗户属于一间男员工更衣室，那名疑似提供情报者的储物柜也在这里。警报器依旧沉寂，因为这是博物馆外部报警系统唯一没有覆盖的窗口。现在，作案人员把连接着已经裂开的安全玻璃防盗板剩下的螺栓割断了。

当作案人员闯入时，博物馆的巡夜员正在对博物馆进行巡视检查。他每两三个小时巡视一次，在此期间，楼内的警报系统、运动探测器和门上的传感器都将被关闭。对于晚上从外面观察博物馆的人来说，安保系统关闭的那一刻能通过所谓的夜灯光束变得清晰可见：微弱的灯光从此刻开始由内点亮了博物馆。也许，作案人员已经在耐心地等待着这道光的来临。或者他们监听着巡夜员用来向安全控制中心汇报他在凌晨 3 点 20 分巡视情况的对讲机。

这位 61 岁的巡夜员，现在走到了地下一层。他后来作证说，他既没有怀疑也没有听到二楼有人穿过走廊，经过艺术史珍品、巴克斯大理石雕像和把腓特烈大帝画为希腊英雄的画作，直到他们到达陈列巨型金币的那个展厅。他们能够轻松地打开通向金币的门，因为这些门都带有所谓的火灾发生时的紧急按钮。只有回去的路，如果作案人员没有事先用塑料楔子堵住门的话，才需要钥匙。

作案人员寻找的那件宝贝就立于 243 号厅的中央。他们挥起型号为印第安战斧的斧头，重重地劈向了展示柜——用力之大，不仅 10 毫米厚的安全玻璃碎了，连用玻璃纤维加固的斧头手柄也碎了。两年后在德累斯顿发生的绿穹珍宝馆被盗案中，两名作案人员也是使用了斧头。

2010年在博物馆安装这枚巨型金币时，4名帮工要借助支撑梁才能搬动这个借来品。也正是因为这枚金币如此之重，不太可能放在挎包或背包里，所以这个展示柜没有安装报警器，只是用安全玻璃作为防护。本以为这枚金币的自重就可以让窃贼望而却步，万万没想到，这帮作案人员力气够大。他们把这枚金币抬上了所谓的搬运狗——带轮子的板子，推着它穿过走廊和大厅，返回之前进入博物馆的那扇窗户。在被撞击的墙壁和门框上，到处都是他们搬运重物留下的痕迹。

当晚4点，当那个巡夜员巡视完一圈博物馆想再次开启报警器时，系统显示有一个错误：三楼的一些门似乎没有正常关闭。这名刚被调到博德博物馆，之前一直在普鲁士文化遗产基金会的其他地点执勤工作的巡夜员向安全控制中心汇报了情况。他在新一轮巡逻时发现了一些被塑料楔子抵住而敞开的门。凌晨4点33分，另外两名保安前来支援，并在这栋建筑中游荡。其中一人终于发现了被砸的展示柜。直到凌晨5点28分，警方才接到110报警，并在几分钟后抵达现场。

警察怀疑作案人员可能还在楼内；他们增派了一队人马，对整个博物馆进行搜查。直到一位最先进入博物馆的警察读了被砸的展示柜上的标牌，得知了钱币的重量，这起盗窃案的规模才明朗起来。警察找到了窗户被砸的更衣室。罪犯们早就消失得无影无踪。作案人员把金币从窗口扔到了轨道基床上（警方后来在那里发现了黄金的痕迹），然后用推车将其运往哈克市场火车站。后来一名火车司机说，他在案件发生前几天就注意到了轨道基床上的手推车。

根据调查员之后对案件的复原显示，这三名作案人员在返回的时候避开了火车站台。他们在离哈克市场站不远的地方，将金币从轨道上扔进了位于其下方的蒙比茹公园。警方在这里的地面上也发现了软金的痕迹。这几个窃贼顺着绳子潜逃下来。他们可能也是用这根绳子把手推车和其他重型工具吊到轨道基床上的。附近建筑工地的监控摄像头记录到，凌晨 3 点 52 分，一辆汽车在与斯普雷河平行的人行道上驶离；司机一开始没有开前照灯。但由于距离较远，监控记录上无法看清细节。没有目击者，也没有其摄像头拍下作案人员的踪影，甚至派出去的警犬也没有任何发现。

艺术白痴作的案？

这是博物馆犯罪史上最轰动的一次案件，全世界的电视新闻都在报道，连《纽约时报》等报纸也对其进行了报道。但金币在哪里？而作案人员又是谁呢？

这三人可谓对艺术一无所知，因为也可以说幸运的是，他们对博德博物馆的重要文化珍品视而不见，如蒂尔曼·里门施奈德用木头雕刻的福音书圣卢克、彼特罗·贝尔尼尼用大理石雕刻的巴洛克撒旦与豹子，以及安东尼奥·卡诺瓦的舞者，只偷走了最朴实的财富象征：那枚看起来就像史高治·麦德鸭梦寐以求的巨型金币——巨富们用来炫耀的玩具。

这枚金币也许不是博物馆里最值钱的东西，但作案人员的选择却并不愚蠢：黄金比艺术史上的孤品更容易兑现成钱。因为每一个专家都知道那些艺术孤品的来源，而且它们还在通缉名单和数据库中。与名画不同的是，只要把金币切开、熔化，再铸成方便携带的金条出售即可。

这样看来，艺术品并不是罪犯的目标。对于作案人员来说，博物馆可能仅仅恰好是一块特别大的金块的储藏室。如果说这起盗窃案是艺术性的，那么主要是因为它看上去那么简单，简单得就像一件极简艺术作品。

罪犯们不仅很快赚了很多钱，而且在同行中获得了极大的尊重。他们在说唱视频中被传唱，在柏林街头被年轻人传颂。网上流传着都是谁参与了这个案件的传说。而联邦州级刑警局也开始了追捕。

一张可疑的博物馆宣传单和线人情报

不久，一名警察报告说，他在博物馆被盗前几周的一次检查中发现了一些情况：在发现一辆挂着偷来的车牌的车加油不付款后，他搜查了该嫌疑人的汽车。这名年轻人还在车上留下了一张博德博物馆的宣传单，上面有手写的笔迹。

这个年轻人对警方来说并不完全陌生。调查人员发现，在博德博物馆被闯入前几周，他就以保安服务分包商的临时雇员的身份在那里当保安。他的储物柜所在的更衣室，正是那间作案人员砸窗而入，之后又从中把金币运走的更衣室。该男子被监控了，手机也被监听了。嫌疑人与哥们儿和他的父母谈起买咖啡馆或小卖部时，警员们都能听得一清二楚。

更多的情报则来自所谓的线人，即警方信任的第三方。据情报称，来自一个大家族的年轻成员参与了盗窃和瓜分金币。这个大家族在城市的大街小巷和警察部门都有一个响亮的名字。R 家族是穆哈拉米人的后裔，穆哈拉米是一个起源于现在属于土耳其地区的民族。R 家族的祖先先是逃到了黎巴嫩，在黎巴嫩内战期间，个别家庭又从那里搬到了柏林，包括现在犯罪嫌疑人的祖父母。这是一个分布很广的家族，其成员在德国长期以来只有勉强容身的处境，没有得到公认的庇护，因此不能从事正常的工作。

如今，R 家族的成员大多是品行端正的市民，所以在这里不应该提及家族的全称。这个大家族及其成员经常被污蔑成犯罪团伙。一位不是嫌疑人的家族男子经营着一间水烟馆，并且是柏林一位著名说唱歌手的经纪人和保镖。作为回报，这位说唱歌手经常在公开场合称赞他。其他亲属却因刑事犯罪屡遭关注。[4]

就这样，2014 年 10 月 19 日，R 家族的一名成员与同伙一起进入柏林马里恩多夫区的一家储蓄银行。为了以防万一，他们把银行前的一个竖井里的电话线全部剪断了，报警装置统统失效。他们从窗户进入银行，来到地下室，在那里撬开了约 300 个保险箱，并席卷一空。总价值超过 900 万欧元的珠宝、黄金和现金装了满满一袋。为了掩盖自己的行踪，作案者不仅拿走了银行监控录像的服务器；还在现场泼洒汽油，将其点燃。然而，与计划不同的是，大火引发了爆炸，酿成了意料之外的大祸。一面墙坍塌了，沉重的橱窗玻璃连同窗框被一同抛到人行道上几米远，整个银行随后便成了一片废墟。R 家族的一名成员在爆炸中受了伤，在现场留下了血迹。侦查员就这样追踪到了这个年近 30 岁的男人。他在罗马机场被捕，经过漫长的审判，最终被判处 8 年监禁。然而，那个装了价值数百万赃物的袋子仍然不见踪影。

线人举报的金币盗窃案的嫌疑人正好是这个银行入室抢劫犯的亲戚。而且那个在博物馆当保安的男人和其中一个犯罪嫌疑是同学，至少他们相识。对于调查人员来说，事实的真相可能逐渐接踵而至，这也让预审法官深信不疑。

新克尔恩的抓捕行动和漫长的审判

在博德博物馆被闯后的三个月，警方发动了突击行动。2017年7月12日，300名警察——包括特别行动组和LKA 4（负责严重和有组织犯罪的部门）的几乎所有警察——从早上六点开始同时搜查了整个城市的多个公寓和可疑的藏身之处。当天，警员在行动中发现了新的线索后，又拿到了进一步的搜查令。例如，他们在新克尔恩区的阳光大道发现了一家珠宝店，据说巨型金币的一部分就是在这家珠宝店出售的。最终，警方查获了30件物品并抓获了4名男子，当时他们年龄都在18岁到20岁之间。警方没收了四件实弹枪支，还没收了共计六位数的小面额欧元纸币和五辆汽车。但警察并没有发现那枚金币的踪迹。后来在一辆汽车上和其中一名被捕者的衣服上只发现了微小的痕迹。参与调查的检察官随后宣布，被指控的犯罪嫌疑人是一个犯罪家族的成员。

直到一年半后的2018年1月，对这四名被告的审判才在欧洲最大的刑事法庭——莫比特刑事法庭旧址的新巴洛克建筑中开始进行。巨大的媒体浪潮伴随着这场审判，也有众多国外记者前来报道。步入这个700号人的大礼堂时，被告人拿着杂志或文件夹挡住脸，透过小孔看着脚下路，避免撞到前面的人或被绊倒。站在柏林地区法院少年庭的被告人看起来很健康，并且穿着整齐。其中几人在被捕后，经历了数月的审前拘留，但现在他们都获得了自由。其中一人是技术学校的学生，两人是中学生或学徒，一人是快递司机。他们避免了任何显得傲慢或危险的姿态，睁大眼睛惊奇地看着观众和高大宽敞的审判厅里拿着古色古香的木制法槌的法官。

辩护律师认为，尽管侦查人员做了大量的调查工作，但并没有直接的证据证明当事人参与了犯罪。调查一直是片面的，博物馆当晚的巡夜员过早地被排除了嫌疑。因为案发当晚他一直在金币附近，应该听得到展示柜被砸的声音。审判期间，律师不想与媒体交谈。在审判的随后几天，他们也没有对走廊上的记者提出的问题作出任何回应。

检方起诉的依据是案发后从火车站台垂下的绳子上发现的 DNA 痕迹。有的被告人还曾在网上了解过当前的黄金价格。

警方在搜查其中两人的公寓时发现了一张纸条，从此侦查员将其称为"金条"。检察官说，纸条上面记录了各种克数和与之对应的金价。虽然博物馆内严禁拍照，但疑似提供情报的那个保安在案发前曾在那里自拍。在两张自拍上，你可以看到他的头，但最主要的是小偷要带着金币逃离的必经之路。据检察院称，在作案人员进入博物馆的那扇窗户上，警方发现他的 DNA 也掺杂其中。难道是那个年轻人在值班后只想在更衣室里呼吸新鲜空气？还是说他已经为作案人员侦查到或准备好了行动之路？

检方还委托办理了一份所谓的生物法医图像鉴定专家的意见书。为此，来自米特威达的教授将犯罪嫌疑人的体型与监控摄像头记录下的男子的动作姿态进行了对比，还使用了通常电影行业制作数字效果的软件。

四名被告人的九名辩护律师，包括柏林最著名的刑事辩护律师，在审判中非常出色地完成了他们的工作。为了当事人的利益，证人和专家被无情的追问击败，他们证词的微小细节被撕成碎片，以至于询问结束时，比如运动姿态专家的报告，往往只剩下模糊的可能性。法院不得不一次又一次地约定新的审判日期。2020 年 2 月 20 日，终于宣判了。最年长的被告人被无罪释放，情报提供人被判处 3 年 4 个月，被判盗窃罪的两名犯罪家族成员分别判处少管所 4 年 6 个月监禁。此外，还将没收情报提供人的 10 万欧元分赃，并没收另外两名已被定罪的盗窃犯所盗金币的相应价值，即 330 万欧元。据法官说，可能还有其他人参与了犯罪。罪犯的辩护律师不服判决，提出上诉，但在本书付梓时，判决结果尚未确定。

除了案发现场的 DNA 痕迹，黄金的纯度也是被告人的灾难，因为 999.99/1 000 的细度极为罕见。市面上的金币和珠宝远没有那么纯净。在其中一名嫌疑人的手套和外套上发现了金粉，在犯罪现场留下的绳子上也发现了他的 DNA，在作案人员的一辆奔驰车后座上也发现了黄金的痕迹。现在，找到这枚完整的金币的希望几乎已经破灭。因为黄金痕迹中还包括了微小碎屑，这些碎屑一定是在金币被切成碎片时产生的。

一位在庭审中以黄金专家身份作证的化学家认定，所发现的黄金痕迹是加拿大铸币厂用于生产大枫叶币的黄金，主要是因为其极少的含银量。专家根据显微镜图像证明，警方发现的证物也有明显的变形：这是切割过程中出现的研磨痕迹。在法庭上，他告诉惊愕的法官、被告和旁听人员：公元前 6 世纪，在克罗埃斯国王的带领下，第一次实现了炼金术。而且现在还有更重的金币——2011 年，珀斯造币厂制作了一枚重达 1 000 公斤的"澳洲袋鼠一吨金币"。其中一名被告一边听取这些信息一边按摩自己的脖子。

文化政治丑闻

博德博物馆的入室盗窃案并不是一个命中注定的、不可避免的事件。警方和检察院调查后得出这样一个印象：柏林的国家博物馆似乎让小偷（不管他们是谁）有点太容易得逞了。

直到审判前不久才被披露[5]，博物馆的负责人自 2013 年或 2014 年起就知道可以进出该建筑的窗户上的警报传感器坏掉了。然而，在随后的几年里，它并没有得到修缮，甚至在有人第一次试图破门而入后，发现了安全窗挡板被损坏时也没有。在庭审中，柏林国家博物馆的安保副主管作证说，他曾怀疑窗户的损坏是由过往的火车撞击石头造成的。据案发当晚负责守卫博物馆的人说，这是一个结构性的安全问题，多年来一直难以找到合适的工作人员。

考虑到更大规模的盗窃案可能会给这里带来的文化和历史损失，安全措施不到位才是盗窃案背后的注定原因。"大枫叶"还具有文化和历史价值，在作案人员及其帮手把它大卸八块时，这些价值也被毁坏了。但毁坏涉及本案的金币这个行为本身令剩下的五枚加拿大巨型金币更值钱了。现在它们更加稀有了。而在按照自己的规则运作的艺术市场上，稀有性和好故事往往是最重要的价值因素。[6]

与艺术作对的"熔化帮"

巨型金币被盗案赶上了一波艺术品犯罪的潮流，即只对制作艺术品的原材料感兴趣的艺术品犯罪。例如，2005 年 12 月，亨利·摩尔重达两吨的青铜雕塑《斜倚的人形》在英国马奇哈德姆的摩尔基金会庄园被盗。作案者开了一辆吊式运输车来，把这位1986年去世的雕塑家的作品大卸八块并且在一个仓库里锯毁。后来，这些雕塑零件又通过埃塞克斯郡的一个废品商，大概经鹿特丹出国。这件艺术品曾被估价300万英镑，而盗贼从废品商那里只获得了大约1500英镑的报酬。英国公共纪念碑和雕塑协会的伊恩·利思在2009年告诉《卫报》，公共雕塑被盗事件在短短三年内难以置信地翻了五倍。

但是"熔化帮"的问题不仅仅存在于英国，在德国也有越来越多人偷窃艺术品只是为了将它们熔化。柏林州级刑警局艺术部门负责人勒内·阿隆吉谈到，柏林每年有5到10件艺术品在公共场所被盗：比如东德艺术家格特鲁德·克拉森的《游泳者》，2018年在特雷普托区被小偷偷走，以184.80欧元的价格卖给了废品商；又比如2013年在上湖公园消失的齐格弗里德·克洛普的《大卧像》。[7] 还有汉堡的奥尔斯多夫墓园也是有色金属窃贼经常光顾之地。2014年，就在这儿发现了艺术家奥古斯特·莫罗1.80米高的《贝壳中的维纳斯》和一座喷泉被盗。同年，一头重达250公斤的青铜狮子从动物园创始人哈根贝克的家族墓地中消失了。警方怀疑，小偷是开着面包车，同样也只是冲着金属而来。[8] 2019年11月，"绿穹珍宝馆"的贵重宝石首饰被盗案就符合这一范例。在这里，作案者也可能只对原材料的价值感兴趣。艺术品本身对他们来说并没有吸引力。几周前，有人试图从特里尔州立博物馆偷取黄金宝藏的行动失败了。那里的展示柜屹立不倒。

顺便说一句，柏林博物馆钱币陈列室很早之前就有一次沦为盗贼的战利品，但他们并没有将自己的战利品熔化。正因如此，他们才最终被定罪。这起盗窃案也是——就像经常发生的那样——内部人员所为。当时钱币收藏品还在柏林王宫，王宫里的守门人瓦伦丁·伦克和宫廷匠人丹尼尔·斯蒂夫从地窖里的国库偷了176枚金币、珠宝和其他贵重物品。王室收藏负责人、图书馆馆长马图林·维西埃·德·拉·克罗兹通过辨认从他们那里找到的钱币，最终将其定罪。[9]

重复上演的闹剧：莫里齐奥·卡特兰的"金马桶"失窃案

正如卡尔·马克思在提到黑格尔的一句话时指出的那样，重大的历史事件总是发生两次：第一次是悲剧，第二次是闹剧。在柏林博德博物馆被盗两年半后，英国也有一件纯金制作的艺术品被盗，它和那枚巨型金币一样，也重达一百公斤，而且还多了三公斤。

人们日复一日地排着长队，为了能使用这件艺术品。在这里可以体验到一种新的升华形式——在艺术家莫里齐奥·卡特兰于

2016 年在纽约古根海姆博物馆安装的马桶上，一生中可以照字面意思在纯金上拉一次屎。直到 2017 年该展结束，大约有 10 万参观者抓住了这次机会。为了制作一个功能齐全的典型配有冲水杆的美国马桶复制品，需要一百多公斤的 18K 黄金。卡特兰把这件雕塑命名为《美国》很显然是有寓意的。因为 1917 年马塞尔·杜尚在纽约展出的一个小便池被认为是前卫艺术最重要的里程碑之一。杜尚在当时展出的原作如今已无迹可寻，后来又专门制作了更多的复制品。

2019 年 9 月，英国牛津附近的布伦海姆城堡的展览开幕前不久，英国金马桶也消失了。小偷是在一个周六凌晨来的，显然他们是在没有太多水电知识的情况下就把马桶给拆了，因此也导致了城堡的水灾。这座庄园属于温斯顿·丘吉尔家族已有三个世纪之久。艺术品马桶就安装在前首相出生的房间旁边。现在，这件艺术品只剩下一根金色的水管与冲水杆。警方表示，作案者可能是分乘两辆车来的。他们逮捕了一名 66 岁的嫌疑人，后来他被保释。此后一段时间，又有 4 名嫌疑人被确认。与巨型金币案不同的是，最初并没有迹象表明有博物馆员工参与了盗窃。

1960 年出生于帕多瓦的卡特兰在被问及此事时说："我的许多作品都曾被损坏或不小心被扔进了垃圾桶，但我的作品从来没有经历过这样的损失。"[10] 他的很多朋友都怀疑他是贼喊捉贼。他也曾第一时间想到了恶作剧："我一直喜欢犯罪片，现在自己也演了一部。这件作品的盗贼是真正的艺术家吗？从他们实施突破的速度来看，他们绝对是出色的表演者。"

这座属于纽约玛丽安·古德曼画廊的马桶价值 600 万美元，远高于制作它所用黄金的 400 万欧元价格。仅仅在佛罗伦萨的铸造厂里生产，就是一项非常复杂和昂贵的大胆行为。还有就是作品随之而来的艺术价值。当特朗普总统上任后，想从古根海姆博物馆借一幅文森特·梵高的画作来装饰他在白宫的私人房间时，总策展人南希·斯佩克特表示，这幅画是博物馆不可或缺的，但他们非常乐意安装卡特兰的金马桶——白宫方面对此不感兴趣。

如果这群盗贼深谙犯罪之道的话，他们就会充当偶像破坏者，立刻把这个马桶熔化了。据检察院称，就像作案人员对 100 公斤巨型金币所做的那样。布伦海姆城堡的一些古典大师画作的市场价格可能比《美国》更高。但是，要想把名贵的孤品像一块块熔化的黄金一样匿名快速地变成钱，是很难的。

莫里齐奥·卡特兰非常希望他的《美国》能够免于熔化。他说，小偷最好继续把它当做马桶使用。在马桶安装好后，显然最后一个使用它的人是卡特兰。但他说，在案发时间内他有不在场证明。

第 2 章　原作的遗失

前卫艺术的第二次衰落

2013 年，警方在威斯巴登的一个家具仓库里发现了一批令人难以置信的宝藏。这里堆放着上百幅 20 世纪上半叶俄罗斯最具未来性构图的现代艺术画作。这次发现的数量十分惊人。在威斯巴登东环大厅里聚集的杰作不仅来自对艺术史来说非常重要的革命性时期，而且其数量比俄罗斯境内和境外的大多数博物馆馆藏还多，其中包括马列维奇、亚夫连斯基、罗钦科、利西茨基、冈察洛娃、波波娃、康定斯基风格的绘画。这样数量级的艺术品在市场上如果值不了几十亿欧元的话，也能值几亿欧元。尽管如此，藏品还是被主人像堆旧家具一样存放着——没有特别的安全保障，也没有空调，只有防冻措施，画框相互倚靠着。

2013 年 6 月 12 日对家具仓库的搜查和对看似珍贵的藏品的扣押是一次国际上精心策划的对艺术品赝品交易最有力的打击之一。

两天来，联邦刑事警察局（简称联邦警局）的百余名警察不仅在威斯巴登，而且还在美因茨、斯图加特、慕尼黑、汉堡、科隆等城市搜查了 28 个公寓、画廊、仓库和商业场所。在瑞士也进行了大搜捕，并查封了一些账户。在以色列，警方暂时逮捕了 8 名嫌疑人。在警方视线中：一个涉嫌全球性组织造假和窝藏的网络得到了艺术专家的支持，并且这些专家还对此提供相应的鉴定证书。仅仅在贝尔特雷西奇造假案发生后不到两年，德国艺术界又出现了下一桩丑闻。

联邦警局连续数月在所谓的造假圈里搜寻线索。这次调查是由以色列警方的国家欺诈调查小组发起的。调查小组经侦查认为，被追踪的来自俄罗斯的艺术品伪造者们通过以色列或其他地区，朝德国方向开展业务。在威斯巴登，两名头号嫌疑人因被指控商业欺诈而被待审拘留：一个是当时 67 岁，原籍以色列的伊扎克·Z.；另一名年轻一点的是一个出生于美因茨的男子，据说他在这里叫穆罕默德·W.。两名被告当时对记者的询问没有作出回应。在调查人员寻找证据和准备起诉书的过程中，他们又要在监狱里待两年，穆罕默德·W. 甚至要待三年。

在伊扎克·Z. 和穆罕默德·W. 被捕前几个月，即 2013 年 2月，意大利米兰法院已经因其涉嫌康定斯基的赝品交易而将其定罪。终审判决判处两人各有期徒刑一年，缓期执行，并缴纳罚金。

但后来至少 Z 某申请再审。在本书编写期间，作者曾试图通过伊扎克·Z. 当时的公关与他取得联系，未果；他的法兰克福律师也没有对指定的询问作出回应。

2015 年 2 月，这场审判终于在德国开始了，这也成为了威斯巴登法庭最长的审判之一。最后，经过三年的努力，累计约 150 个审判日，两名被告人被判入狱。许多疑似赝品的交易早已超过诉讼时效，而且因为还在审理的缴获的 1 500 幅画作数量巨大，可能会对任何诉讼程序产生爆炸性影响，所以减少了指控量。最后，检察院只对 19 起经调查看起来特别有希望能证明诈骗罪成立的案件提出了诉讼。

为什么俄罗斯的现代艺术会吸引造假者？

长达 100 多页的判决书[11]，读起来就像一部关于受赝品污染的俄罗斯现代艺术市场现象的基础理论著作。其中，法官们描述了俄罗斯艺术现代潮流的开端，马列维奇等画家在列宁领导下的成功，以及 1921 年专门为苏联至上主义和构成主义艺术家建立的博物馆。法官们还指出了 1922 年斯大林上台后这种前卫艺术的衰落：独裁者如何有效地禁止抽象艺术，并将社会主义现实主义提升为唯一真正的国家艺术。随着斯大林对前卫艺术的禁止，这些艺术品也被清理出了苏联的博物馆。许多作品被毁坏或永远消失了。还有一些被藏在私人收藏、阁楼和秘密仓库中，这为几十年后许多关于它们重现天日的传奇提供了素材。

构成主义主要是通过乔治·科斯塔基斯在 20 世纪 50 年代被重新发现。1913 年，他出生在莫斯科一个希腊商人家庭里。他在俄罗斯的各个使馆和领馆工作，并私下收藏了瓦西里·康定斯基和柳博夫·波波娃的画作。在某个时候，他被默认是这类被遗忘了的从苏联初期开始的艺术时代之作的买家。凡是还拥有一些画作的人都来找他——科斯塔基斯设法大量搜集了数千件艺术品。当他在 1977 年和家人一起搬到希腊时，科斯塔基斯把他的大部分收藏品送给了位于莫斯科的国家特列塔科夫画廊，作为与苏联国家交易的一部分。作为回报，他被允许出口并带走约 1 200 件艺术品。1990 年，在科斯塔基斯去世几年后，希腊购买了这批进口艺术品。如今，它们落户在位于塞萨洛尼基的现代艺术博物馆。

科斯塔基斯是重新发现构成主义艺术的先驱，但收藏家和博物馆创始人彼得和艾琳娜·路德维希也是钟爱这门艺术流派且很有实力的买家。关于这家巧克力工厂在 20 世纪 70 和 80 年代如何找回当时还属于共产主义苏联的那些作品的传说萦绕不断。有种说法是，在"铁幕"后通过经济支援和食品运送的方式。但也有目击者称一些驻波恩的俄罗斯外交部高级官员，定期通过外交行李将艺术品走私到西方。联邦德国的画廊则扮演着官方卖家的角色。如今，从科隆到布达佩斯，在路德维希基金会支持的 26 个博物馆里，都能看到路德维希收藏的俄罗斯作品。早在几十年前，关于它们起源的学术出版物就已面世。不过，现在可以肯定的是，路德维希家族也上当买过赝品，就像柏林、伦敦等地的许多其他收藏家和博物馆一样。

随着苏联的开放和 20 世纪 80 年代中期的"改革重组"措施，越来越多的作品传到西方，并以越来越高的价格出售。而权威的艺术史学家也一致认为，这也重新引起了前苏联国家和外国伪造者的注意。当年斯大林唾弃的那些作品，现在成为了利润丰厚的商品。并且关于这些作品来源的故事变幻莫测，这也使得给它们编造出处更加容易了。

威斯巴登审判的判决书也解释了众所周知的艺术品作伪流程：训练有素的画家或修复员搞来艺术家生前的旧画布和颜料。然后伪造者用这些材料按照目标艺术家的风格创作出新的作品。他们模仿公认的原作里的布景，并将它们拼凑成新的构图，一盘杂烩；或者他们干脆直接复制原作，有时也使用一些新的媒介：把素描草稿变成了油画、水彩画。然后再把这些作品人为地做旧，在烤箱中烘干，用阁楼上的灰尘擦拭或用茶叶来加工。如果伪造者的工作做得好，它们看起来就像已经在世了几十年一样。画作表面所谓的裂纹（可见的油漆层中的细微裂痕，通常只在多年后才会形成）可以通过在绘画过程中添加某些化学药剂强制获得；或者用很简单的机械方法，通过把画布卷起和折叠，并在烤箱中加热来制造这种效果。

现在只需为这件作品的来源找一个合适的故事了，再附上一张显得严肃可信的包括前主人、所参加的展览和作品目录的名单。或是为来源的空白找到一个很好的理由，为什么这件新出现的艺术品会消失那么久。解释一件消失后又突然出现的、没有证件、没有展览历史、没有已知主人的俄罗斯现代艺术作品是很容易的：一切都与俄罗斯革命时期的混乱、与斯大林时期的禁令和与苏联解体后旧机构的衰落有关。

一个古董搜集者开设了他的画廊

在威斯巴登审判期间及之后，被告人艺术经销商伊扎克·Z. 讲述了他如何实现其大量绘画收藏的故事，他可能想凭借这些收藏跻身于大收藏家乔治·科斯塔基斯的传统中。在法庭上，Z 甚至把自己说成是俄罗斯前卫艺术的"救世主"。[12] 联邦刑警在家具仓库里没收的大量艺术品绝不是他命人伪造的，而是在 30 年的时间里，有时是在冒险的情况下搜集的。从 20 世纪 80 年代中期开始，他就以古董搜集者的身份一直在东欧集团进行搜寻。在那里，他也曾身处险境，被抢劫、被诈骗，维护着与艺术家继承人的联系，并在前苏联各共和国找到了秘密仓库。有的画作的表面被涂上了黑色的润滑剂，使其不再能被海关识别，从而偷运出境。之后，用一种特殊酒精清洗画布，使原作再露真颜。Z 作证说，除了这 1 500 多幅被没收的画作，他还拥有更多。但在过去的 30 年里，他已经卖掉了许多画作。其中有几幅画现藏于科隆路德维希博物馆，它们是通过一家法国画廊被出售的。该博物馆的一位前馆长也作为客户，与这样一家在以色列设有分支机构的巴黎画廊保持着良好的关系。

根据 Z 自己的陈述，20 世纪 90 年代末，他在一个跳蚤市场上认识了穆罕默德·W.。这个人最初是为他购买旧手表，但后来又接手了画作的经纪业务。起初，他只专注于俄罗斯艺术家伊万·普尼的个人画作，但穆罕默德·W. 建议把业务专业化。于是在 2002 年，伊扎克·Z. 和两个合伙人在威斯巴登成立了 SNZ 画廊公司，由穆罕默德·W. 担任总经理。后来，三位创始人中的一位离开了公司，W. 接手了他的股份。Z 又于 2005 年在巴拿马成立了一家离岸公司，即艺术社会股份有限公司，从此他的许多画作交易都通过这家公司进行。它还出现在所谓的巴拿马文件中，这是一份由一家专门设立空壳公司的律师事务所莫萨克·冯塞卡在 2016 年春季公开的文件。

在威斯巴登这个装修得很体面的画廊空间里，既没有古画所需要的气温调节器也没有报警装置。Z 收藏的画作不是通过专门的艺术品运输公司，而是通过 UPS 之类的快递公司寄到这家画廊的——把画作卷起来包装好，几乎没上任何保险，向海关通常也只报了几百欧元的关税。

随后，这些画作被送到位于科隆附近博恩海姆的雅格斯博士的实验室。该实验室多年来共检查了数百件同一来源的作品。在成立 SNZ 画廊之前，Z 也曾与化学家艾哈德·雅格斯合作。有一次，他甚至邀请这个化学家去以色列检查一些画作。雅格斯通常会采集颜料样本，并对其进行分析，看是否符合作品所述的年代。他的实验室把许多来自 Z 收藏中因颜料不符合所谓的起源时间的画作整理出来，判定为赝品。不过，送去莱茵地区的艺术品中，有很大一部分通过了检验。据化学家介绍，他的实验室每年检查的画作中，来自 SNZ 画廊的作品占到了 30% 到 70%。比如，他们这次又送来了号称是卡西米尔·马列维奇的作品。如果这些作品是真迹的话，其价值将达数千万欧元，但这些作品只是被快递公司成卷寄出。

然而，雅格斯的正面鉴定并不意味着这些画作就是真的，对此，他自己也在开具的专家鉴定书中一再指出：在检查过的地方，他只是没发现任何迹象来证明这些画作不是在所述的时间创作的。

专家处于险境

一幅画的鉴定不仅需要材料技术上的，还需要艺术史上的鉴定，检查其出处和风格上的一致性。因此，许多诈骗者还在他们的作品上附加了艺术史方面的鉴定书，以证明其真实性。在俄罗斯，但也在德国、法国和英国，有许多专家，通常是艺术史学家，专门对俄罗斯前卫绘画进行认证。SNZ 画廊提供的许多画作也有这样的艺术史鉴定，有的还同时出自几位专家。而不少买家显然被它们弄得眼花缭乱，尽管这些检验报告往往只是单纯的艺术史描述，为了避免任何法律上可利用的明确性。

因此，对于俄罗斯前卫艺术造假的情况，除了讨好型或者欺诈型的经销商之外，所谓的专家也成为了问题的核心。他们中的一些人似乎很天真，或者说很腐败，他们甚至为令人感到混乱的赝品拟定了专家鉴定书。也有的人借用真伪存疑的作品在自己经营的二三流博物馆举办展览，以此来美化作品，使其具有公信力。而持批判意见的专家则受到了来自有律师撑腰的诈骗者的威胁而倍感压力，他们宁愿不宣布任何艺术品是假的。"我连度假都不会去莫斯科。"一位在 2013 年夏天揭穿了数百件赝品的专家说。[13] 还有一位专家报告说（也是在获得不提及名字的许诺后），有一天他的车被拆了。当艺术品沦为投机物时，那么学者对真伪问题的科学验证就不仅成为一种生意，而且成为一种危险。

经销商如何为鉴定组提供资金

在 SNZ 画廊的案例中，大部分艺术品在销售或试图销售之前，都会由同 Z 有过良好合作经验的艺术史学家进行鉴定。其中许多人与 2007 年 4 月在巴黎成立的一个组织有关——俄罗斯现代主义艺术国际委员会，该委员会于 2008 年被认定为非营利组织，2009 年更名为俄罗斯现代主义艺术国际商会（简称国际商会）。根据其章程，它是一个由艺术史学家和科学专家组成的协会，其任务是促进俄罗斯前卫艺术的事业。主席帕特丽夏·雷林在公函中表示，国际商会的专家们将坚持最高的道德标准。她说，这在当前艺术史实践不规范且没有标准的环境下尤为重要。因此，根据该组织的《良好行为守则》，如果存在利益冲突或商业联系，国际商会的成员将不得提供建议。

直到在联邦警局的调查和审判过程中才发现，国际商会的成立可追溯到两位被告画廊老板伊扎克·Z. 和穆罕默德·W. 以及一位对艺术感兴趣的法国人。该组织的创立资金主要由 SNZ 画廊提供，威斯巴登画廊的一名员工出任了艺术秘书长。威斯巴登法院认为，被告也在追求经济利益。因此，SNZ 建立了自己的组织，其成员对销售的商品进行认证，同时也给自己披上了看起来高尚的外衣。特别是国际商会的主席，英国艺术史学家帕特丽夏·雷林在这方面的做法是如何的可疑，在接下来的审判过程中将会展现出来。

编造的出处

在 21 世纪初期，SNZ 画廊也曾试图挤入国际艺术市场的高端圈子，但没有成功。据一位画廊圈内人士透露，其画作也曾提供给苏富比、佳士得、邦瀚斯等国际知名拍卖行，但因缺乏出处而遭到拒绝。尽管如此，威斯巴登的画作还是成功流入了德国、法国和瑞士的小型拍卖行。这里的市场专家早在 2007 年就已经对俄罗斯前卫艺术的突然爆发感到惊讶，慕尼黑或斯图加特的拍卖行以前几乎都没有涉足这一领域，却突然几乎同时举行了专场拍卖会。俄罗斯现代主义的单幅作品也在慕尼黑、汉堡或苏黎世的其他拍卖行里拍卖。其中，纳高拍卖行在 2007 年 4 月 26 日的那场拍卖会格外引人注目。这家斯图加特公司的特别图录能提供不少于 56 件作品。关于作品出处的介绍则称，作品是在 1946 年前后由苏联共产党的一位成员卖给了一位意大利同志的，有时给出的出处是德国私人收藏。

"简直是一派胡言！"俄罗斯独立艺术史学家康斯坦丁·阿金

沙在《时代周报》中称，"当时苏联对外国人进行严格监控。他们根本不可能把被斯大林排挤的艺术品带出国门。"[14] 阿金沙也曾为美国杂志《艺术新闻》研究过一些所谓的前主人，发现他们并不存在。而他在世界各地的博物馆发现了拍卖行出售的几十件作品具体参照的原作，这些被提供出售的作品显然是在模仿这些原作。

纳高拍卖行图录中所引用的一部分专家在巴黎和柏林短短几天内就写出了鉴定书。他们要么没有注意到这一点，要么认为不值得在图录中提及。至于所谓的拉里奥诺夫画作《龙虾静物》，也可以肯定的是，专家只愿在一天内对其进行检查，而这幅画作已经在拍卖行的仓库中存放了 8 天。然而，关于专家到这个仓库的情况却不得而知。SNZ 画廊在交付的作品拍卖结束后，分批收到了大约 140 万欧元的回报，而且大多数是通过现金支付的。

调查显示，在纳高拍卖行提供拍卖的一幅据称是女艺术家亚历山德拉·埃克斯特的纸质作品上，一位女士的帽子被涂上了错误的颜料："橙色 62"直到 1960 年才被赫斯特公司申请了专利——这就是 1949 年去世的埃克斯特不可能使用它的原因。甚至在材料技术检查之前，研究埃克斯特的专家安德烈·纳科夫就因为风格上的原因，揭露该作品是赝品。穆罕默德·W 用伪造的出处包装了这幅赝品，然而这一造假行为却并不能给两位被告定罪。这种情况不能证明他们明知故犯地进行了赝品的交易。在纳高拍卖会上售出的其他画作可能存在的欺诈行为，例如用意大利男爵的虚假出处，在诉讼程序中根据刑法规定已失去时效性。关于出现同类情况的一场位于慕尼黑一家拍卖行的俄罗斯拍卖会，康斯坦丁·阿金沙认为其许多出售的画作都不是真的。但这也没有在威斯巴登审判中发挥作用。

SNZ 画廊的终结

原本，检方指控 Z 和 W 在诈骗案中与第三人结伙作案，这样一来，诈骗案的诉讼时效就会从 5 年增加到 10 年。但第三人被免除了罪责，法院没有判定为团伙作案，所有时效超过 5 年的诈骗案因此不能被起诉。

然而，有两幅纸上作品成了被告的麻烦。一幅是亚历山德拉·埃克斯特的《颜色动力学》（1917—1918）的手稿，据称这幅画挂在巴黎一家画廊，后来又被比利时私人收藏。另一幅是亚历山大·罗钦科的《水彩构成》（1919），据其编造的出处，该作品曾经被一位私人收藏家赞助给了一家苏联博物馆。这两幅纸上作品都卖给了一位私人收藏家，他在威斯巴登市中心闲逛时路过 SNZ 画廊的橱窗，看到罗钦科水彩画的价格是 4.35 万欧元，埃克斯特作品的价格是 2.9 万欧元。

随同罗钦科的画作，藏家还收到了一份关于编造的出处的报告以及帕特丽夏·雷林的专家鉴定书。2008 年 1 月 7 日，她从艺术史的角度正面评估了其真实性，确认了出处，在鉴定书中她还提到了对颜料和纸张技术分析的肯定结果。然而，恰恰这两幅画是被艾哈德·雅格斯在检查之后清理出来为数不多的赝品。早在 2007 年 12 月 4 日，这位化学家就告知了 SNZ 画廊的总经理，他在其中一幅画作的样本中发现了酞菁蓝。画家最早可以使用这种蓝色作画的时间是 20 世纪 30 年代中期以后，也就是该颜色被发明的时间，整整比罗钦科的《构成》所谓的面世时间 1919 年晚了十年。埃克斯特的那幅画是创作在纸上的，根据鉴定报告显示，这种纸在给出的作品问世时间里还不能生产。

尽管卖出了许多画作，但是 SNZ 画廊的生意显然没有预期的那么好。在 2009 与 2010 年交替之际，这家位于威斯巴登市中心的商店关门歇业了。据判决书显示，在画廊解散后，穆罕默德·W. 继续在伊扎克·Z. 的委托下试图变卖那些来自传奇仓库里的艺术品。现在，他们还在与收藏家和中间人合作，其商业行为有时听起来很冒险。他们印制了看起来廉价的内部目录，其中引用了所谓的出处和国际商会成员的真实性鉴定，分发到私人住宅举办的销售展览上。

经过长达三年的审判工作以及检察官、辩护律师、鉴定专家和证人之间长时间的相互争吵，被指控的属于被告的 19 幅画作最终只剩下 6 幅，伊扎克·Z. 和穆罕默德·W. 因此被判刑。2018 年 3 月 15 日，英格堡·博伊默尔·库兰特法官在威斯巴登地区法院进行了长达一个半小时的判决理由陈述：法院判定两名被告因商业诈骗行为获罪。经科学鉴定，多幅图片为赝品，其出处历史存在疑问。被告明知如此，仍将赝品当成原作出售。因此，法院判处伊扎克·Z. 两年零八个月的监禁。他的同案被告穆罕默德·W. 甚至被判处三年监禁。然而，在本书排印时，他的判决还没有最终确定。其中所属 Z. 的两幅画作被当成所谓的罪证而没收。此外，两名被告还被判处六位数欧元的罚金。穆罕默德·W. 编造作品出处的行为也在其被监听的电话中和他自己同法院"交易"时的辩诉中被证实。通过同法院的"交易"，他的判决将从缓。然而，在审判中，谁伪造了这些作品仍不清楚。与其他涉及假冒艺术品的案件一样，在本案中，该庭没有对指向以色列和俄罗斯的线索进行进一步跟踪。

虽然伊扎克·Z. 坐在被告席上，但是他似乎并没有去听法官的判决，或者说他直接忽略了法官的陈述。因为还在法庭上的时候，他的英国公关顾问就发表了一份准备好的声明："我很高兴，对我和我的画作的指控被证明是毫无根据的。" 第二份公告在同一天晚上通过电子邮件发布。"2013 年被德国当局扣押的 1 800 多件作品",目前已被法院"认可为真迹"。此外,法院还"否定了国际艺术品造假团伙的存在"。

应要求,威斯巴登法院的一位发言人写道,他们绝没有宣布 1 800 幅作品都是真迹。毕竟,只有 19 幅作品进入了诉讼程序。其余画作的真实性无从考证。据一位专家报道,2019 年秋天,许多画作已经在伦敦再次发售。伊扎克·Z. 的法兰克福律师在本书付印前对有关作品下落的问题没有进行回应。

原 作 的 遗 失

在判决陈述中,威斯巴登的法官还斥责了在审判中作为证人出庭的一些专家。法庭认为,他们的判断似乎常常是以利益为导向的。根据他自己的陈述,一位专家宣称提交给他的每件作品毫无例外都是真迹,这与科学调查的结果相反。判决书还说,对一些艺术史专家的工作态度和专业方法的怀疑是绝对有必要的,法官不能按照被告人和辩护人的评价,认为专家证人帕特丽夏·雷林是一个特别严肃的艺术史学家。

在两人被捕后,安德烈·纳科夫就说过:"原作正在消失。"[15] 近几十年来,安德烈·纳科夫研究了卡西米尔·马列维奇和亚历山德拉·埃克斯特等人的作品目录。他本人也被一些专家认为是有争议的。每天他都会通过电子邮件收到号称是这些艺术家新发现的作品照片，伪造的作品几乎是无穷无尽的。他通常在瞥了一眼后，就会把那些附有工业生产的至上主义构图照片的邮件全部删掉。他尽量不让自己对画作的快乐被赝品污染。

莫迪利阿尼的神话——古典现代主义如何被系统地造假？

《玛丽亚》和《赛琳》对整个事件起着决定性作用，虽然事实上还没有人能够看到它们。然而有人似乎在展览正式开幕前44天就知道她的肖像画将于2017年3月起在热那亚的总督宫展出，而且几乎可以肯定是赝品。一位身份不明的人给艺术收藏家和莫迪利阿尼鉴赏家卡罗·佩皮寄去了据称是莫迪利阿尼的画作《赛琳》的照片——一幅举世闻名的躺着的裸体画之一，如今在拍卖会上的价格超过了1亿美元。不过，一些细节佩皮看来很奇怪：脸部没有表情，头发似乎是用胶水粘上去的，放在脑后的左臂同弯曲的左腿都出现了解剖学上的错误。"赝品。"当时72岁的他通过他的网站回复了关于《仰卧裸姿》（即《赛琳》）这幅画的问题。当展览开幕和目录出版时，在比萨附近的克雷斯皮纳经营一家私人博物馆的前企业家佩皮点出了其他可疑的画作,比如另一幅名为《玛丽亚》的女人肖像,它和《赛琳》一样,不是第一次被当作所谓的莫迪利阿尼的作品展出的。[16] 不久后,法国莫迪利阿尼专家马克·雷斯特里尼证实了这一疑点,并且又鉴别出该展览更多的赝品。当该展览不得不在原定结束日期前三天提前关门时,21 幅画作最终被警方没收。6 个月后,受检察院委托进行科学分析的修复师伊莎贝拉·夸特罗基证明,无论是画家的笔迹还是使用的颜料都与莫迪利阿尼不符:"它们是笨拙的仿品。"意大利警方对至少 6 名嫌疑人展开了调查。其中包括展览策展人鲁迪·奇亚皮尼,知名艺术图书出版商所属展览公司蒙多·莫斯特·斯奇拉的总监尼科洛·斯邦齐利、公司总裁马西莫·维塔·泽尔曼和在纽约生活的匈牙利籍艺术品经销商约瑟夫·古特曼。在热那亚之前,该展览已经在其他地方展出。2019 年秋天,检察院尚未决定目前的证据是否足以指控其欺诈和将假冒艺术品投放市场的罪行。[17] 因此,直到现在,嫌疑人仍然被认为是无辜的。

如果说有一位古典现代主义艺术家的拍卖价格近年来几乎飙升到了天文数字的高度,那非意大利的阿梅代奥·莫迪利阿尼莫属。目前,他的画作不论是在公开的拍卖会上,还是在谨慎的"私人拍卖"上,价格似乎不存在上限。2015 年 11 月,中国收藏家刘益谦在纽约佳士得拍卖会上以 1.704 亿美元买下莫迪利阿尼

1917/18 年的裸体画《仰卧的裸女》。2018 年 5 月，另一件《卧姿裸体》（左侧）在苏富比拍卖会上拍出了 1.572 亿美元。爱尔兰养马人约翰·马格尼耶 15 年前曾为其支付了 2 690 万美元。此后，莫迪利阿尼画作的价格不断上涨。2010 年 11 月，坐姿裸体作品《罗马美人》达到了 6 890 万美元的价格；一幅莫迪利阿尼的情人的肖像画达到了 1 910 万美元的价格。同年 6 月，他仅存的 26 件砂岩雕塑中的一件在巴黎拍出了 4 320 万欧元。另一件雕塑在 2019 年 5 月以 3 430 万美元易主。2014 年，瑞士艺术品经销商伊夫·布维耶将 1916 年的裸体画《靠着蓝枕头的卧姿裸体》以 1.18 亿美元的价格私下卖给了俄罗斯收藏家迪米特里·雷博洛夫列夫。

这位意大利人的一生，正如他的同行文森特·梵高一样，为艺术市场提供了最棒的传奇故事，并因此创造出了惊人的艺术品销售奇迹。在巴黎蒙马特过着艺术家放荡不羁的生活，关于他的裸体画的丑闻，不断变化的人际关系，酒精和毒品，悲剧性的肺结核病——最终，他去世时年仅 35 岁，只留下了存世相对较少的重要作品。当谁在购得一幅昂贵画作的同时，也是为成为了艺术史的一部分而买单。这个时期越是能被讲述得戏剧化，越能通过巧妙的市场营销获取高价。然而，伴随着价格的增长，危险也会来临——该艺术家的赝品数量也会随之增加。

因此，无论谁负责举办阿梅代奥·莫迪利阿尼的作品展，多年来都要承担很大的风险。然而，这并不适用于预期中的参观者流量：莫迪利阿尼那些罕见而脱离写实的肖像画又把画中人的本质表现得如此淋漓尽致，以至在画家英年早逝后的近百年里仍然吸引着众人。1917年，一些大尺幅的裸体作品在巴黎贝尔特·魏尔画廊被展出，从而引起了一场丑闻，几乎导致展览的关闭。但没人能停下来，新的参观者数量纪录被不断刷新。莫迪利阿尼的肖像画早已成为一个具有很高识别价值的品牌。他的风景画用一只手的手指就能数得过来，静物画更是名不见经传。这些画作是很心理化的，但不是极端化的，因为它们的作者一直把追求辨识度作为自己的目标。莫迪利阿尼的画不会过多地干扰观者，没人能嘲笑它们，大多数画作都是令人愉悦的，没有太过圆滑也没有过于讨喜。

然而，多年来，从艺术史的角度来看，莫迪利阿尼一直是一个风险。几乎没有任何一位古典现代主义的画家像他一样被频繁造假，他的真迹至今还没有一套具有约束力的典籍。至少有五部作品目录在相互竞争。第六部正在创作中，出版日期已经多次推迟。此外，一个在线项目计划出版其所有真迹。当然，每个作者都声称自己出版的目录才是最明确的版本。近年来，许多展览被关闭，书籍和目录因其不严肃而被批评，画作在最后一刻从拍卖会上撤下，高额贿赂，甚至发出死亡威胁……因为人们一次又一次地怀疑这幅或那幅画、这幅或那幅素描充其量是当代的复制品，为了避免说出"赝品"这个令人生厌的词。面对莫迪利阿尼的作品，正如艺术品贸易圈一样，艺术界也同样瑟瑟发抖。过去二者常常结成不愉快的联盟。除了他的作品之外，在 20 世纪频繁出现类似情况的其实只有雕塑作品。在奥古斯特·罗丹和埃德加·德加身边也有相应的造假丑闻；但最主要的是关于瑞士雕塑家阿尔贝托·贾科梅蒂的。2015 年，荷兰人罗伯特·德里森在斯图加特地区法院承认，他伪造了 1 000 多件贾科梅蒂的雕塑。他的同伙——其中一人冒充据称是艺术家的弟弟迭戈的朋友"冯·瓦尔德施坦因伯爵"——声称这些雕塑已被贾科梅蒂的继承人秘密保留。他们不仅伪造了证书，甚至还专门出了一本书，书名是《迭戈的复仇》，造成总额达 475 万欧元的损失。

研究莫迪利阿尼延续不断的神话是很有意义的。他既不是 19 世纪末 20 世纪初的第一位画家，也不是唯一一位画家。历史的真实性和其作画的过程被传说如此叠加，以至于在有关他的传记和艺术方面的文学作品中，虚构和真实的边界早已模糊不清。美国艺术史学家罗伯特·詹森非常尖锐地描述了这一神话是对古典现代主义的营销。[18] "为了给现代艺术家进行市场推广，他们的经销商、批评家和艺术史学家首先要确立他们的历史合法性。这些历史编纂学上的事业正如印象派的交易那样，技术日益精湛的艺术品经销商不仅要宣传某一幅画作，而且要推广整个职业生涯。这一切不仅需要通过传统的公关运作，还需要通过精心策划的展览和一种个人的说服力，时而吸引投机者的胃口，时而顾及潜在客户，即业余爱好者的鉴赏力。"[19]

为了让一个艺术家从众人中脱颖而出，树立个人形象是很有必要的，无论是作为一个历史存在的人物，还是作为一种独有的时代现象。随着资产阶级艺术市场的出现，传记和社会学上的描述越来越重要，有时候甚至占据了上风。在许多情况下，艺术家的简历与他或她的作品一样重要——只要它能使艺术家从众多的艺术创作者中脱颖而出。

以 死 为 始

有这样一小撮艺术家，每个人都能讲述一个关于他们的故事。雷诺阿就是其中之一，在他最后的创作岁月里，他的画笔不得不用纱布绷带绑在他那双因关节炎致残的手上。或者是莫奈，他的视力严重下降，几乎无法完成为巴黎橘园博物馆创作的大型睡莲画作。文森特·梵高传说中被割掉的耳朵就属于艺术家轶事，几十年来它被深深地刻在了集体神话的记忆里。而属于阿梅代奥·莫迪利阿尼的故事则是他的英年早逝和第二天就随他而去的怀孕的情人让娜·赫布泰恩。

这些至今仍脍炙人口的传奇故事的兴起，与国际艺术市场的兴起不谋而合。当受到启蒙的中产阶级有能力用画作来装饰自家居室的墙壁时，画商们就必须找到论据来说服这些买家购买他们所代理的艺术家。这可以通过展示作品的质量来实现。19世纪末迅速增加的艺术杂志提供了另一个机会。这些杂志讲述着故事，让潜在的艺术品买家也有机会参与到画家的生活中。关于他们的故事越是具有悲剧性、浪漫性和神话性，他们的作品似乎也越显得重要。

在艺术史上，神话和传说往往是从一张纸和一段真实的回忆开始的，这在过去的100年里并没有什么变化。因为即便在那时，画家既不能也不想通过一幅好的画作再现其真实生活。即使在20世纪初，也时不时地需要一个确凿的文件，给画家至少披上真实感的光环。如果今天没有书面证据证明他的存在，那么一个或另一个画家可能早已消失在他所画的虚幻世界中了。

这些通常在艺术家死后能使其成为传奇的神话，与他在市场上的日渐成功和对赝品的需求之间存在着清晰的联系。为了满足对画作系统性增长的需求，赝品成为了必要。为了理解这种联系，我们可以更详细地研究一下莫迪利阿尼和古典现代主义的另一位伟大的被神话化了的艺术家文森特·梵高[20]之间的相似之处。

两位艺术家都英年早逝，处境悲惨。莫迪利阿尼死于结核性脑膜炎时年仅 35 岁；梵高在他朝自己身上开枪两天后去世时，也才 37 岁。两位画家都过着嫖妓、吸毒的糜烂生活。两人在有生之年都只收到一篇发表的评论。意大利人莫迪利阿尼生平只经历过一次个展。1917 年，在巴黎贝尔特·魏尔画廊的个展上，只有两幅画作分别以 30 法郎的价格售出。再来看梵高，他生前画作的销售量，虽然不是反复被引用的"只卖出了一幅画"，但也双手可数。两人都对成功和物质不感兴趣。他们两人都在死后不久得到了艺术上的认可，从而获得了物质上的成功。他们都是绝对的孤家寡人，尤其是从审美视角来看。这解释了两位画家生前所谓的不成功。虽然梵高和莫迪利阿尼都只受过短暂的学院派训练，然而两人相对较快地就找到了属于自己的具有很高识别价值的风格。他们都没有留下传承这种风格的学生。因此，这两人的作品至今仍被认为是独一无二的。最后，关于两位艺术家的神话化在他们的葬礼之后立即诞生——通过一些个人回忆，甚至他们根本没有自觉地追求这个目标。

例如，画家埃米尔·伯纳德于 1890 年 7 月在巴黎附近的奥维尔小镇描述了他的朋友梵高的葬礼。伯纳德如此真实而又动人地描述了这一场景，以至于 66 年后好莱坞导演文森特·米内利得以将这一场景几乎原封不动地融入了他关于改造梵高形象的电影《激情人生》的脚本中，由此确定了战后社会的梵高神话："三点钟的时候，尸体被抬了出来。他的朋友们把他抬上灵车。各种各样的人都在哭。钦佩并且一直支持哥哥为艺术和独立而奋斗的西奥多鲁斯·梵高，止不住地流着悲伤的眼泪。外面的太阳炙热得可怕。我们爬上了奥维尔的山丘，谈起了他，谈起了他给艺术带来的强大的推动力，谈起了他一直全身心投入的伟大工程，谈起了他给我们每个人带来的好处。在安放灵柩的房间的墙上，挂着他最后全部的画作。这些画作在他四周营造了一种神圣的光芒。它们闪耀着天才的光辉，使得他的死亡令我们艺术家更为痛心疾首了。棺材上只盖着一块简单的白布，然后围着大量的鲜花，他很喜欢的向日葵，黄色的大丽花，到处都是黄色的花。这是他最喜欢的颜色，是他梦寐以求的光明，正如他的画作所追求的一样。在靠近他的地方，他们还把他的画架、折叠椅和画笔放在他棺材前的地板上。"[21]

　　关于莫迪利阿尼的死，也有一封同样感人的信，可以说是他成为神话的奠基之作。波兰诗人莱奥波德·兹博罗夫斯基同时也是莫迪利阿尼的艺术经销商，在 1920 年 1 月 31 日艺术家葬礼当天给莫迪利阿尼的哥哥伊曼纽埃尔写了这封信。写这封信的契机很平常：兹博罗夫斯基要说服死者住在意大利的亲戚，将来要由他照顾莫迪利阿尼的女儿让娜。然而事实上，他却在不知不觉中为建造神话般的莫迪利阿尼陵墓奠定了基石。经过了九十年的艺术史研究，这个根基至今仍未动摇：

　　"从今天起，我最亲爱的朋友阿梅代安息在拉夏兹神父公墓，按照您和我们的愿望，他被鲜花覆盖。所有青年艺术家为我们亲爱的朋友和我们这个时代最有天赋的艺术家之一，献上了一份感人至深的敬意。

　　一个月前，阿梅代还十分憧憬带着妻子和孩子去意大利。他只是在等待妻子分娩。他想把这个即将出生的孩子留给在法国的奶妈照料，目前她照料着他的女儿乔瓦娜［即让娜·莫迪利阿尼，笔者注］。

　　他的健康状况一直很脆弱，此时开始变得令人担忧。我的建议是立即去瑞士的疗养院，但他没有听从。当我对他说'你的身体不好，要注意'的时候，在那一刻，他把我当成敌人，说：'不要搞道德主义。'他是星星的孩子，现实对他来说并不存在。然而，没有任何迹象表明，灾难是如此之近。他有食欲，他出门散步，心情很好。他从未抱怨过任何隐疾。

　　在他死前十天，他不得不躺在床上，突然感到一阵强烈的肾痛。前来的医生诊断为肾炎（之前他从不去看医生）。他饱受肾痛之苦，但说很快就会过去。医生每天都来。在他生病的第六天，我自己也病倒了。我妻子早上去看望了他。当她回来的时候，我才知道莫迪利阿尼吐血了。他们迅速叫来了医生，医生交代要赶快送他去医院，这样才能止血。两天后，他们把他送到医院时，他已经没有了意识。一切可能的事情都做了，他的朋友和我叫了好几个医生。但是，结核性脑膜炎暴发了，在医生没能发现的情况下，它已经侵蚀了他很久。莫迪利阿尼陷入了昏迷。

两天后，星期六晚上 8 点 50 分，您的弟弟去世了——没有痛苦，没有意识。

他最后的期望就是能去意大利。他常常提起许多关于您和他父母的事。他不幸的妻子没能幸存下来。在他死后的一天，凌晨 4 点，她从父母家 5 楼的窗户上跳了下去，当场死亡。

这是怎样的一场悲剧呀，我亲爱的莫迪利阿尼。我简直不敢相信。刚刚我还和他俩在一起，我们一起交谈，一起欢笑。我还说我会去意大利看望他们。

他那美妙绝伦的女儿，现在已经 14 个月大了，还留在离巴黎不远的地方，与莫迪利阿尼和他的妻子托付的奶妈在一起。在去世前三周，莫迪利阿尼早上七点就起床了,仿佛已经预见到了自己的死亡,这对他来说很不寻常。他想看看他的女儿。回来后,他非常高兴。我也时常照顾她,但只有你们才能代替她的父母。我和妻子愿意抚养他这个女儿,但阿梅代总是表示,希望她能在意大利和她的家人一起长大。

请您不要担心小家伙。再过几天,我将和我的妻子一起去看她。不管怎么说,她的身体很好,而且开始走路了……

作为对莫迪利阿尼的悼念,我们成立了一个小委员会,搜集了不同作家的画作,将卖出的钱都捐给他的小女儿,估计会有 2.5 万至 3 万法郎,您可以以小家伙的名义代收。因为这是画家们对她父亲的敬意。

您最忠诚的

莱奥波德·兹博罗夫斯基

约瑟夫·巴拉街 3 号

巴黎六区"

直至今日,国际艺术市场仍然需要这个材料来制造神话,来销售艺术家的生平和作品。当时还没有杂志可以刊登来自画坛明星工作室里家喻户晓的故事,没有大众市场化的拍卖会可以报道其创造拍卖纪录的结果，没有电视和互联网可以风驰电掣般将艺术天空中新星的消息撒遍全世界。今天，专业的营销机构为达米安·赫斯特和杰夫·昆斯所做的事情，在那时不得不由亲戚朋友们来做。即使在当时，为了使个别画家从大量的同行中脱颖而出，使他具有市场竞争力，也必须进行公关。这样一个早早结束的悲惨人生，并不是最坏的前提条件。

早期的造假潮

就阿梅代奥·莫迪利阿尼而言，他的作品仿佛被遗忘了。在他死后的一天，他的情人本可以将作品公之于众，但也因为绝望而自杀了。他的女儿让娜，当时还不到一岁半，很快就和亲戚在意大利的一个省住在了一起。那个省同巴黎、柏林和纽约等主要艺术市场完全没有关系。那么，剩下的就是在巴黎的艺术家和画家的朋友以及主要代理莫迪利阿尼作品的两个经销商了。早在1914年，最初在他的巴黎小画廊里主要提供非洲部落艺术的艺术商和收藏家保罗·纪尧姆签下了莫迪利阿尼。他的画廊很快就成为巴黎最重要的当代艺术场所之一[22]，因为这位经销商并不只关心通过出售艺术品来赚钱。纪尧姆还希望在经济上和道义上支持他所代理的艺术家，其中包括安德烈·德兰、亨利·马蒂斯、柴姆·苏丁。在1915年莫迪利阿尼为他的画廊主所画的肖像中，他称他的经销商为"Novo Pilota"——"新舵手"。[23] 也正是纪尧姆将莫迪利阿尼介绍给了居住在巴黎的罗马尼亚雕塑家康斯坦丁·布朗库西，并鼓励他自己去做雕塑。不过，莫迪利阿尼很快就放弃了尝试，因为他的肺部不好，在雕刻时扬起的灰尘让他十分难受。后来纪尧姆取消了与莫迪利阿尼的合同，莱奥波德·兹博罗夫斯基接过了为他的画作寻找买家的任务。

然而，恰恰是莫迪利阿尼的巴黎圈子，积极地参与了让他的画作奇迹般地变多这事。在莫迪利阿尼死后不久，这些事的发生是为了提高他朋友的名声和保障他女儿的经济来源。他的画早在几年前就被他的朋友们仿制了。其原因也只能用他们自己在 20 世纪 10 年代巴黎凄凉的经济状况来解释。直到第二次世界大战后，其他具有极强犯罪力的人，才用已故画家的画作参与到这个利润丰厚的生意中来。

友 情 服 务

一些艺术史学家认为，恰恰是莱奥波德·兹博罗夫斯基，那个在莫迪利阿尼生前竭力支持他的人，疑似是画家圈内让可疑的作品迅速流通于世的首要人物。据说这位朋友和经销商付钱给莫迪利阿尼的其他朋友和同事，只为了让他们继续画他未完成的画作。后来，他还要求他们按照莫迪利阿尼的风格作画，并签上莫迪利阿尼的名字。法国画家费尔南·莱热在当时已经有了一个固定的画廊主丹尼尔-亨利·卡恩维勒。他在战后与艺术史学家、评论家多拉·瓦利埃的谈话中回忆说，在莫迪利阿尼生前，对流行画家的作品进行完善和作伪已经是巴黎艺术界的普遍做法，也是一种不错且显而易见的赚钱方式[24]："有一天，我的一位同事对我说：'你想赚钱吗？''当然！'我说，'但是怎么赚呢？'他变得神神秘秘的：'我不能告诉你。''快说！'他犹豫了。'听着，我在修饰旧画作，柯洛的……如果你想的话，我可以介绍给你。'两天后，他带着我去了一家脏兮兮的店铺，甚至脏这个词已经不能用来形容这家店了。我不明白为什么有的艺术爱好者在这样灰尘扑扑的店里买画。你甚至可以说，它的灰尘越多，越脏，他们就越满意。一位老人接待了我们。他是店主。他给我看了几幅非常昏暗的风景画，画上的小人几乎看不见。他问我是否能对此进行一些修缮，让人物重现。'这是一幅柯洛的画，它饱经苦难，但请您照顾好它。'当他把画托付给我时说道。第二天，我把这幅画交给了他，人物都整整齐齐、漂漂亮亮地就位了。他似乎对我很满意，当场付了钱。几天后我同事对我说，这个商人想再和我们谈谈。'我一眼就瞧出来您很有天赋。'他表示道，'这次我想委托你做一份更棘手的工作，当然，报酬也更高。你看到这幅画了吗？这又是一幅同样风格的画你必须在右边这里放一个人物。'

但是这次，我心里升起了一种异样的感觉。我拿着画作，二话不说就消失了。在我的脑海里，它挥之不去。第二天一大早我就去了经销商那里。他没想到我会来。他从店铺后面出来的时候相当惊讶，我一下子就明白了一切。店里弥漫着一股可怕的汽油烧焦的味道。再也没有任何疑问。这里在制作赝品，为了弄出铜锈的效果，他正忙着在煤气灶上烤画。'您可以告诉我它们都是假货!''什么，怎么会这样?'他似乎懵了。'您不会是在烤羊肉吧!'我生气了。他再也没找什么借口。他跟我解释说，我的同事在制作所谓的'柯洛'的风景画，但是他技术不够好，画不了人物。他向我开出了 8 法郎的日薪，如果我能为他制作'柯洛'的画。于是，我便制作了 25 幅，或许甚至是 30 幅假的柯洛画作……也许它们至今仍存于世间。反正我再也没见过它们。

相反，我在美国又看到了我同事做的假莫迪利阿尼。我原来负责评判这些赝品做得是否够好，我不得不说，它们确实可以以假乱真。据我同事称，他们借来了一幅莫迪利阿尼的画'为了看看'。这幅画被送到画室之后，他们复制了一幅。当复制品完成时，他们把两幅画摆在一起，叫我来评判。随我怎么看都行，但是我分辨不出真假。因此我对他们说：'听着，你们必须要在这幅画上做一个记号来区分真伪。'他们在赝品的底架上画了一个小铅笔点。我在美国又找到了那个铅笔点……这就是生活!"[25]

战 后 新 开 始

　　然而，即便如此，也只有那些是卖方市场的艺术家的作品才会被伪造。莱热所提到的朋友们在莫迪利阿尼活着的时候就已经从他的工作室拿走了作品，以便将其复制并转售，当然是有偿的。这一行为很明显地证明了，莫迪利阿尼绝非像他死后众多传记所声称的那样不成功。

　　莱奥波德·兹博罗夫斯基从莫迪利阿尼的遗产中获得了所有能找到的草稿、素描、雕塑和绘画作品。[26] 这让他在接下来的几年里垄断了一位名气飙升的艺术家。1922/23 年冬天，美国制药业百万富翁阿尔伯特·C.巴恩斯来到巴黎，为他在费城附近的梅里恩站的私人博物馆买画。除了柴姆·苏丁的 52 件作品外，他还从兹博罗夫斯基那里购得了一组 16 幅莫迪利阿尼的画作。时至今日，它们构成了世界上最大的莫迪利阿尼公共藏品之一。而这一令人震撼的买入很快被人知晓，从而使莫迪利阿尼的作品价格倍增，也使得莱奥波德·兹博罗夫斯基成为了富翁。但是，这位艺术品经销商享受这些财富的时日并没有多久。在大萧条期间，他于 1929 年丧失了几乎所有的财产。1932 年，当年仅 43 岁的兹博罗夫斯基于巴黎去世时，他不得不被安葬在贫民墓地里。

　　第二次世界大战中断了所有进一步的销售。在德国和在被德国暂时占领的法国，阿梅代奥·莫迪利阿尼被官方认为与纳粹艺术理念不相符。他为情人让娜·赫布泰恩所画的一幅最美的肖像画从柏林国家美术馆被一个没收委员会移走。1939年6月30日，也就是第二次世界大战开始前8周，德国政府在卢塞恩的费舍尔画廊将其与其他124件绘画和雕塑作品一起拍卖。[27]所有参拍的作品都是之前从德国博物馆没收来的。梵高献给高更的一幅晚期自画像以17.5万法郎创下了最高价。莫迪利阿尼的肖像被伯尔尼大提琴家洛伦兹·勒尔以6 600法郎的价格购得。[28]对于在场的国际观众来说，两位艺术家因此都是古典现代主义中评价最高的画家。

当战后国际艺术贸易重新开始运作时，莫迪利阿尼依然处于众多抢手艺术家中的顶端。早在1952年，他的一幅裸体画作就在巴黎的一次拍卖会上拍出了100万法郎的价格。同时，从1957年开始，一本书在几年内用法语、意大利语和德语出版，让人们又想起了那个促进销量的神话。在这本小册子里，法国诗人、评论家安德烈·萨尔蒙记录了他对莫迪利阿尼的回忆，并以诗歌和信件作为补充。1939年，他的文字已见于巴黎的杂志《自由艺术》中。现在，他继承了巴黎学院的伟大传统，再次同情地将莫迪利阿尼提升为无冕之王。

当然，战后为莫迪利阿尼作品支付的金额也很快招来了造假者的觊觎，尤其是那些典型的扁平脸部肖像，长脖子和鼻子，小嘴，大部分空洞的眼窝，以及特有的签名似乎很容易被模仿。战后初期最著名的莫迪利阿尼造假者头衔非匈牙利画家埃尔米尔·德·霍里莫属。即使他的个人经历在 1969 年由美国记者克利福德·欧文出版成书[29]，后来被导演奥逊·威尔斯拍成了标题为《伪作》的电影[30]，也得采取保留态度。德·霍里是奥匈帝国外交官同银行家女儿的儿子，曾在布达佩斯、慕尼黑和巴黎学习古典绘画，其中包括跟随费尔南·莱热学习，后因与间谍接触而入狱，被纳粹驱逐到集中营，之后又被送到柏林监狱医院，从那里得以逃到法国。据称，1946 年，当他在那里卖出了他的第一件赝品——一幅毕加索的画时，这位 40 岁的男人发现，他可以从赝品中获得比出售自己的作品更好的生活。一年后，埃尔米尔·德·霍里，又称路易·卡苏、约瑟夫·多利、约瑟夫·多利-博丹、埃尔米尔·赫尔佐格、埃尔米尔·霍夫曼和 E. 雷纳尔搬到了美国，并从迈阿密开始了频繁的古典现代主义赝品交易。其中常有战后受到美国收藏家追捧的所谓莫迪利阿尼画作。德·霍里与雅克·张伯伦，特别是费尔南·勒格罗斯等受人尊敬的艺术品经销商合作，据他说，这些商人知道他们在进行赝品交易。

在此期间，艺术界人人都清楚的关于莫迪利阿尼这位"被诅咒的画家"无数的传奇故事，使得德·霍里和他之后的莫迪利阿尼造假者们很容易得手。他们举出了有力的论据，说世界某处又发现了一幅新的画作。这幅画之前没有任何人看过，也没在任何展览中展出过。莫迪利阿尼飘摇的生活，对大麻和酒精的嗜好和时常居无定所的状态成为了他事实上没能著书记录自己画作的原因。在他去世的时候，这位画家没能留下任何从他工作室流出的作品目录。而他的情人让娜·赫布泰恩本可以通过亲自观看来判定真伪，但她在莫迪利阿尼死后的第二天就把这项技能一同带到了墓里。与之相反的是，画家因为没钱常常用画作来支付一餐饭、一瓶酒、一夜情或一笔债的故事众人皆知。还有他对喜欢的人极度慷慨的事也为众人知晓。所以，谁会否认还有数百件不为人知的作品可能在世间流传，只等着在惊讶的公众面前现身。对于莫迪利阿尼这个生前被误解的天才，人们愿意相信一切皆有可能。此外，艺术家的女儿让娜·莫迪利阿尼 19 岁回到法国，后来长大成人。人们普遍错误地认为，艺术家的遗孀和遗子因为是自家人就能最好地判断作品的真伪。[31] 和莫迪利阿尼的几位模特一样，她在战后为父亲的作品提供了专家意见。而当父亲去世时，她只有 14 个月大，其意见基本上都不准确。"让娜是不可能的。"日内瓦艺术品经销商和顾问马克·布隆多证实道，"因为她没有认真研究就以一种非常主观的方式签署了真迹证书。她甚至授权人们根据她父亲的雕塑制作青铜复制品，尽管她父亲只雕刻过石头。"同时，严肃的艺术史研究长期把莫迪利阿尼的创作认定为不必认真对待的讨好型艺术，也无需过多的关注。如果不是自己相信自家墙上挂的作品是真迹的话，谁又能代表权威呢？

专家们的竞争

然而，最迟在战争结束后，缺乏可靠的作品目录这一问题对莫迪利阿尼的声誉造成了巨大的损害。早在 1929 年，德国艺术史学家亚瑟·普凡内斯蒂尔就大胆地出版了第一本绘画作品目录[32]，随后在 1958 年又出版了第二本绘画作品目录[33]。但是，现今两版目录都不再可信，普凡内斯蒂尔既没有财力又没有后勤保障去证实书中提及的大约 350 幅作品，也不能把这些作品拍下来印在书中。此外，他不仅卷入了 1929 年在柏林提供的 30 幅伪造的梵高画作的丑闻[34]；而且在战后，他也是宣布埃尔米尔·德·霍里的赝品为真迹的专家之一，并为此向勒格罗斯画廊收取报酬。

1958 年安布罗乔·塞罗尼出版了至今仍被认为是基础性著作的《阿梅代奥·莫迪利阿尼：画作》[35]。在它和 1970 年的新版中，这位曾是全职银行家的意大利人共列出了 337 幅油画作品。然而，塞罗尼只准备接受那些他自己看过原作的作品为真迹。在书出版的时候，对他来说欧洲以外的地方几乎遥不可及。比如，他从未去过美国。因此，比如来自得克萨斯圣安东尼奥的玛丽昂·科格勒·麦克内艺术博物馆的《蓝眼睛的小女孩》无疑是真迹，该作品曾在许多展览中展出，但没有出现在他的作品目录中。此外，莫迪利阿尼的第一任画廊商保罗·纪尧姆的交易记录当时还在一些私人手中，如今也可以从中重构出许多画作的来源，但在当时却做不到。塞罗尼往往只提供了他所看到的作品的当前位置，却没有将其来源追溯到画家的工作室。尽管如此，严肃的拍卖行和画廊至今主要依靠他的书。伦敦艺术经销商詹姆斯·朗德尔几年前还证实道："如果一幅画没有被列入塞罗尼（的作品目录）或者不能证明其原始出处，我是不会用老虎钳去碰它的。"[36]

1970 年，德国评论家约瑟夫·兰特曼发表了引以为豪的 1 024 件莫迪利阿尼真迹，其中有 420 件是绘画作品[37]，因此成为了直到老年还备受追捧的鉴定家。甚至到了 20 世纪 80 年代他还寄出专家鉴定书，但这些鉴定书在今日看来尚存争议。在他的书中，他既没有列出出处，也没有指出现在的主人，没有说明作品曾在哪里展出过，或者至少有幅插图。因此，他的出版物一经出版就被认为是不可靠的。最后，米兰艺术史学家奥斯瓦尔多·帕塔尼在 1991 年出版了 349 幅画作的莫迪利阿尼作品目录[38]。次年，他又出版了另一份素描目录[39]。1994 年又出版了一份带有科学主张和兰特曼作品中缺失信息的目录。这令人惊讶地证明了，在莫迪利阿尼的作品中仍然可以有严肃的发现。[40]

有可能的发现

1993 年，还有几百件主要是画在纸上的鲜为人知的收藏被发现了。该收藏原属于一位来自巴黎的名叫保罗·亚历山大的医生。他从 1907 年就开始收集整理。在这位收藏家生前，一部分藏品就已经散落四方。它们装饰着富有的艺术爱好者家的墙壁和著名博物馆的绘画馆，也保障了亚历山大一个安定的晚年并赐予了他的家人一份丰厚的遗产。比如，因为他的教女赫莲娜·佩罗内非常喜欢猫，保罗·亚历山大就在战前送给这孩子一幅炭画。这幅尺寸为 43×27 厘米未署名的肖像画描绘的是一个看起来像埃及人的女性裸体，前景是一只坐着的猫。在几十年后的 1991 年 11 月，当赫莲娜同它分别时，这幅画在纽约苏富比拍卖行以 25 万美元的价格成交。保罗·亚历山大非常喜欢这位来自巴黎蒙马特的无名画家的画作，他甚至让这个画家为自己画肖像。而这位画家就是长期以来被艺术市场青睐的明星阿梅代奥·莫迪利阿尼。

保罗·亚历山大在 1907 年至 1914 年之间搜集了 500 幅莫迪利阿尼的纸上画作和数量可观的绘画作品。此后，这位医生应征入伍。为什么在战争结束后到 1920 年莫迪利阿尼因为肺结核去世期间这两个所谓的朋友没有再见面，至今还是个谜。"这个时期他的几乎所有画作和素描我都有。"这位有艺术思想的皮肤科医生回忆战前那些岁月时称。[41] 然而这位骄傲的赞助人的这种绝对性主张是错误的，他在德尔塔街为画家提供了一个工作室，并且恳请他不要销毁任何一张纸或者去贱卖换取廉价的苦艾酒和大麻。因为他宁愿自己购买阿梅代奥·莫迪利阿尼在纸上或者画布上创作的任何东西。然而，他早期的一些明显被故意留着的主要作品确实通过莫迪利阿尼的艺术经销商保罗·纪尧姆进入了其他人的收藏中。保罗·亚历山大自己在生前计划将他的收藏在一本解密莫迪利阿尼的书中出版。这个任务最终由奥斯瓦尔多·帕塔尼接手，作为他的作品目录的结论。他其实已经计划好了第四卷。不过，帕塔尼在 1999 年没有再这样做。对于自己的这个决定，他向总部位于伦敦的《艺术报》给出了两个理由："我很失望，很泄气，也非常愤怒。我是一个诚实的人，如今我不得不面对太多的私利和太多流传的赝品。"[42] 但最主要的是，帕塔尼继续说，总部设在巴黎的维尔登斯坦研究所通过律师书面威胁他，如果在他们自己编写的维尔登斯坦-莫迪利阿尼目录中增加或删除现有内容，将承担法律后果。

巨 人 之 争

在千禧年之交，主要有两个出版项目在竞争终版目录的主导地位。而他们的作者同时也在公开竞争谁有权监督阿梅代奥·莫迪利阿尼的遗作，即数百万资产。从纯粹的法律角度来看，法国的法律解决了管辖权的问题。克里斯蒂安·帕里索在奥尔良视觉艺术学院担任了 20 年的讲师。他在 70 年代中期为他的博士论文做调研时认识了让娜·莫迪利阿尼，两人一拍即合。1984 年她去世后，艺术家的女儿在遗嘱中把"道德法规"转让给了帕里索。根据这一点，在法国，只有艺术家的继承人或受其委托的人有权监督作品，也有权决定真伪。由于权利保管人通常可以从收藏家那里收取专家鉴定的报酬，所以"道德法规"是一个有利可图的收入来源。

帕里索接手了让娜·莫迪利阿尼的私人纪念品——主要是明信片和信件，出版了几十本书籍和目录，并负责在世界各地举办了几十个展览。作为工作的基础，他成立了几经搬迁的阿梅迪奥·莫迪利阿尼档案馆[43]。自 2007 年 10 月起，档案馆落户在罗马的一座宫殿里。帕里索也开始出版自己的莫迪利阿尼目录。

据帕里索介绍，他获得了安布罗乔·塞罗尼、约瑟夫·兰特曼、奥斯瓦尔多·帕塔尼和亚瑟·普凡内斯蒂尔的档案，并在 2001 年春天成立了"莫迪利阿尼委员会"，其成员包括莫迪利阿尼的画家朋友莫依斯·基斯林的儿子让·基斯林，后者也是其父作品目录的作者。恰巧他的父亲被充足的证据怀疑在 20 世纪 10 年代，在巴黎受兹博罗夫斯基的委托有偿制作莫迪利阿尼的赝品。

让·基斯林后来承认，他偶尔为莫迪利阿尼的作品签署真迹证书，即使他事先没有看到作品，但他是应帕里索的要求签署的。[44]2007年初，由于基斯林精神状况不佳，他被置于国家监护之下。

在帕里索的支持下，一部全新的权威性目录将在罗马编制。但业界对此项目持怀疑态度。巴黎艺术贸易界的大佬丹尼尔·马林格在帕里索宣布"莫迪利阿尼委员会"成立时表示："这个委员会就是个笑话。帕里索在钓鱼，上钩的都是显而易见对莫迪利阿尼不够了解的人，他们没法判断画作的真伪。没人会把他的目录当回事儿。"他日内瓦的同行马克·布隆多赞同这个评价道："这对我来说简直是在胡说八道，一件没有意义的事。"[45]

知 识 和 科 学

不只是2017年在热那亚，这位业务繁忙的遗作管理人帕里索通过展览和出版物向公众展示被当作是出自莫迪利阿尼之手的新作品，从而得到人们的关注。这些作品的真实性也遭到了其他专家的质疑。

2002年，一场在西班牙由帕里索负责的展览被警方勒令关闭，其中77幅素描被没收。这些素描据说出自莫迪利阿尼的情人——让娜·赫布泰恩。早在2000年秋季，帕里索就说服她于1979年去世的哥哥安德烈的孙子——律师吕克·普鲁内将作品借给他，在威尼斯著名的乔治·西尼基金会举办展览。在"莫迪利阿尼与他的亲友"的标题下，除了莫迪利阿尼和他圈内的几位艺术家外，莫迪利阿尼的生前伴侣也首次以艺术家的身份被极尽颂扬。[46] 尽管如此，当展览宣布并举行时，普鲁内怀疑展出的可能是赝品。毕竟，他所拥有的原作没有出现在展览中。警方没收了其中77件参展作品，据美国艺术杂志《艺术新闻》报道，克里斯蒂安·帕里索陷入了大量的自相矛盾中。[47] 他最初声称，新展出的画作来自他在巴黎一个名叫帕拉迪丝的废品商那里发现的两本相册。当该废品商否认曾出售过有关图画时，帕里索又发表了新的声明，这次他声称废品商的名字是盖伊·帕勒。后者确认了新说法。与此同时，在2004年底，独立专家经过材料和画风检测后发现，被没收的77张图画无疑是伪造的。据《艺术新闻》报道，当警方再次询问时，克里斯蒂安·帕里索又改变了他的说法，现在他声称这两本画册中的一本不是从帕勒那里买到的，而是从一个他已经记不起名字的废品商那里买的。[48]

2006年，他在威尼斯负责举办了一个展览。其中作品的真实性受到了质疑。2007年秋天，帕里索在贝尔格莱德举行的新闻发布会上的讲话震惊了艺术界。他揭晓了一幅最近在那儿发现的莫迪利阿尼不为人知的画作。[49] 这幅据称画于1918年，是一幅略带波浪卷发的年轻人的肖像画，属于一个已不在故乡生活的塞尔维亚人。总共花了 17 年的时间，才确认了画作的真实性。除此之外，画中人物的发型可以证明他是音乐家或处于文艺界的环境，以及这幅画是用稀释的颜色画的——毕竟莫迪利阿尼一向没什么钱。这幅画的主人是如何、何时，最重要的是在东欧开放后不久，这位塞尔维亚人在哪里获得的这幅画，新闻发布会对此没有透露任何相关信息。

而著名的、由国家资助的德意志联邦共和国波恩艺术与展览馆也在 2009 年 4 月的莫迪利阿尼回顾展上押错了马。时任馆长克里斯托夫·维塔利早就表示，希望以一场精彩的莫迪利阿尼回顾展结束自己的任期，之后他将退休。虽然维塔利的声望很好，但他在众人中选择了依靠克里斯蒂安·帕里索。作为策展人，维塔利同帕里索签订了合作合同，以便借得参展画作。当时，艺术与展览馆的管理层并不想回答这个合同是什么时候开始的，以及帕里索是否收取了报酬的问题。他们也不想回答关于展览的总预算问题。然而，双方的合作有多密切，可以从展览入口处的照片墙和目录册上装饰着的帕里索特的"阿梅代奥·莫迪利阿尼档案馆"的标志中看出。

波恩展览中至少有 19 件作品最终被怀疑为赝品，其中包括素描《戴帽子的女人》《汉卡·兹博罗夫斯卡》和《维克多瓦》。5 件至少可疑的早期作品，以及油画《年轻的黑发女郎》《玛丽亚》

《红色卡利亚蒂德》《戴白衬领的年轻女人》《躺着的裸体》和《棕色头发的年轻女人》（埃尔维拉）。如果负责展览的人仔细研究过，就会发现其中有些图画不是第一次出现问题。不过，也有可能是他们对在相关领域中著名的合作伙伴帕里索太过体贴入微，所以他应该没有理由撤回由他安排的画作。

据图录称，在波恩展出的早期作品《美狄亚》是当时年仅16岁的莫迪利阿尼在1900年为撒丁岛的一位儿时朋友画的肖像。一家网站还利用这幅人物肖像在互联网上打出了卡利亚里附近的莫迪利阿尼公司的土地销售广告，并参照克里斯蒂安·帕里索的说法，声称莫迪利阿尼的父亲曾是撒丁岛的一名企业家。但是，在严肃的莫迪利阿尼文献中找不到其父亲在那里居住过的证据。1900年，莫迪里阿尼因为肺结核徘徊于生死间。因此，那时他母亲让他去撒丁岛旅行的可能性和他父亲在那里从事商业活动的可能性一样微乎其微。

据称是1918年诞生的半身像《年轻的黑发女郎》甚至还被印在上万份展览海报、贴纸和文件夹上。为了达到宣传效果，该展览将其中三幅有问题的作品作为原作展出。这幅《年轻的黑发女郎》与斯德哥尔摩现代美术馆收藏的莫迪利阿尼于1917年创作的《穿蓝裙的坐着的女人》惊人地相似。然而，临摹者并不了解原画中女子的发型，也没有意识到她衣服的颜色并非黑色，也许是画作样品不佳的缘故。尽管如此，这幅画仍然被当作所谓的莫迪利阿尼真迹于 2019 年春天在巴勒莫举行的展览上展出。当年 3 月，意大利文化遗产保护宪兵队从该展览中没收了另外两幅肖像画。该展览由位于斯波莱托的阿梅代奥·莫迪利阿尼研究所举办，该研究所也与帕里索有合作。

尤其厚颜无耻的是在波恩展出的据称是创作于 1918 年的油画《棕色头发的年轻女人》（埃尔维拉）。据图录称，这幅画是由美因河畔法兰克福的一家画廊提供给波恩的。这幅令人惊叹的新鲜出炉的无框画作在展览开始一周后通过《南德意志报》和《法兰克福汇报》的广告进行出售："目前正在波恩博物馆展出。在瑞士谨慎而严肃地办理。"对这个广告作出回应的人，就会收到在近苏黎世的布鲁格的艺术经销商寄来的报价文件夹。其中主要是些来自阿梅代奥·莫迪利阿尼档案馆由克里斯蒂安·帕里索开具的专家鉴定影印件。除了帕里索，只有莫迪利阿尼的女儿让娜和她的丈夫、哲学家维克多·内希切恩（他在介绍信中宣称自己是"莫迪利阿尼专家"）证明了这幅画所谓的真实性。他们的专家鉴定的真实性再次得到了帕里索的确认，尽管让娜·莫迪利阿尼的签名和她写日期的方式在两份文件上明显不同。而波恩的展览则把展览本身作为这幅画是真迹的证明，并随信寄出目录册。《法兰克福汇报》关于这幅画的影印文章也被作为其真实性的证明，并用大版面展示了这幅画。波恩展览公然成为了一件既无出处又无展览记录的作品的卖点。这幅被帕里索在他的作品目录中公布为真迹的画作标价 420 万欧元。人们可以明确怀疑，《埃尔维拉》被放在波恩展览中，只是为了能够从那里被售出获利。

在波恩展出的半身像《玛丽亚》中的色彩就像一团泥浆，莫迪利阿尼是不会这样做的。还有那幅异常扁平的《赛琳·霍华德》，同《玛丽亚》一起于 2017 年导致了在热那亚的莫迪利阿尼展览关闭，也出现在了波恩的展览中。如果把这幅画与同样在波恩展出的属于斯图加特国家画廊的《红沙发上的卧姿》真迹相比，绘画上的错误就很明显了：脸部看起来像面具一样平坦，肩胛骨和乳房摆放在无法用解剖学解释的地方；身体并没有在坐垫上躺实，似乎漂浮于其上；而抬起的左大腿并不是从臀部延伸出来的，而是来自腹部。

又比如，1996 年帕里索在他的作品目录第四卷《证言》中作为真迹发表的另一件《卧姿女性裸体》作品，[50] 马克·雷斯特里尼在伦敦大学学院做的材料技术检测中发现了钛白——一种莫迪利阿尼不可能使用的颜色添加剂，因为它是在他去世后才投入市场的。帕里索声称，检测值是不确定的，此外，该物质可能存在于后来使用的清漆中。"我们在好几层颜料中发现了钛。"雷斯特里尼反驳道，"这不是清漆。"[51] 帕里索还认为在波恩和热那亚展出的

《卧姿裸体》(赛琳·霍华德)是真迹。此前佳士得和苏富比的专家都罕见地一致认为该作品存疑而拒收。这幅画是美国艺术商人约瑟夫·古特曼和保罗·丹尼尔·夸特罗奇之间法律纠纷的主题,他们都声称自己有转售权。[52] 据警方透露,在热那亚查获的画作中,至少有 11 幅也来自古特曼。

此外,法国警方还扣押着至少三幅帕里索鉴定为真迹的莫迪利阿尼画作。但其真实性至少是存在争议的。其中一幅被他鉴定为只有签名是伪造的青年作品《利沃诺的长廊》在巴黎德鲁奥拍卖行进行拍卖前被没收。据《艺术新闻》报道,卷入赫布泰恩假画事件的废品商盖伊·帕勒声称,这幅画也属于他。帕里索同意将这幅画归于莫迪利阿尼名下,作为回报,帕勒得证实他发现赫布泰恩画作的故事。[53] 另外两幅画——《留小胡子的年轻人》和《带刘海的女孩》,从法国的展览中被没收。

早在 2004 年克里斯蒂安·帕里索就告知《艺术新闻》杂志,那些对自己的指控是"迫害和诽谤"的结果。[54] 在一次重要的基本审判中,他驳斥了所有的指控,包括那些关于在西班牙展出的赫布泰恩图画是伪造的指控。因为第一任法官的职位调动,第二任法官的去世,最后不得不由第三位法官参与到这场莫迪利阿尼案件中,所以审判被多次推迟。不过,对于帕里索来说,造成目前困境的罪魁祸首已经很清楚了:"警察只是在执行上级的命令,来自马克·雷斯特里尼和维尔登斯坦研究所的命令。"[55]

　　这位法国人的意思是说，他的直接竞争对手是为了争夺解释权，从而获得出具莫迪利阿尼作品的专家鉴定和举办促销展览的营利机会。

相互竞争的图录

　　马克·雷斯特里尼之前是卢森堡国立博物馆艺术总监（2000—2003 年），后来担任巴黎美术馆馆长，现在与巴黎维尔登斯坦研究所合作，并于 1997 年开始编纂所谓的莫迪利阿尼绘画真迹的最终权威典籍。然而，这些努力并非没有争议。当时，维尔登斯坦学院得到了同名的画廊王朝的资金支持——世界上最有影响力的艺术贸易家族之一。自 20 世纪 30 年代以来，该公司还出版了作品目录。这些目录由专门组建的学者团队，即所谓的"委员会"，在位于优雅的 8 区博埃蒂街的研究所进行编纂。研究所的网站上列出了 47 个关于个别艺术家的项目，从布歇和库尔贝到高更、英格雷斯、马奈、莫奈、毕沙罗、雷诺阿、范东恩和祖尔巴兰。[56] 多年来，评论家们一直担心维尔登斯坦画廊的经销商利益会影响维尔登斯坦研究所的研究活动。新发现的作品只有在维尔登斯坦能够事先——只要还没有宣布认证——以相应的低价收购时，才会被承认为真迹。因此，维尔登斯坦对于在该研究所编纂目录

里的艺术家几乎拥有无限的权力。然而，迄今为止，没有人证实
这些一再提出的指控。

2001 年 2 月，现已去世的公司元老丹尼尔·维尔登斯坦向
记者史蒂芬·瓦莱证实，他没有拥有过莫迪利阿尼的任何一件
作品，也没有买卖过雷斯特里尼新近收录在目录中的任何作品。
在任何情况下，巴黎维尔登斯坦学院都是完全独立于纽约画廊
的活动而编纂其目录的。他的家人支持雷斯特里尼和他的项目，
因为他自己很了解安布罗乔·塞罗尼。现在他也看到自塞罗尼
去世后，有多少赝品被当作莫迪利阿尼的真迹出版和销售："如
果我买下了自塞罗尼后被'发现'的所有莫迪利阿尼作品的话，
我今天就毁了。"[57] 在经历了几起涉及画廊家族内部的遗产和税
务问题的丑闻，以及 30 幅贵重画作在研究所疑似被盗的事件
后，维尔登斯坦从 2016 年开始与软件亿万富翁、艺术收藏家和
博物馆创始人哈索·普拉特纳成立联合基金会。维尔登斯坦-普
拉特纳研究所的目标不再是鉴定或评估艺术品，而是科学地编
纂作品目录。

2015 年马克·雷斯特里尼就已经与维尔登斯坦分道扬镳，成
立了自己的雷斯特里尼研究所，总部设在巴黎、日内瓦保税仓库
和迪拜，此后继续从事自己的莫迪利阿尼作品目录的编纂。根据
他自己说，他还可以接触到一些少量的证明早期莫迪利阿尼销售

记录的存世文件，如兹博罗夫斯基的商业伙伴乔纳斯·奈特的档案，以及重要的早期莫迪利阿尼收藏家罗杰·杜蒂勒尔的遗产文件。尽管如此，雷斯特里尼过去也有过错误的判断。2000年，拥有两幅莫迪利阿尼素描的瑞士收藏家埃德加·巴瓦雷尔在法国对维尔登斯坦提起诉讼，原因是雷斯特里尼不想将这两幅作品列入他编纂的作品目录中。法官宣判其中一幅作品《年轻女孩》为真迹，并且命令这位专家把这幅作品列入他的目录中。不久之后，马克·雷斯特里尼宣布他将放弃素描目录的项目。

有一本关于油画的画册也多次出现了问题。该画册原计划在2002年出版，后来宣布将在2005或2006年出版，但是至今还没有确定的出版日期。雷斯特里尼开始工作后不久，1997年6月，芝加哥企业家摩西·沙尔蒂尔-格拉西安想在伦敦的菲利普斯拍卖行拍卖一幅《棕色头发的年轻女子》。这幅画估价相当于130万至170万英镑。在拍卖当天上午，雷斯特里尼在维尔登斯坦研究所写了一封信传真到伦敦，菲利普斯拍卖行曾问过他的意见，信上说：

"我在此确认，我认为拍卖会上的第56号拍品《棕色头发的年轻女子》不可能出自阿梅代奥·莫迪利阿尼之手。因此，这幅画将不会出现在我和维尔登斯坦学院

即将出版的莫迪利阿尼作品目录中。能否恳请您在拍卖

会上将此信息告知（观众)?"[58]

菲利普斯随后撤回了这幅画。这幅画之前的主人在伦敦的莱斯特画廊、纽约的皮埃尔·马蒂斯画廊和辛辛那提美术馆都有相当不错的声誉，而且这幅画也被列入了塞罗尼的作品目录。沙尔蒂尔-格拉西安在纽约一家法院起诉维尔登斯坦，但法院只能表示，它无法决定这幅画的真伪。当画主随后向巴黎法院提起诉讼时，维尔登斯坦赶紧解释说，马克·雷斯特里尼只是该院的一个自由职业者，他要对自己的意见负责。[59]巴塞尔的恩斯特·贝耶勒或伦敦的大卫·纳玛德等著名经销商也已经与雷斯特里尼发生了纠纷，因为他最初拒绝承认他们手中作品的真实性。与此同时，由美国艺术史学家肯尼思·韦恩发起的 modiglianiproject. org 网站宣布 2019 年秋季举行第一次会议，并于次年秋季首次在线发表作品。

新的造假策略

克里斯蒂安·帕里索称，他知道至少 130 幅莫迪利阿尼的真迹因为种种原因没能被收入塞罗尼的标准目录里。[60] 所以，作品总数应估算为 460 幅左右。另一方面，马克·雷斯特里尼指

出，莫迪利阿尼每月能完成的画作不超过 5 至 6 幅。由此推算出现存于世的画作总数在 350 至 360 幅左右。雷斯特里尼还说，每一幅真的油画就有三幅赝品，每一幅真的素描就有九幅伪作。[61]

这绝不仅仅是关于流通已久的赝品问题。今天，莫迪利阿尼的复制品仍在被绘制并作为原作销售。2004 年，美国出现了一个特别引人注目的案例。时任联邦检察官的大卫·凯利回忆说，原则一直没变过，这一切总是顺利地进行着。在拍卖会上，一般是苏富比或者佳士得，纽约艺术品经销商埃利·萨卡伊用真金白银拍下了真正的古典现代主义大师的作品，例如 1990 年，以 11.2 万美元买下了马克·夏加尔的花卉静物画《紫色桌布》，但他也乐意购买其他古典现代艺术家的作品。三年后，萨卡伊通过他在南百老汇的画廊——艺术收藏有限公司，以 51.4 万美元的价格将这幅画的一个精湛仿品卖给了一位来自东京的日本同事。1998 年，他将这幅真迹委托给伦敦佳士得拍卖会，再次套现 34 万美元。八年来的净利润：85.4 万美元。间隔数年出售仿品和原件的伎俩至少成功了 12 次。然而，从 2000 年春天开始，埃利·萨卡伊犯了几个错误，最终使联邦调查局追踪到了他。

1985 年 12 月，这位经销商在伦敦苏富比拍卖会上买下了保罗·高更的一幅早期花卉静物画。随后，他通过东京的一个画廊老板将这幅《花瓶与丁香》的仿品卖给了一个日本私人经销商。2000 年春天，当萨卡伊像往常一样隔了适当的时间后想卖掉原作时，这位日本收藏家恰好也打算出售他所谓的高更。因此，这幅完全一样的据称是高更的画作既出现在 5 月 8 日纽约佳士得拍卖会的目录中，也出现在三天后竞争对手苏富比拍卖会上。经过彻底调查，佳士得在拍卖前立即谨慎地撤回了其版本。参拍画作是赝品的事实从未被披露。萨卡伊在纽约被捕。麦克·多林格法官向这位艺术品经销商宣读了起诉书，起诉书指控他在十几起案件中犯有欺诈行为。联邦检察官办公室给出的损失金额是"超过 2 000 万美元"。同时，在他的画廊网站上，即使在画廊主人被捕后，仍有莫奈、雷诺阿和莫迪利阿尼的作品出售，这些作品均不能在对应画家的作品目录中找到。

剩 余 风 险

在没有一部可靠的作品目录之前，每场莫迪利阿尼的展览都一如既往地面临着有问题的作品参展的风险。伦敦的艺术品经销商詹姆斯·朗德尔将其称为一场"噩梦"。伦敦私人博物馆埃斯托里克现代意大利艺术收藏馆的馆长罗伯塔·克雷蒙奇尼称，莫迪利阿尼问题是一个"巨大的雷区"。而在苏富比拍卖行长期参与决定哪些莫迪利阿尼的作品可以提供给公司客户的菲利普·胡克，甚至认为这个决定是一个"魔鬼的交易"。[62] 在有一本艺术市场所有参与者都认可的具有约束力的作品目录之前，几乎没有人敢对莫迪利阿尼做出判定。对此，马克·布隆多也证实道："我记得我从一个优秀的法国收藏中得到了一幅画，委托给巴黎的苏富比拍卖行。但我很忐忑，因为出处可以追溯到兹博罗夫斯基。我同意了它被拍卖，但保留了随后撤回的权利。然后我问了三个最重要的艺术经销商，征求他们的意见。他们都没有告诉我自己的决定。每个人都只是问，'其他人怎么想?'我在最后一刻又把这幅画从拍卖会上撤了下来。"[63] 后来，布隆多没能在其他作品上有这么好的直觉。当 2010 年沃尔夫冈·贝尔特雷西奇造假丑闻爆发时，人们发现，这个法国人布隆多像他的一些同事一样，在不知情的情况下出售了德国超现实主义画家马克思·恩斯特的多幅赝品，部分作品售价达数百万。

希特勒的电话和索拉克的马——纳粹遗物买卖的真真假假

每隔几年，德国艺术品交易圈就会出现一股名叫希特勒的画家的潮流。随后，拍卖行，主要是南德的拍卖行就会提供所谓的出自那位独裁者之手的素描和水彩画。这些画大部分是他还在试图用手绘明信片来维持生计的时候画的，有维也纳及其周边地区的历史建筑景观，广场、教堂、建筑、风景，是扎实的工艺美术作品，以半自然主义的方式描绘其主题，透视角度准确无误，其柔和的色彩不会破坏任何资产阶级客厅的和谐。那是些纪念品图片，就像今天工业化生产的明信片一样。

这事儿只有一个问题：当今市面上几乎所有带着这个有史以来最残暴的大屠杀凶手签名的东西都疑似是假的。这就是几年来执法部门在拍卖会前系统地没收了这些所谓的艺术品的主要原因。

不是因为它们所谓的创作者——希特勒的作品可以自由出售，只要它们不包含任何违宪组织的标志，如纳粹党徽或党卫军符文。从警方的角度来看，则是因为不同的原因：被指控的艺术品即便附有无论多么令人印象深刻的专家鉴定，还是通常带有虚假的签名，因此符合构成伪造和欺诈的事实。

这也是纽伦堡的魏德勒拍卖行的经验。1933 年后，纽伦堡正式成为"第三帝国党代会之城"。在过去 15 年中魏德勒拍卖行多次推出阿道夫·希特勒的作品。2005 年，当一幅被归为希特勒的油画《上格尔高山》要在那里拍卖时，市议会试图通过法院来阻止拍卖。但由于这幅风景画并不包含任何违宪符号，因此该努力以失败告终。纽伦堡法律办公室主任哈特穆特·弗罗默当时告诉新闻机构："不过基本上，我们认为如果纽伦堡因成为一个拍卖希特勒纪念品的地方而出名，那就太糟糕了。"犹太社区的发言人阿诺·汉堡格的反应要淡定得多，他只是简明扼要地评论说，这次拍卖"不是一次攻击"，他"并不关心这些破烂儿的情况"，就像希特勒本人一样，这些图片属于"历史的垃圾"。2009 年 9 月，四张据称有希特勒签名的作品，其中包括一张《破裂的磨坊》和一张《瓦豪的白色教堂》的景观图，在同一个拍卖行被拍卖时，几乎没有再次引起该市的任何反应。

"……没有任何恶意"

这种情况在 2019 年发生了变化，当时在同一地点举行的"阿道夫·希特勒特别拍卖会"宣布，除其他拍品外，本次拍卖会还将出售希特勒 1909 至 1936 年间的 31 件纸上作品。在这个滑稽的事件发生前不久，警察没收了这些和其他归于希特勒名下的作品。一位专家对其真实性表示怀疑，并推测其中有诈。就在三周前，柏林的州级刑事警察局还没收了四件应该是出自希特勒之手的纸上作品。《明镜周刊》摘引与当局合作的纽伦堡拍卖行的一位女发言人的话说，她并不担心拍卖会可能吸引右翼客户："感兴趣的人是没有恶意的国际艺术收藏家。"毕竟，博物馆也用纳粹艺术品赚了钱。事实上，这类特殊纪念品的买家主要来自阿拉伯世界，但最近也越来越多地来自中国、南美，并且一而再再而三地来自德国本身，那里为军事物品和希特勒物品的收藏家提供了非常活跃的舞台。为了获得所谓的有价值或稀有的物件，他们偶尔也会毫无忌惮地进行非法活动。

纳粹遗物的交易，包括所谓希特勒的素描和水彩画，也包括那些纳粹党从 1933 年起用来装饰其代表建筑的华而不实的雕像，只有很少的情况下是通过官方的艺术品交易，通过注册的拍卖行、画廊和零售商店进行的。"大部分商品，"德国北部的一位古董商在得到承诺匿名后描述了他与客户的联系，"是通过电话或互联网销售的。我知道谁对什么感兴趣，而且我知道市场上有什么，大多数物品你甚至不需要提供很长时间。需求是巨大的，而重要作品的供应当然越来越少。这不仅涉及所谓的希特勒作品，而且涉及纳粹时代的各种遗物，其中许多来自家庭清算或遗物。'我发现了一些东西，'比如说，'但我不想让孩子们看到它。'许多收藏家现在也只能暗中交易，因为没有人喜欢拥有这些东西了。如果他们公开说对这些东西感兴趣的话，他们会心怀愧疚。这些愚民的意识形态受到了污染，已经成功地破坏了整个收藏界的信誉。但他们根本不是收藏家，他们更愿意在联邦国防军的钢盔上画一个纳粹标志。"

"科学上的兴趣"

被轻描淡写地称为"军事用品"或"军事古董"的市场是巨大的。这可以从经常在阿尔萨斯、比利时、荷兰或捷克共和国，以及德国举行的"收藏家博览会"上看到。在这些活动中，数十名经销商出售军用品、勋章、徽章、书籍、刺杀武器、枪支、武器配件、文件、照片、制服和其他遗留物，特别是来自已经灭亡了的所谓的"第三帝国"物品。参观者可以在这些活动中看到，在某个大停车场里，有来自德国各地的车辆，也有来自比荷卢三国和法国的车辆。在室内的一个房间里，一个敦实的男人对着一部红色的电话用俄语喊着什么。在地下室的一个摊位上，两个人正在谈论 1945 年美国人在占领德国后进行所谓"再教育"的书："在最前面写着'我们的胜利进军始于西奈山'。——哦，那是一个犹太人写的？这些都是聪明人。"他们俩都有意无意地笑了。一家互联网书店提供的书目包括：《1934—1945 年德国空军机场》、关于德国国防军坦克、骑士十字勋章持有者和党卫军旅长的专著、《第三帝国的环形衣领和胸牌》。在大厅后面的一个展示柜中，摆放着一枚联邦功勋十字勋章；在另一个展示柜中，有黑白红背景的字母 D 的椭圆形贴纸。

这种展销会往往打着专业性活动的名号来登记，为所谓的历史教育和研究服务。然而，这些活动通常没有任何科学背景，甚至连讲座宣传都没有。然而，根据目前的法律情况，这些商业活动在法律上并不违规。违宪组织的标识，如纳粹标志或党卫军符文，都被供应商用贴纸整齐地覆盖了。

荒 诞 的 赝 品

对于收藏这些有问题的遗物的人来说，没有什么价格会太高，也没有什么故事会过于荒诞，只要能证明这些物品的真实性就行。2017 年 2 月，来自马里兰州切萨皮克市的美国拍卖行亚历山大历

史拍卖公司拍卖了一部刻有帝国之鹰、纳粹标志和"ADOLF
HITLER"（阿道夫·希特勒）字样的红色电话。据其背景故事称，
一位俄罗斯军官于 1945 年在柏林参观所谓的"元首地堡"时将这
部装置交给了拉尔夫·雷纳准将爵士。准将爵士的儿子现在将这
部电话以 20 至 30 万美元的估值交付了出去。事实上，虽然该电
话是由德国西门子和哈克斯公司制造的，听筒却是英国生产的。
而且，希特勒也绝不可能会用一部涂漆拙劣，而且是红色塑料制
成的电话。法兰克福通信博物馆的收藏主管弗兰克·格内格尔因
此判断："这显然是伪造的。"然而，一位不知名的收藏家还是为
它支付了 24.3 万美元。[64]

同样让人信以为真的还有比如带着党卫军符文和德文尖角体
的"生命之泉"字样的三角形别针。专门经营纳粹纪念品的美国
公司破裂的鸭子在其网站上标出 1 295 美元的价格，将其描述为
"非常罕见"。在瑞士工作的化名为"乔·里维特"的专家多年来
一直在公开伪造军用品。他指出，一个被严格保护的党卫军协会
几乎不会分发公开佩戴的会员徽章。[65]他还出版了一本关于现今工
业化生产的纳粹党徽章的书。

对这些徽章的仿制在二战结束后就立刻开始了。一位现在已
经不怎么出售军工品的德国古董商说道："一些非常精美的仿制品
出自以色列，现在还有波兰。这些仿制品被卖给前来东普鲁士参

观'元首总部狼穴'的游客。还有出自伊达尔-奥伯斯坦的。"此外，向纳粹政权提供勋章和徽章的公司在 1945 年后继续生产："许多人想买回盟军从他们那里拿走的东西，或者他们自己作为预防措施而销毁或扔掉的东西。许多人在那时就已经被兜售了赝品。"

2017 年，当有报道称从阿根廷发现了 80 件所谓重要的纳粹特殊纪念品时，这一说法得到了证实。历史杂志《图片报》以其一贯的克制方式，立即报道了"希特勒的银色宝藏"。（译者注：《图片报》是德国和欧洲发行量最大的日报，是以零售为主的大众报纸。其风格以耸人听闻著称，内容也经不起考察。作者在这里用说反话的方式表达了嘲讽。）这些带有纳粹标志的匕首、希特勒的金属半身像、帝国之鹰、测量头骨的设备和据说希特勒本人也曾使用过的放大镜是在对布宜诺斯艾利斯附近的一个古董商进行的突袭检查中发现的。关于其来源的各种说法迅速流传开来，人们认为这些物品是被逃亡的前纳粹分子带到了南美洲，其中最荒唐的一个物件要属一个项圈上有纳粹标志的猫咪存钱罐。据说，集中营医生约瑟夫·门格勒或大屠杀组织者阿道夫·艾希曼可能扮演了这个角色。2019 年 11 月，阿根廷安全部长和联邦警察局长随后宣布，这些物品将被移交给国家大屠杀博物馆。在那里，正如国家大屠杀博物馆馆长在同一新闻发布会上宣布的那样，将挑选一些物品展出。

他也曾被希特勒这个名字迷惑了。早在 2018 年春天，包括国家联邦刑事警察局和慕尼黑中央艺术史研究所的工作人员在内的一组专家在访问布宜诺斯艾利斯时已经确定，这些物品主要都是些小摆件。有时候，纳粹标志是后来才补上的；有一些历史事件极有可能是编造出来的，比如，1937 年的柏林农业博览会就无法被证实。而在 1942 年，自然在其他活动上也不会颁发如一个印着"一等奖"的小雕像。（译者注：原文为"Erster Prize"。"Erster"是德语，"Prize"是英语。很明显这是拙劣的假货。）据中央研究所的史蒂芬·克林根说，装有所谓希特勒放大镜的匣子的盖子上有一只假的帝国之鹰，"我们的专家意见很明确"。

然而，阿根廷方面显然有完全不同的理解。对此，除了当局之外，大屠杀博物馆也继续声称所发现的纳粹物品是真迹。而且，令德国专家生气的是，博物馆方甚至明确引用了国家刑警局和中央研究所的专家意见为证。毕竟，除了成为新闻头条外，国家社会主义（纳粹）仍然能保证游客访问量。

波罗的海下的纳粹博物馆

虽然纳粹遗物的交易规模早就为人知晓，但是当柏林州级刑事警察局艺术部门的侦查员偶然发现德国最北边的一个拥有纳粹遗物的巨型私人博物馆时，还是被震惊了。"克劳斯-迪特·F.[66]在其庄园不起眼、看起来有些保守的外墙内，多年来积累了大量纳粹时期的珍品，"首席探长勒内·阿隆吉后来在行业期刊《犯罪学家》中这样总结了调查情况，"这所房子里不仅藏有来自德国空军前总司令赫尔曼·戈林的孤品，而且还有来自前海军大将卡尔·邓尼茨的专属品。"[67]这听起来如同赫尔穆特·迪特尔讽刺剧《Schtonk!》（译者注："Schtonk"最早出自卓别林电影《大独裁者》。该单词没有任何含义，只是听上去像德语。）中的一幕荒诞场景——老顽固对所谓的希特勒日记无休无止的追寻，对在基尔峡湾的调查人员来说成为了现实。2015年5月，在对被盗的纳粹雕塑进行的突击搜查中，"房子里接下来的秘密在地下室以无数分岔的走廊形式展现给了特遣部队。这些走廊绵延数层，部分楼层装有重达数吨的水闸。数百个穿着纳粹时代制服列队站立的人体模型为这个迷宫注入了生命。对于惊讶的围观者来说，时间在这里仿佛停留在了1940年左右。凭借难以形容的缜密和对细节的热爱——多年来显然没有被公众注意到——F在自己家的地下室按真实比例建造了纳粹时代风格的房间。在这样做的时候，他大概从历史上的建筑计划图中获得了灵感，并极尽可能地接近原始风貌。"[68]

这个私人纳粹地窖博物馆绵延数百平方米，据称部分在波罗的海之下。该庄园只能通过一条私人道路（有"禁止通行！"的标示牌）到达。一面墙上挂着一个印有帝国之鹰和殖民地铭文"德国保护区"的珐琅牌。在地下室的墙上挂着更多的帝国之鹰和巨大的纳粹旗；在陈列柜里摆放着一些收藏品，如勋章和荣誉徽章、往来信件、艺术品、威廉·卡纳里斯海军上将的部分遗物、1966 年来自巴伐利亚自由州拍卖的戈林遗产中的一个洗礼杯、家具、整辆老式汽车和船只。在一个房间里矗立着据说是从布拉格偷运出来的大屠杀组织者莱因哈德·海德里希的机翼。在花园里的是阿诺·布雷克 1939 年的纪念雕塑《佩剑者》（又称国防军）。

但是，当搜查人员在地下室的一个巨大房间里发现传说中的 V1 火箭的部件以及多枚鱼雷、一辆完整的德国国防军豹式战车和一门 88 毫米高射炮时，他们惊讶得屏住了呼吸。虽然物主保证这些装备都已经"非军事化"了，也就是说，已经无法使用了，但是警察不愿意相信，因为他疑似违反了《战争武器管制法》。两个月后，在来自胡苏姆的联邦国防军特别先锋营的帮助下，经过 9 个小时努力，这辆重达 45 吨的坦克终于从地下室被拉到了阳光下。一些邻居（对警方的行为）表示不理解：他们告诉在场的众多记者，F 拥有这辆坦克是众所周知的，多年前他曾用它在冬季清理道路。

在大量的奇珍异宝柜中，调查人员却没有找到他们实际上一直在寻找的东西，尽管在基尔的这个地窖里有一个真实比例的柏林帝国总理府模型。但警方曾希望找到，除其他外，两匹原来重达数吨的铜马，它们曾矗立在当时的首都，希特勒政府所在地前的花园一侧。这个出自希特勒最喜欢的雕塑家约瑟夫·索拉克之手像怪物一样大得夸张的马，还有四件来自阿诺·布雷克和弗里茨·克里姆施的雕塑仍然存在，而且它们在 1989 年之前一直矗立在那里。这一事实在柏林墙开放之前就为人知晓。艺术史学家马格达莱纳·布沙尔特于 1989 年春天——在民主德国开始走向灭亡前不久——在《法兰克福汇报》上写到了这一点，她还重建了巨型骏马的转移路径。

由于担心被炸弹毁坏，政府将它们转移到了勃兰登堡地区的弗里岑。在那里，希特勒于 1940 年把"耶克尔斯布鲁赫庄园"送给了他第二喜欢的雕塑家阿诺·布雷克，并为"石雕匠人工作室阿诺·布雷克"公司扩建成一个大型新工作室。该工作室有一个铁路侧线和运河港口，受管于阿尔伯特·施佩尔的"建筑总检查局"。1944 年，索拉克的马也在这里找到了一个新的马厩。战争结束后，红军将这些马转移到 20 公里外的埃伯斯瓦尔德的一个军营的运动场上，同时转移的还有布雷克和克里姆施的作品。

东德和西德的一群罪犯都知道西德的收藏家愿意为像索拉克的马这样的纳粹遗物支付些什么。他们显然把布沙尔特的文章当作一种暗示，如果他们想在纳粹雕塑上套现，就必须迅速行动。2013 年秋天，当一名线人向柏林州级刑事警察局告发称有人向她提供这些雕塑以便购买时，调查由此开始。作为民主德国的前财产，根据《统一条约》，这些艺术品现在将成为联邦财产。因此，任何有交易、购买或藏匿行为的人都有可能因盗窃或窝赃罪而受到起诉。

在调查结束时，不仅有对德国各地包括基尔附近的海肯多夫进行的突击检查和刑事指控，还有一个在东西德边境消失前在德国境内精心策划的艺术走私的故事浮出了水面。

埃伯斯瓦尔德-威尔默斯多夫-巴特迪克海姆

对埃伯斯瓦尔德军营感到好奇的游客通过《法兰克福汇报》的文章知道了索拉克之马，并想前去看看。在民主德国消失前，当被问及这些雕塑的下落时，他们被告知这些雕塑被作为废铜烂铁处理掉了，所得款项都捐给了亚美尼亚的地震受害者。事实上，25 年后，警方追溯到了企业家莱纳·W.，他是该地区最大的雇主之一，在普法尔茨州的巴特迪克海姆有一家专门的发动机技术公司。他通过《法兰克福汇报》的文章知道了埃伯斯瓦尔德军营的马，并求助于亚琛企业家赫尔穆特·施。施官方经营着老爷车的进出口业务，但实际上也经常采购民主德国以及纳粹时期的收藏品和军用车辆。他最好的客户之一是 1941 年出生的莱纳·W.，他以与克劳斯-迪特·F.有着相似的热情和资金投入到收集这一时期的虔诚纪念品中。"施则动用他最好的关系与设在东柏林的'英特珀特'公司联系。"勒内·阿隆吉和他的同事们追述道，"这是一个由史塔西上校赫尔穆特·吉特尔领导的专家团队，负责采购西方禁运的货物，将其伪装成老爷车贸易。"[69]

在更多中间人的帮助下，主要是住在比利时的老爷车经销商彼得·施，以及给有关俄罗斯军官和据称是民主德国国防委员会中与俄罗斯人关系最好的一位少将高达六位数的贿赂金，使得亚美尼亚地震援助的说法达成一致。其中一名涉案的俄罗斯将军现今住在白俄罗斯。两位从事废品交易的兄弟早在 1989 年就在埃伯斯瓦尔德取到了索拉克、布雷克和克里姆施的雕塑，俄罗斯人用起重机帮助装货，然后用两辆卡车把这些艺术品运到柏林北部韦赫莱范兹的一个谷仓里。

因为很明显，这些重达数吨的青铜雕塑无法整个地运往西德，所以 W 和施决定将它们切割开来。大的部件将被申报为有色金属废料，并在没有引起任何注意的情况下被装入运输机动车的卡车中。重要的部件，如头、蹄子、手和脚，最初被暂时存放在赫尔穆特·施的一位情人在东柏林的一栋预制建筑中——在卧室里，用灰色的毛毯包裹着。在那里，经常在泰格尔机场接客的国有英特酒店集团的司机用汽车后备箱将它们带到西德,以换取1 000西马克的报酬。它们被临时存放在威尔默斯多夫的一个房车经销商那里,随后赫尔穆特·施的一个律师朋友用他的房车通过德国境内的过境公路将它们偷运到联邦德国。在美因茨附近属于莱纳·W的一个大厂房里,各个部件被重新凑在了一起,并由一个特殊的铸造厂重新焊接在一起,再重新涂上铜锈。赫尔穆特·施向《明镜周刊》估计,这六座雕塑的走私和修复工作花费了W 50万至75万德国马克。

然而,过了一些时日,这个新主人又想将马雕塑脱手。他或多或少谨慎地把连同关于马雕塑的照片和一份文件提供到了收藏圈内。通过这些方式,柏林州级刑事警察局的一名线人和荷兰私人艺术侦探阿瑟·布兰特也了解到,索拉克青铜雕塑显然还在联邦德国。在此期间,有人还向布兰特提供了阿诺·布雷克的作品,这些作品也位于埃伯斯瓦尔德。预约参观时间——有时候在南德,有时候在法兰克福附近——均失败了。可疑的中间人显然不知道马雕塑在哪里,只想着插手顺带捞一笔,这使得搜索变得很困难。但后来人们发现,在20世纪90年代初失踪的布雷克铜像中的两件——《宣告者》和《使命》,曾矗立在位于埃菲尔州北部诺尔维尼奇的出版商乔·F.博登斯坦的私人布雷克博物馆的花园中,而他正与莱纳·W.发生着法律纠纷。法庭文件显示,W在1993

年借给了博登斯坦这两件布雷克巨像。这是该企业家的名字第一次被牵扯到埃伯斯瓦尔德的雕塑。不仅如此，博登斯坦在一份简报中认为，他的辩论对手不能要求归还作品，也不能拥有雕塑的所有权，因为他是在德国统一过程中从民主德国非法获得这些青铜器的。经过协商，W 在 2012 年才收到这两座雕像。

同时，调查人员听到克劳斯-迪特·F. 的名字被反复提及。他在海肯多夫的庄园航拍照片显示，花园里有几个大型雕塑。此外，根据探长勒内·阿隆吉的说法，这位企业家"在圈内以纳粹虔诚纪念品的收藏者和右翼民粹主义杂志的谨慎订阅者而闻名"。

事实上，W 在 1996 年将索拉克的马作为 30 万马克贷款的抵押品交给了 F。F 将它们放在自己的花园里，加以良好的保护措施避免被人窥视。贷款还清后，W 让一家运输公司两年后再次拉上这些重达数吨的雕塑——在晚上，所以没被任何人发现。

"合法获得"

2015 年 5 月，柏林的艺术侦查员们终于在巴特迪尔海姆的一个大厅里再次找到了它们。但是在此之前，他们让最初不合作的莱纳·W. 意识到了他的行为可能带来的后果。两件失踪的阿诺·布雷克的青铜雕塑也被存放在防水布下，在一旁的还有他为柏林作为"日耳曼尼亚"的新造型而设计的石雕。同样来自埃伯斯瓦尔德的两座克里姆施雕塑《加拉太》和《奥林匹亚》也矗立在 W 奢华庄园的花园里。

　　对于 W 可能驾驶坦克和他的政治观点问题，他的律师只用了一份一般性的新闻稿来回应。他的辩护人在 25 年前从俄罗斯军队和"前制造商"那里合法地获得了这些雕塑。他所拥有的艺术作品也在诺维尼希展出了 20 多年。另一方面，那里的博物馆澄清说，应遗孀夏洛特·布雷克的要求，只有两件青铜像《宣告者》和《使命》存放在那里，"W 先生最终撤回了借给我们的展品。因为据说他在追求商业利益"。事实上，尽管布雷克的作品深深陷入了纳粹非法政权的困境，但他的作品仍然具有很高的市场价值。几年前，在阿尔登之家拍卖行，一个 1935/36 年为奥运会制作的十项全能运动员的青铜铸件被拍到了 12.5 万欧元，尽管这个铸件是一个私人收藏家在 1989 年直接从艺术家那里购买的。

　　与埃伯斯瓦尔德纳粹雕塑相关的罪行现在已经失去时效，所有权问题仍在谈判中。"令人惊讶的是，与最初的假设相反，至少在这个案件中，沙尔克·戈洛德科夫斯基管理的国家外汇筹措机构没有参与其中。"探长勒内·阿隆吉就该案件中的经验总结道，"最终，是他所领导的财团雇员、民主德国当局和腐败的俄罗斯官员为了自身腰包谋取利益，才让埃伯斯瓦尔德的雕塑从东德走私到西德成为可能。柏林的调查人员第一次深入了解到了一个不光彩的场景，在这个场景中，极端主义情绪和狂热的收藏激情紧密地交织在一起。"据称，纳粹党所谓的"血旗"（纳粹分子在 1923 年 11 月企图发动"希特勒政变"来反对魏玛共和国政府期间所持的"卐"字旗，并从 1926 年起，所有党旗和党卫军部队的旗帜都被"神圣化"），现在也在德国北部的一位收藏家那里。

从撬保险柜的到拍卖师

如果在拍卖数据库中搜索，比如今天哪儿有索拉克的纳粹艺术品的拍卖会，人们总是会反复看到著名的"赫尔曼历史"拍卖行。它以前在慕尼黑，现在在格拉斯布伦，经营所谓的军用品和骑士盔甲、剑、工艺品和古董。2012 年 5 月，索拉克创作的鲁道夫-赫斯的半身像在那里以 7 500 欧元的价格被拍走。两年前，创作于 1942 年用大理石雕刻的高速公路建设者和帝国军备和弹药部长弗里茨·托特的纪念头像拍了 6 300 欧元。

根据荷兰记者巴特·FM. 德罗格的调查研究，这家拍卖行与"柏林历史拍卖行"和汉堡的"赫尔穆特·魏茨军事古董两合公司"一样，是德国最重要的纳粹遗物交易机构之一，且有着有趣的历史。

格拉夫·克劳贸易公司由一位被贵族收养的前保险箱盗窃者创立，并由贵族的遗孀和儿子继续经营。该公司大约在 20 世纪 60

年代开始进行纳粹遗物的拍卖。1978 年,《时代周报》称该公司是"最著名的联邦德国纳粹纪念品交易市场"。[70] 即使在那时,棕色的东西也不一定都会发光。(译者注:棕色是纳粹的代表色。)从 1968/69 年起,纳粹纪念品的销售额翻了一番[71],这也造成了赝品数量的激增。例如,1971 年 4 月,格拉夫·克劳在一次备受关注的特别拍卖会上提供了 56 件作品,据说这些作品来自希特勒的慕尼黑管家安妮·温特的遗产。目录中列出了希特勒的一张圣诞卡和一份演讲稿,他的全德汽车俱乐部会员卡、钱包和领子上的纽扣等物品。然而,德罗格发现,这位显然是小偷的管家在 1945 年 4 月带着两个大行李箱在美国人眼皮底下逃走。当她被逮捕时,只有 10 件物品被送回。拍卖行所提供的其他 46 件纪念品究竟来自哪里,就像它为其他物品签发的几十份保真鉴定书一样值得怀疑。

1982 年,沃尔夫冈·赫尔曼和恩斯特-路德维希·瓦格纳接管了在此期间成立的"格拉夫·克劳继承人贸易公司",并将其更名为"赫尔曼历史"。今天,任何想了解网上提供的作品的人都必须首先申请一个密码。赫尔曼历史称其理由是,它只向博物馆、档案馆和"严肃的收藏家"提供"在严格条件下"的当代历史物品。这是"不可或缺的重要工作",为博物馆和收藏提供了获取当代文件的机会,"以便更好地了解这个时代",从而有助于

"确保类似的事情不会再次发生"。对这一领域的"禁忌"只会"导致一个不透明的市场"。该公司提供的作品还包括中世纪的头盔和剑，日本的武士盔甲和各种各样的手工艺品。

其他一如既往靠做纳粹生意发财的拍卖行也有类似的辩解。比如"兰茨胡特军械库"在其目录中以"1933—1945 年的当代历史物品"为题，列出了希特勒的签名照片、纳粹党的徽章、萨克森堡集中营的释放证书或大理石基座上的"帝国总理阿道夫·希特勒的半身像"。2019 年 9 月推出的 1 171 件拍品中，约有一半据称来自纳粹时代。在目录中，该公司为其拍品辩护："只要目录所有者、卖家和拍卖参与者没有做出任何相反的声明，他们就保证他们购买目录和其中所包含和描述的 1933 年至 1945 年期间的物品只是为了公民教育、抵御违宪行为、艺术、科学或教学、报道当代事件、历史或军事历史研究（《刑法》第 86a，86 条）。"

类似的条文可以在大多数相关经销商和拍卖行的商业条款中找到。毕竟独自一人，在业余时间"报道"当代事件或"进行军事历史研究"的行为，没有人可以认真核实。而对于负责相关活动的国家当局来说，只要在出售前把纳粹党的标志用胶带封住，一切似乎都很正常。之后会发生什么，没有人知道。同样人们也不知道希特勒的棕色衬衫和他那顶"遮阳板远远向前拉以防止太强的光线射入"的尖顶帽应该带来什么历史启示。这些东西在

2019 年 9 月被纽廷根的泰斯拍卖行推出：衬衫售价 60 万欧元，据说自 1945 年以来也是有据可查的帽子售价 40 万欧元。这两件物品据称都是菲利普·本·利伯中尉的大量战利品的一部分。他是一名来自路易斯安那州的犹太裔美国军官，据说他和另外两名士兵是第一个进入希特勒在慕尼黑摄政王广场 16 号公寓的人。据称，在当时被拿走的物品中，还有一个金脚的瓷质剃须杯，正面有希特勒的肖像画。

伪造的伪造者

在纽伦堡，所谓的希特勒物品经常被出售，并且在 2019 年也被没收了一批。但是当时，那些纳粹虔诚纪念品的爱好者们并不需要放弃他们的爱好。一块没被没收的桌布，据说是来自上萨尔茨山的普拉特霍夫宾馆，以 630 欧元的价格拍卖成交。一个据称是 1945 年俄罗斯士兵从希特勒在柏林的帝国总理府的私人房间里没收的印有"哥特福克号"船图像和"卐"字旗的麦森礼仪花瓶，拍出了 5 500 欧元。一把来自瓦切费尔德乡间别墅（即希特勒在贝希特斯加登上方所谓的"元首禁区"的"农家院落"），据说是独裁者送给他的兽医卡尔·赖曼以感谢他多年的服务藤椅，在出现将被没收的迹象后，为了保险起见从拍卖会上撤了下来，该藤椅扶手上的纳粹标志可能很难被承认是历史文件的一部分。

拍卖行最后也在目录中按照义务阐明，在纽伦堡提供的作品只能用于"公民教育、抵御违宪行为、科学研究或报道当时事件（《刑法》第 86 和 86a 条）"。这条法规显然也适用于据称是在 1929 年用水彩画的，署名是"A. 希特勒"的裸体研究画作。该画作描绘的是希特勒外甥女和所谓的情人洁莉·罗包尔。这幅画的估价为 3 500 欧元。

然而，有一些证据表明，这幅画源自康拉德·库尧。他是把希特勒日记卖给《斯特恩》杂志的传奇伪造者。他自己持有另一个版本，马克-奥利弗·博格证实了这一点，后者在比蒂希海姆-比辛根创立了"库尧陈列室"，并记录了伪造者的工作。20 世纪 60 年代，他开始为"老战友"画战斗场景。当他的顾客不断要求他提供"希特勒的东西"时，库约最终掌握了希特勒不同时期的各种笔迹，并制作出了顾客所求的东西。一封很快就伪造好的信在当时就为他赚了 2 500 马克。甚至当时受人尊敬的历史学家埃伯哈德·耶克尔也被一些伪造的东西给骗了。

在 20 世纪 70 年代，库尧的工作室还制作了第一批希特勒的素描和水彩画。"在那些年里，他被认为是能搞到任何东西的人。"博格很清楚，"而且他也可能持有原作。但是当供不应求时，他就自产补货。"他不仅制作纳粹时期的东西，还有比如，为了能够将一个烟草盒作为腓特烈大帝的旧物出售，他还伪造了他的签名。

117

据博格所知，《斯特恩》的出版社古纳雅尔不仅从库尧那里获得了伪造的希特勒日记，而且还获得了各种亲笔签名、据称是俄罗斯政府基本法的第一份文本和社会民主党的成立文件副本。库尧告诉汉堡的买家，他的兄弟是民主德国的一名将军，并购买了这些文件。

在他的一版洁莉·罗包尔画作背面写着库尧造的希特勒题词："洁莉坐在那里 20 小时为我当模特。这幅画在我慕尼黑的公寓里。"博格说道，"像这样的事情是典型的库尧行为。"库尧从不会犯像那些伪造者在一封所谓的希特勒信件中一直误用 s 变型的错误。然而，在他伪造的一本希特勒日记上，他贴了一个错误的 FH，而不是首字母 AH。今天，库尧的作品也造成一些问题，博格明白："同时，他自己也在被人仿造。我们在展览中展示了一整个展柜的假货。"例如，一个住在博登湖附近的人经常在易贝网上提供仿造的库尧。其他的伪造者寻找一些仍然会苏特林字体的老人，付给他们很少的酬金，让他们填写印有日期的著名纳粹者的空白身份证。在这些文件的帮助下，来自某个著名纳粹分子的一整套的制服部件、匕首、奖章和其他物品就可以伴随着传奇故事卖掉。"它们随后被委托给相关的拍卖会。"博格很清楚，"甚至不一定要在那里出售，在目录中有关于它们编造的虚假传说就足够了。这样一来，它们在收藏市场里就被洗白了，然后通常则会以更高的价格继续出售。"

希特勒和白雪公主

对希特勒作为所谓艺术家的狂热崇拜有时会产生一些荒谬的结果。比如，2008 年挪威博物馆馆长威廉·哈克瓦格声称在挪威罗弗敦群岛的一个裱有希特勒画作的画框背面发现了四幅卡通画。发现这些图片的说法是，因为据说"元首"非常欣赏迪斯尼动画片，他描摹了匹诺曹和七个小矮人中的三个，并用水彩画了出来。当然，四张中的三张也相应地印有他的标识。哈克瓦格向路透社保证，他绝对肯定这些画作来自希特勒："没有人会把赝品藏在一幅画的背面，因为它们可能永远不会被发现。"这个博物馆人是在德国一次拍卖会上花了相当于大约 300 美元把这幅画买下来的。他说画上的签名与这张卡通仿作上的笔迹相同："希特勒拥有一份《白雪公主》的副本。他认为这是有史以来最好的电影之一。"而且毕竟这部电影也是根据德国童话改编的。

的确，希特勒对迪斯尼动画片情有独钟。他的传记作者伊恩·克肖回忆说，宣传部长约瑟夫·戈培尔在 1937 年圣诞节送给希特勒一份礼物，里面有 30 部禁止在德国放映的美国娱乐电影——包括 18 部米老鼠电影。一年后，沃尔特·迪斯尼的弟弟罗伊又亲自将《白雪公主》的副本交给了宣传部。[72] 然而，动画片

《木偶奇遇记》直到 1940 年 2 月 7 日才首映。因此，希特勒在一年半前就爆发的战争期间与匹诺曹还有多克、瞌睡虫和多比等角色一起玩耍的可能性不大。

20 世纪 80 年代，在比利时胡伊的一个农舍的阁楼上出现了21 幅据说是希特勒的素描作品。在第一次世界大战期间，还是一等兵的希特勒驻扎在附近的佛兰德斯并且把画作遗忘在了那里。几年后的 2006 年 9 月，它们在康沃尔郡小城洛斯特威希尔的小型拍卖行杰弗里以 11.5 万英镑，相当于 17 万欧元的价格被拍卖。当时感兴趣的人中有来自英国、德国、日本、俄罗斯、新西兰、南非和东欧的收藏家。

两年后，英国艺术家杰克和迪诺斯·查普曼兄弟也声称在不同场合获得了希特勒的作品，并在上面画上了星星、彩虹和爱心。在一个名为"如果希特勒是个嬉皮士，我们会有多快乐"的展览上，他们把这组画作为自己的作品展出，并以相当于 87.2 万欧元的价格销售。据称，他们的画廊商确保没有纳粹同情者能买到这组再次加工的所谓的希特勒作品。巴特·FM. 德罗格向艺术家们询问了他们模板的来源，但都是徒劳，因为他并不相信这种说法："这组查普曼-希特勒画作来自有争议的美国军火商查尔斯·E. 斯奈德，这个人以出售假货而闻名。拒绝回答问题使我们对查普曼兄弟声称使用的'希特勒'非常怀疑。"[73]

列宁和希特勒的棋局

英国，一个以愚蠢的纳粹士兵为主角的喜剧系列片仍然吸引着电视机前观众的地方，是所谓希特勒虔诚纪念品的交易中心。早在 1960 年 5 月，著名的伦敦拍卖行苏富比就在"重要印象派和现代绘画、油画和雕塑"的拍卖会上列入了两张希特勒的水彩画。在目录中，维也纳议会和查理教堂的景色与毕加索、雷诺阿和图卢兹-劳特累克的作品处于完全相等的地位。当时的委托人是一位名叫莫妮卡·费舍尔的维也纳实业家，她甚至能够证明这些画作的真实性。与水彩画一同出售的还有往来信件，从中可知，一个匈牙利家具制造商在 1912 年获得了这些水彩画。时任《人们观察者》维也纳通讯记者的沃尔特·洛曼从 1938 年起开始为纳粹党的主要档案馆购买所有仍在私人手中的希特勒画作，他认证这两幅为"早期希特勒"作品，但由于不明原因，他没有成功买下它们。希特勒的摄影师海因里希·霍夫曼也证实了其真实性。许多伦敦画廊商，包括雅克·欧·汉娜对此次拍卖提出了抗议："希特勒只懂大屠杀的艺术。一个每年赚取一百万英镑的公司不需要这样大肆宣传！[74]"她的反对意见无人理睬。伦敦的一个古董商以 600 英镑（当时相当于 7 100 马克）的总价买下了这两幅水彩画。他的客户是第六任巴斯侯爵亨利·弗雷德里克·廷恩爵士。爵士后来评论说："我买这些画是因为希特勒画了它们。我知道它们几乎没有任何价值。但为什么人们会购买丘吉尔的画作呢?[75]"正如拍卖师彼得·威尔逊在拍卖开始时才宣布的那样,此次拍卖的收益将用于英国世界难民年基金。

自从那场著名的苏富比拍卖会以来,岛上的供应出人意料地从未间断。然而,在此期间,业务已从首都伦敦转移到英国各省。例如,在 2010 年,沃昂德海伍德一幅艺术家用铅笔画的母亲肖像,6 000 英镑。红色粉笔描绘的肌肉发达的年轻人的裸露后背,也是 6 000 磅。一幅表现铁匠铺里两个工人的水彩画的价格已经两倍于此。在这幅画中,一个红色的"卐"字从车间里的火堆背景中升起,其中一个人的嘴唇上方留着细长的小胡子。这张纸的左下方签有"阿道夫·希特勒 1929"。

英国穆洛克拍卖行在 2010 年 4 月推出的这些画作,当然也据说出自阿道夫·希特勒之手。仅在英国中部地区的这次拍卖中,就有 21 件这样的纸上作品被竞拍。估计总价 16.5 万英镑。据说其中大部分是希特勒早年在维也纳时期创作的最终他没能用这些作品申请到那里的艺术学院。拍卖会也出版了自己的作品目录,而这些大屠杀纪念品再一次体现了难以超越的荒诞性。编号 382 作品是一幅由犹太画家艾玛·洛温斯坦姆创作的蚀刻画,标价 4 万英镑。画中的希特勒据说是在和仍有浓密头发的列宁于 1909 年在维也纳下棋。随后的拍品则是木制象棋本身，据说就是画中情景所使用的象棋，当然是真迹，且保存完好。而4万英镑的估价也使得这套国际象棋变得高贵了。毕竟，如此昂贵的东西一定是真迹。与之相反的是，一块希特勒在帝国总理府的书房里的红色大理石地板砖，据说是一名俄罗斯士兵在攻克柏林时用手提行李箱带回家的，用1万英镑就能买到，当然还包括一份真迹证书。

根据多次揭穿希特勒伪作的荷兰人雅普·范·登·博恩和巴特·FM.德罗格的研究，仅在2009年至2019年的13次拍卖中，穆洛克拍卖行总共拍卖的84幅所谓独裁者的水彩画、油画、粉彩画和草图无一例外都是伪造的。而且两人还提到了一些可疑的专家名字，如彼得·雅恩或家具修复师汉斯·OA.霍瓦特，他们多次为这些作品开具了正面的专家鉴定。霍瓦特曾想把希特勒的外甥女洁莉·罗包尔挖掘出来以证明所谓的谋杀案的观点也被纽伦堡魏德勒拍卖行引用。

国家规定的短缺

然而，除了美国和英国外，德国也一直充当着纳粹遗物的交易中心。主要是因为在这里，这位死去的独裁者直到今天都证明着自己是艺术市场上源源不断的资金来源。希特勒本人在有生之年也曾试图阻止过这种情况。在某些时候，即使这位"史上最伟大的统帅"也意识到自己作为一个年轻艺术家并不是天才。当希特勒的政治重要性日益增长时，他下令让指挥部没收所有能找到的他的画作。

一方面，在他的画作已经成为狂热的虔诚崇拜物之一的情况下，他想避免他的画作进一步变成昂贵的投机商品。另一方面，他自称为严肃的艺术收藏者，他担心他的画作会被专家嘲笑。因为专家们肯定会发现他的许多作品质量粗劣。根据历史学家和记者斯文·菲利克斯·凯勒霍夫的说法，纳粹档案馆在 1940 年之前获得了大约 50 幅绘画作品，每幅价格约为 2 000 帝国马克，"这比第三帝国的平均税前年薪略高，在今天相当于大约 4 万欧元"[76]。然而，一些画作拥有者却拒绝了——这也是因为他们大大地高估了作品的价值，正如 1938 年 7 月特蕾莎·雷塞尔从维也纳寄来的信所证明的那样："我恳请您告诉我这两幅画的下落，同时我不会以 4 000 帝国马克的价格把画交给买家。既然这个拥有 7 500 万人口的民族对元首如此崇拜，希望出自元首亲手的画作能值与之相应的金额。我希望这些画换来的不是金钱，而是一栋属于自己的家庭别墅，以及维也纳附近的一块相称的土地。[77]"在当局的压力下，该妇女终于卖掉了画作。以这种方式"确保"下来的作品中，大约只有三十几张在第二次世界大战中幸存下来。

希特勒以前的朋友莱因霍尔德·哈尼施是最活跃的希特勒伪

造者之一，他希望能从当时国家规定的短缺中获利。两人于 1910
年在维也纳梅德曼大街的男子公寓相识，哈尼施在那里接手了希
特勒明信片画的营销工作，所以他很了解其主题与风格。当这个
伯默人从 20 世纪 30 年代初开始反复交易可能是由他自己伪造的
希特勒的素描和画作时，他最终被多次监禁。据称，希特勒画作
的真实性还得到了画家卡尔·莱登罗特等人的证实，莱登罗特也
是哈尼施在男子公寓里认识的。1937 年，在不同地方发表回忆录
但被认为是不可靠的哈尼施，出于不明原因死在狱中。

尽管希特勒不断令人回收自己的作品，但是特别是在近十年
来，总是有声称出自他之手的素描和水彩画冒出来。对这种供词
斯文·费利克斯·凯勒霍夫解释道，市面上提供的作品有百分之
九十八（通常是业余的）都是伪作。[78]

几十年来，关于所谓希特勒作品的专家鉴定大多是由同一批
专家开具的，他们也总是参考相同的文献。其中包括由美国千万
富翁同时也是希特勒收藏家的比利·F. 普莱斯于 1984 年出版的作
品目录，该目录被认为并不严谨。普莱斯本人很早就开始搜集所
谓希特勒的作品，为了让自己持有的作品增值，他付钱给几个学
者出版这些作品。他和他的两位合著者彼得·雅恩与奥古斯特·
普里萨克将希特勒的伪造者康拉德·库尧的作品以及与希特勒同
时代的莱因霍尔德·哈尼施的作品列为原作，不成比例地夸大了

所谓存世作品的数量，却没有提供任何证据，而且他们依靠的来源也不可靠。因此，在该书归属于希特勒的725件作品中，只有十几件被今天严肃的专家认为是真迹。众所周知，前纳粹档案馆雇员，同时也在纽伦堡被列为专家的普里萨克，在战后为所谓的希特勒作品开具了数百份私人专家鉴定，也数十次上了希特勒日记伪造者康拉德·库尧的当。

几年前，荷兰作家雅普·范·登·博恩证明了其中一位所谓的希特勒专家的罪行。他从互联网上打印出一张平庸的维也纳景色，自己用毡尖笔在上面添上"A.希特勒"的签名，并将扫描件通过电子邮件发到美国。不久之后，他以40美元的价格收到了"法医笔迹鉴定师"弗兰克·P.加罗的认证。他称该作品被"仔细检查并与已知的真迹进行了比较。结果是：在他看来，签名是出自德国独裁者之手"。2019年纽伦堡的拍卖行也为目录中所列的一些作品援引了加罗的名字——这些作品估价在130欧元至4.5万欧元之间。

信与否的问题

在纽伦堡的目录文本中，有一点至少是谨慎的和有历史可查的。在所提供出售的画作中都带有 A. H. 单字缩写或者"A.希特勒（可能是阿道夫·希特勒1889—1945）画家和士兵"的签名。当被问及有关专家可疑的名声时，拍卖行并没有对此作出回应。

穆洛克的发言人理查德·韦斯特伍德-布鲁克斯称："有些画作带有真迹证明，习作草图在有水印的纸上，其中一些画作上有希特勒的笔迹写的地址。"他还回答了关于其公司提供的作品来源问题，这些图画来自不同的渠道。"我们一直可以从世界上权威专家那里得到极尽多的意见。到最后，问题还是在于你是否相信它。我们只能将这些东西提供给公众进行监督检查，并尽可能多地提供信息。"然而，该公司向其客户隐瞒了一个关键细节。这位后来成为了独裁者的所有能确定的作品中都只签署了"A. 希特勒"。然而，在穆洛克那里提供的笨拙的习作草图，几乎用完全不同的笔迹签署了所谓的艺术家的名字和姓氏。

一方面，这些大屠杀者的伪造者们是来自希特勒同时期的人。在希特勒的政治地位日益提高后，他们把自己的作品签上了希特勒的名字。直到今天，都能用这些伪作在艺术交易市场中赚很多钱。另一方面，这些伪作在战后被系统地制作，并且让有意愿的业余人士开具专家鉴定书，以便于日后在拍卖行或者灰色市场毫无顾忌地进行交易。任何购买这些画作、水彩画和素描的人，在某些情况下以高价购买，只要稍加研究就能发现他们被骗了。从历史上看，因为即使是希特勒的原作也不是艺术作品，而是或多或少的业余装饰工艺品。无论如何，从经济上看也如此。但至少他们可以这样安慰自己，他们正在延续一个长期的传统：即使是纳粹党的主要档案馆，在 1940 年之前代表希特勒搜集作品时，也上当买到过赝品，甚至当时还为它们支付了大量的真金白银。

上午是毕加索，下午是达利——用复印的印刷品进行大规模诈骗

人们有时候会忘记，艺术市场不仅仅是由伦敦和纽约的大型拍卖会组成，在这些拍卖会上，仅仅一周就能卖出数百万美元，有时甚至十亿美元。然而，大多数地方出售的艺术品是价值几千或几万欧元的绘画、素描和照片。还有一些地方，比如在慕尼黑集市的拍卖行，几十年来，就在果汁摊和奶酪柜台对面，以实惠的价格拍卖多多少少的古董，有时甚至不到一百欧元。在那里也有一些画作，给这个公司的老板日后带来了厄运。2009年夏天，三位股东坐在了慕尼黑地区法院的被告席上。这场官司涉及一百多位受害者，还间接牵扯到一个来自北莱茵-威斯特法伦的人。据说他在自己的地下室里大量复制著名艺术家的各种作品，主要是巴勃罗·毕加索的作品，也有埃贡·席勒、古斯塔夫·克里姆特、

亨利·马蒂斯、马克·夏加尔和萨尔瓦多·达利的作品。

在集市上的这个拍卖行不是像慕尼黑传统拍卖行，如诺伊梅斯特、凯特尔或卡尔和法布尔那样每年只有几天举行拍卖会，而是每个工作日都有拍卖，而且一天还举行多场：早上，中午，下午。在这家大商店的门口，一个青铜动物园在等待着顾客。这里不仅有两头大狮子守在那里，还有一头大象也举起鼻子打招呼，还有一匹马，一头牛，几只鹤，在商店的橱窗里，几头真实比例大小的猪在嬉戏，从家猪到雄野猪到小野猪。喇叭将拍卖行内发生的事情一直广播到人行道上，以这种方式吸引游客："对于这样一块波斯地毯来说，这是一个不可思议的价格。1 500 欧元！谁出价更高？没有人？1 000 欧元？真的是一个相当不可能的价格。900？没有人？地毯收回去了。还有这里，这个奇妙的鱼碗。反正现在也无所谓了，谁会付多少钱？您说什么？"在里面，在以横笛为支架的造型灯和摆放珠宝和银制餐具的大型展柜之间，还有几排塑料椅子，上面坐的主要是老年人。其中一些人显然是游客，另一些是当地人，旁边的塑料袋里装满了蔬菜。

2007 年夏天的一次拍卖会上，热心的工作人员为拍卖师拖过来几个箱子并把里面的东西举起来展示。拍卖师显然为了促销所展示的东西而陈述了一些相关背景信息："现在我们有两张百水精妙绝伦的镶框书签在这里拍卖。百水是一个非常有知识的家伙。"

他穿着得体的西装，手里拿着棒槌解释说，"顺便说一句，百水是在澳大利亚附近的一次巡航旅行中去世的。"一位老年妇女对镶框书签进行了竞标，她以50欧元的价格举牌。

伴随着拍卖会的光环

在德国专门拍卖艺术品的大型拍卖行里，百水的书签、大规模生产的陈设家具或花园家具是不会被拍卖的。自千禧年以来，像慕尼黑集市上的拍卖行这样的城市画廊几乎存在于德国每个大城市，通常位于步行区的中心位置。他们的目标群体是那些来到这个城市为了欣赏景点和享受美食的游客。

上述在慕尼黑的拍卖行每天都会上演好几次这样的场面，不禁让人联想到佳士得和苏富比的大型拍卖会，包括象征成交的木槌和其他严肃的艺术贸易标志。但不同于大型拍卖行的是，这里的拍卖行与邻近的蔬菜摊、肉铺的区分标杆被刻意压低了，这一点通过用喇叭向街道传送拍卖会的情况就可清楚得知。大多数房间里的人来此是为了参与一种以前只能从电影中了解到的仪式。拍卖行是一个令人向往的地方。在那里，任何人都可以花半个小时沉浸在伟大的艺术、教育和商业世界中，扮演着布尔乔亚。在这里的集市上，买家们同时也想拍下真迹的光芒、古董的色泽，也想参与到艺术交易的神秘氛围中。

通常，这些公司的客户对艺术市场的惯例完全没有经验，所以不难诱使他们相信这些公司的严肃性。那些完全透明地面向大街敞开大门，并且提供大名鼎鼎的艺术家如巴勃罗·毕加索和马克·夏加尔，萨尔瓦多·达利和胡安·米罗等作品的人，不会是骗子。否则，他们可能宁愿在灯光昏暗的密室里做生意，而不是在城市中心的公众视线下。那些最终想尝试成为艺术收藏家的人，不仅能找到直接的方法，他或她还被告知，只要花很少的钱就可以把著名的艺术品带回家，给朋友和熟人留下深刻印象。毕竟，即使是那些本来对艺术不太了解或完全不懂的人也听说过这些名字。但这些人不知道的是，比如在达利生前，成千上万张带有这位有事业心的超现实主义者签名的白纸在通往安道尔的边境被没收，从一开始就不该轻信带有他名字的印刷品。

"人人皆可参与的拍卖"是这三位公司老板的座右铭。因此，他们没有像其他拍卖师喜欢在他们的讲台——站立式桌子后那样使用过多的专业术语。他们都没有学习过艺术史。这三个人进入拍卖行业或多或少都是出于偶然。从 20 世纪 90 年代起他们就在同一个地方的拍卖行工作。当他们的前老板因财务问题而不得不放弃业务时，三人于 2000 年接管了店面，并以新的名字成立了自己的有限公司。几年来一切都很顺利。当几十个客户和老顾客联系警方并就假货问题进行询问时，三位老板出人意料地在 2014 年

1 月关闭了他们的拍卖行。据检察院称，这三人在至少 180 个案件中为廉价的复印件收取了超过 12 万欧元的资金。检察院以商业诈骗罪将其起诉。

画廊销售的原作，有证书

2019 年 7 月，三名被告随后不得不在慕尼黑地区法院为自己辩护。光是宣读 25 页的起诉书就花了一个多小时。这几人坐在一个萧索的法庭上：凳子刷着橙色的漆，门则是沉闷的绿色，窗前挂着的米色窗帘布让人不禁想到栅栏。被控告的是在这家拍卖行拍卖或者直接销售的一百多幅画。拍卖行的宣传称，这些是基于素描制作的限量版石版画。作为证人出庭的买家陈述：这些是巴勃罗·毕加索、萨尔瓦多·达利等人的"原创"艺术作品。他们不仅有艺术家的证书，还有所谓的版本制造商和限量版证书。

在审判室里，人们可以学到很多，特别是不同的人对艺术有什么不同的理解，还有关于什么是奢侈品的看法。对于一些客户来说，似乎支付三位数的欧元就已经是一笔不小的数目了。比如一位来自高廷的金发女士，她身着一件彩色 T 恤，皮肤被太阳晒得发棕。她觉得有两幅达利的画很漂亮，特别喜欢，而且又附带一张令人信服的证书。于是她就把这两幅画买了下来当作礼物送给了丈夫：一幅作为圣诞礼物，另一幅作为生日礼物。

另一位受害者是一位来自弗莱堡的领取退休金的老人，他穿着浅色长裤和蓝色夹克。作为游客来到慕尼黑的他和妻子"毫无准备地"来到了拍卖行。他说，他不是一个艺术专家，他和这次审判中的大多数证人一样，说着带有方言口音的德语。对他来说，艺术作品必须是原创的，而且是精美的。在慕尼黑，这幅毕加索的石版画随后被呼唤了出来，装在一个漂亮的画框里。拍卖厅里只有几个人，他认为自己得到了一件便宜货："我以为它是真迹，否则我是不会买的。"因为限量版的缘故，他还以为这是一笔不错的投资。现在，他告诉书记员，他很愤怒。

一位离退休年龄不远的保险推销员则不同，他头发灰白，满腹牢骚，穿着运动夹克和白色运动鞋，举止有些狂妄，显然不想显得心胸狭隘。他说，当他买一幅画时，那是因为他喜欢它，是不是原作并不重要。这就是为什么他想拿回被警察没收的毕加索的印刷品，或者至少拿回画框。

一位来自格拉芬的接待员，她说着一口漂亮的上巴伐利亚德语，花了近1 400欧元买了两幅克里姆特和毕加索的版画。她当时被告知，这些画来自一家陷入财务困境的画廊的破产清算。众多其他买家也被告知，这些画作的实际价值比成交价高得多。

控告方最有力的证人之一是一位出生在波兰的年轻母亲，现在住在下萨克森州，她是一名办事员。在访问慕尼黑期间，她曾来到这家她以为很有名的拍卖行。在拍卖过程中，她被告知，一张自身带有版本编号的石版画非常特别。她举起了手。然而，拍卖师当时说，只能保留她的竞标资格，他们先要通过电话咨询前主人。该画作来自一家已解散的律师事务所，因此才能以如此低的价格出售。接着，在拍卖行老板打了一个简短的电话后，这名妇女才被允许购买这幅画。她坚信自己做了一笔好的投资，毕加索毕竟很有名，这场拍卖会是一个难得的机会。不到1 000张的限量版让她摇身一变成为了坐拥独家画作的主人。

当警察联系她并告诉她有假货的说法时，她非常伤心和失望："如果你卖假货，你应该公开说出来。"这位女士在法庭上愤愤地说。她把毕加索的画同古驰的手袋进行了比较：人们可以花低价通过特定的销售渠道，比如在土耳其，买一个仿造的古驰包。人人都清楚，这是假货。但是如果有人去一个有名的商店花了很多钱，那么他也会期待买到的东西是真货。

调查人员研究了数百起此类案件，其中约180起案件最终被检察院提起诉讼。法院审理的案件主要是拍卖行的雇员在拍卖过程中发表了所谓的"附加声明"，即由于一家画廊或一家律师事务所的关闭，他们宣传了所谓的一次性优惠购买方案。实际上多年来这家慕尼黑版画拍卖行的大部分材料都来自北莱茵-威斯特法伦州的某处。

昂贵的画框，廉价的复制品

在另一起案件中，正如慕尼黑地方法院对拍卖商的起诉书所述，调查人员怀疑来自北莱茵-威斯特法伦州的一个叫作贡特·K.的人从2003年起就以非常便宜的价格再次印刷这些版画复制品，数量有时超过100件。据慕尼黑的起诉书称，这些复印件每张花了贡特·K.不到1欧元的成本。它们是简单的复制品，部分是在没有得到艺术家或其继承人任何许可的情况下通过胶印印刷而成的。

然而，贡特·K.像对待真正的艺术家限量版一样，在正面用铅笔对这些画页进行编号，例如"611/888"或"197/500"。在某些情况下，装裱好的副本还附有一份看起来很正式的证书。有时在其边缘还有精心设计的装饰，就像执照或股票证明一样。外加一枚印章认定贡特·K.是"19和20世纪欧洲艺术的专家"。

据检方称，比廉价复制品更有价值的是那些画框。据说有些框架是贡特·K.在其公寓楼的地窖里自己制作的，或者由其他公司以每个框架不到20欧元的费用定制的。它们做得如此之好，以至于审判中的许多证人都希望能拿回画框，以防他们不会因为廉价的复制品而得到赔偿。

装满复印件的托盘

慕尼黑的拍卖行显然不是贡特·K.唯一的客户，根据起诉书，他生产了大量的复印件。警方查获了存放在木制工业托盘上的大堆复印件，其中一些尚未装裱。最后，在柏林州级刑事警察局的证据室里堆积着那么多的、总重达数吨的纸张，以至于他们担心地板能否支撑得住。而且这不仅仅涉及古典现代主义艺术家。艺术史学家胡贝图斯·布廷是研究格哈德·里希特版本的专家——限量版的印刷品、艺术家的书及物品——也是相应作品目录的作者。2010年9月，正如他在《法兰克福汇报》等媒体上报道的那样，里希特在1968年出版的约500幅大尺幅版画《毛泽东》影印件的样本在德国南部一家拍卖行以2 200欧元的价格被拍卖。事实上，根据布廷的说法，无论是印刷品还是签名都不是真的，尽管附有了一位艺术专家的鉴定书。

正如布廷后来报告的那样，这位专家为一家在柏林弗里德里希大街车站附近的拍卖行工作。在那里，一个买家以惊人的3700欧元的低价——是通常平均价格的三分之一——购买了一张《毛泽东》样本的复制品，以便不久后在互联网销售平台易贝网上出售。布廷的报告使得柏林州级刑事警察局对该公司进行调查，调查人员没收了除其他印刷品之外的另一版《毛泽东》以及据称是约瑟夫·博伊斯、约尔格·伊门多夫和 A. R 彭克的版画。布廷发现里希特的版画不是无光栅的珂罗版，而是基于 1992 年展览海报翻印的胶印版。人们几乎可以用肉眼看到上面的像素点，如果不是所有同时被确认的《毛泽东》复制品都被镶在同样的银色框架中，加之底板和磨砂玻璃来隐藏印刷痕迹的话。

据《法兰克福汇报》报道，这位拍卖行老板对那位轻信的、后来又把东西放到易贝网上的顾客的律师说道："即使是作为拍卖行工作人员的我们也不能像艺术专家那样判断商品。"然而，这与印刷品背面的标签相矛盾，为其公司工作的专家在标签上确认了印刷品的真实性并签了名，据布廷说："在访问柏林期间，他作为现代版画的艺术专家去了现场。"但是，这位里希特专家说，在报告之后，拍卖行又把鉴定书换成了新的署名为"贡特·J. K"的版本。然而，作为"19 世纪和 20 世纪的欧洲艺术专家"的 K 在艺术界无人知晓。

缺乏声誉并不妨碍在业内自称为设计师的 K 为其他艺术家如毕加索的作品出具证书。这些作品后来不仅在慕尼黑和其他德国城市出售，而且还在荷兰马斯特里赫特的一家拍卖行出售。

根据对慕尼黑拍卖商的起诉书，K 使他的复制品看起来是艺术家原版版画或原创版画，以便能够以高出数倍的价格出售它们。而检察院同时也提供了一个定义：说到艺术家的原版印刷品，要么是艺术家本人在印刷模板上加工并印刷了的作品，要么是作品是在他的监督下制作并印刷的。但是，原创印刷品也可以是在艺术家死后用艺术家创造的印刷模板制作出来的。然而，这些定义都不适用于 K 的复制品，也不适用于这样的说法：可能由他制作并在全国范围内出售给拍卖行和城市画廊的复制品是"签名版画"——即复印的但有艺术家为该版画提供的签名。据检察院在对慕尼黑拍卖行的三位老板的审判，K 打算通过这种方式让买家产生错觉，以为他们在竞拍一幅价值至少一两千欧元，甚至高得多的原创版画。然而，事实上，这些影印的复制品最多只值两位数的欧元。

与许多涉及艺术犯罪的刑事诉讼一样，在慕尼黑的审判中，控方和辩方之间寻求达成协议。在科隆审判的伪造者沃尔夫冈·贝尔特雷西奇一案中，显然也发生了这种情况，因为主审法官明显对处理案件所有细节没有太大兴趣。达成"减刑换供"协议的其他原因也可能是大量的个案——每一幅的毕加索作品都要在量刑中发挥作用。无论如何，试图找到所有的受害方是虚妄，特别是在握手言和的现金交易的情况下。或者法院只是被那些持续为自己要求传统特殊权利的国内国际艺术市场的习俗搞得不堪重负。2019 年夏天，慕尼黑地方法院结束了对三名被告的诉讼，以分别为 1.2 万、1.4 万和 8 000 欧元的罚款调停。

据柏林刑事法院的一位女发言人称，在 2019 年底是否以及何时批准对所谓的供应商贡特·K 的指控进行审讯还不清楚。当在电话里被问及是否愿意就慕尼黑诉讼中对他的指控进行评论时，贡特·K 反应很冷淡：他没有任何伪造品，那是一个错误，而且也没有对他进行刑事诉讼。

几乎不可能确定有多少份复制品被售出。调查当局找到了信用卡的收据，这些信用卡的主人住在国外，住在美国也不罕见。寻找受害者和廉价复制品的工作也相应耗时耗力。迟至 2019 年，带有贡特·K 证书的毕加索版画仍在线上拍卖中神出鬼没。

众多的城市画廊，如慕尼黑的这家拍卖行在此期间关闭了他们的店铺，包括自 2011 年以来在弗里德里希大街附近的拍卖行。在该公司的网站上，只有美国亿万富翁约翰·D. 洛克菲勒的一句话："没有什么能比有利可图的拍卖会更能恰如其分地把商业和娱乐结合起来。"

印度墨水和意大利红酒——假书交易

最后，正是这个连一平方毫米都不到的小黑点，把意大利图书馆馆长马里诺·马西莫·德·卡罗送进了监狱，给一个受人尊敬的纽约古董书商带来了难以解释的麻烦，把德国艺术史学家霍斯特·布雷德坎普不小的一部分名声给毁了。而这也让我们意识到，系统性的造假现在也发生在一个以前认为不会受害的文化领域——古籍。这个小圆点出现在一本有几百年历史的小册子的扉页上，它是现代天文学的基本著作之一《星迹信使》，几乎没有其他著作像它一样标志着人类从教会和迷信、占星术和炼金术转向了现代科学。正因如此，这本书才如此令人向往。从1609年12月到1610年3月12日出版，该书以闪电般的速度在威尼斯印刷，据作者在交付后一周给佛罗伦萨美第奇宫廷的信中说："因为我确实不想推迟出版，以免撞到别人抢在我前面出版同样东西的危险。"[79]

　　还有一个危险是，强大的天主教会的审查员可能会阻止出版，并指责作者是异教徒从而对他进行审判，甚至可能把他烧死在火刑柱上。最后，伽利略·伽利莱仅出版了 550 册的《星迹信使》为挑战教会古老的世界观奠定了基础。这种世界观认为地球是神的创造并且位于宇宙的中心。他用这本小册子站在了尼古拉斯·哥白尼的一边，后者在半个多世纪前就发表了书中的理论，也证明了它——但只是在理论上和数学上。伽利略现在第一次用他自己制造的望远镜观察天空，特别是月亮，之后他在书中不是基于计算，而是基于具体的观察纠正了当时那些根深蒂固的认知。对于这种早期的知识、宗教和世界历史文件，全世界的藏书家都会支付最高的价格，尤其是当他们认为所提供的版本是独一无二、别具一格的时候。但是，只要有大钱可赚的地方，骗子通常也不会离得太远。

　　因此，伽利略著作的出版是非同寻常的，它开启了一个时代的转折。直到 1608 年，汉斯·利珀黑，一位出生在威塞尔但已移民到荷兰米德尔堡的眼镜制造商才发明了一种"看远处的工具"——望远镜。只是在他之后不久，另外两个荷兰人也申请了相应的专利，但他们都没有得到。时任帕多瓦大学数学教授的伽利略听说后，购买了适当的抛光光学镜片，并自己亲手制作了一台望远镜。通过再次对镜片进行不同的打磨，最终成功地将该设备的放大系数从 4 倍提高到 33 倍。1609 年 8 月，他向威尼斯政府展示了他的望远镜。他猜测政府会对其正当的军事作用感兴趣，并向其出售了制造望远镜的独家权利，以换取加薪。对这位意大利探险家来说，望远镜、月亮和星星的课题远未结束。

宇宙的新概念

他本人对军事用途不感兴趣。伽利略需要这种仪器进行科学研究。几年前，通过用肉眼观察天空，他得出结论，以前由托勒密和亚里士多德等人制定的地心说不可能是对的，太阳、月亮、行星和恒星并没有围绕地球旋转。地球本身，像其他天体一样，处于围绕着太阳的轨道上。在《星迹信使》中，伽利略详细描述了他的观察结果。首先描绘了望远镜的构造，以使得他的理论科学基础能得以验证。然后他证明了月球的表面不是平坦的，而是被山脉和山谷所覆盖。他表明，他所观察到的木星的卫星定期改变它们与木星的位置，也就是说，它们必须围绕木星运行。因此，伽利略得出结论，以前的宇宙概念出现了问题。这是第一次，基于客观上可证明的科学观察，而不是出于臆想或信仰来谈论这样一个基本问题。

然而，梵蒂冈并没有被这个无可争议的证据所说服。在与新教改革的斗争中，它首先将科学研究理解为对教会制度的质疑——在许多地方对所谓的异端采取了残酷的行动。伽利略也不得不因多次公开表示支持哥白尼世界观并发表了相应的著作，在 1633 年 4 月接受宗教法庭的审判。这一年的 5 月 10 日，他请求宽恕，6 月 22 日，判决相应地宽大了。伽利略发誓放弃了他所谓的错误，诅咒它们。他也没被当作异教徒绑在火刑柱上烧死，而是只被判处在地牢里终身监禁。然而，这一刑罚他也从来没有服过，而改为了软禁和禁止出版。1642 年 1 月，这位革命性的科学家在他位于佛罗伦萨南部山区阿切特里的焦耶洛别墅中去世。

　　伽利略于 1610 年出版的这本仅有 60 页的小册子不仅对现代科学的基本认识有着巨大的意义，《星际信使》还是艺术史上的一个宏伟见证。除了科学家的文字，这本小册子还含有铜版画，伽利略在其中记录了他的观察结果：星座的位置，行星的轨道以及月球表面的样子——精细的阴影线记录着那些没有规律的光路，从中可以推断出这颗地球卫星不平整的表面。

　　伽利略的《星际信使》现存大约有 80 余本。其中大部分为公共图书馆所有，那些图书馆也永远不会与之分离。在四百多年前的创作之时，书籍还没有自然而然地被装订在两张坚固的书皮之间提供出售。尽管印刷品通常已经装订好，即按正确的顺序折叠并用线缝在一起，但任何购买了副本的人仍然得把它带到装订商那里，决定应该为它做什么样的装帧。因此，依然能找到的每个副本在包装设计、书籍状况和尺寸上看起来都不相同。

藏书家的圣杯

当千禧年后不久，一本似乎不为人知的《星际信使》突然出现在美国的一家古籍书店时，人们的兴奋之情溢于言表。不仅如此：这个副本是如此特别，以至于它立即成为"蓝色毛里求斯"（译者注：世界上最稀有的邮票之一）、"蒙娜丽莎"，成了全世界藏书家的圣杯——因此它成为几乎可以任意要价的商品。据称，这个公开的最新发现的副本不仅包含了伽利略在1609年的观察中绘制并让人刻版印刷的那五张著名的月球表面图，在这个版本中，甚至还有五幅原始钢笔画，制作精良，保存完好。这位科学家在观察月亮后也随即作画的事并不新鲜。然而，到目前为止，人们找到唯一一张确保带有他亲手绘制的月球图样的纸张在佛罗伦萨。作者的手写签名用褐色墨水印在扉页上，这只能得出一个结论：这肯定是伽利略本人让人制作并当作印刷样本的初版。因此，这本书轻而易举就能拍出数千万欧元的价格。而且它几乎做到了，如果不是因为那个小小的黑点的话。

2005年7月，据德国伽利略研究者、柏林洪堡大学艺术史教授霍斯特·布雷德坎普后来回忆，曼哈顿上流的上西区66街马塔扬·兰古籍书店的共同所有人，纽约书商理查德·兰向他首次展示了这个新发现时："看到这本书时，我的困惑几乎不亚于伽利略第一次用望远镜看到月亮时的感觉。扉页上有罗马文学院的印章，自 1612 年以来，伽利略一直是该学院的重要成员。最后一行下面的签名 'Io Galileo Galilei f'，译文 '这是我，伽利略·伽利莱，之作'。在这里，伽利略签署了他的名和姓，这使得标题中双倍的作者名字显得更加具有挑衅的意味。此外，那些文字之间为印刷月球图片而空出的区域被颜色暗淡的水彩画所填补。由于一百年来没有出现过类似的能证明是伽利略真迹的证据，我一下子就像被电击了，并产生了怀疑。乍一看，我无法确定它是一份真正的文件，还是一件当代或后造的副本，或是一件赝品。"[80]

向兰提供这本书的是一个名叫马里诺·马西莫·德·卡罗的意大利人。他和他的熟人菲利普·罗通多在纽约拜访了兰。至于这卷书的来源，其中还包括伽利略的《关于两门新科学的对话》和其他著作，这两个意大利人只暗示它来自一个活跃在意大利、马耳他和阿根廷的共济会组织。2005 年 6 月，兰与他的来访者一起前往哈佛大学，在那里向天文学名誉教授、伽利略鉴赏家欧文·金格里奇展示了这本书。当老科学家向他确认"这些图画一定是伽利略本人或在他的监督下绘制的"时，这位古董商以 50 万美元的价格买下了这卷书。[81] 布雷德坎普还被告知，这本书来自南美洲，这一点后来确实得到了证实，不过，以一种许多相关人员所不希望的方式。

理查德·兰想迅速卖掉他新收购的书。为此，必须对这一假定的轰动性发现进行科学考察，并开具严肃的专家鉴定，由此能让这卷书以至少1 000万美元的价格出售。霍斯特·布雷德坎普是这项工作的合适人选，因为他对伽利略进行了大量的研究，并就这一问题发表了大量的文章，他认为科学知识和图像表现有着不可分割的联系。因此，兰于2005年11月将《星际信使》带到了柏林，在那里，布雷德坎普组建了一个由九名成员构成的来自不同学科的专家团队。他们要从内容和材料上检查这本来自纽约的书。为了进行比较，甚至调用了格拉茨和巴黎的两份手稿原件。他们还请教了更多的专家，包括一些来自意大利的专家。最后，霍斯特·布雷德坎普在为专业杂志《星球和宇宙》撰写的文章中清楚地表示："经过彻底的调查证明，这本书的每一页都是划时代作品的初版校样，并引导人们更好地描述伽利略的成就和他的自我认识。"[82]

2007年，这位柏林艺术史学家在一本名为《艺术家伽利略》的书中发表了他对这一所谓轰动性发现的研究结果。[83]2008年春天，十四个机构的代表再次来到柏林开会，再度研究《SNML》（这本书在此期间的简称）。结果同样是肯定的。霍斯特·布雷德坎普随后解释说，除了古腾堡圣经之外，没有其他书籍像这本书一样得到如此详细的分析。2011年秋天，研究成果的摘要以英文发表，标题为《伽利略的O》。[84] 而这个轰动事件似乎充斥着科学界和艺术世界，这是人类历史上从中世纪走向启蒙运动和现代性最具决定性的一步的直接见证。

来自亚特兰大的怀疑

为了给一份专业杂志写书评，亚特兰大佐治亚州立大学助理教授、历史学家尼克·威尔丁让人把布雷德坎普的两本书寄给他，然后他开始起了疑心。在一次Skype对话中，他回忆说："我不清楚为什么伽利略会把校样图画到这本书里，然后再把图刻成雕版进行印刷。这在工作流程方面没有意义。"因此，威尔丁暂时没有继续忙于布雷德坎普的书，而是关注这个轰动性发现本身。他还发现了更多的可疑之处："这个图章也有点奇怪。根据图章，这卷书应该来自费德廉·塞西的私人图书馆，他是文艺学院的创始人，伽利略也是该学院的成员。这个图章与原件不符，在原件中，椭圆形的边框并非处处封闭。此外，塞西收藏的历史目录中并没有《星际信使》任何副本。这个签名也显得很少见。我开始怀疑起来。"他还了解到，欧文·金格里奇同时也不得不修正他的肯定判断。哈佛大学的专家发现，与《星际信使》同时出现在市场上的还有其他基于伽利略著作的赝品，包括《几何与军用罗盘的操作》一书的三个副本。除其他事项外，水印也不太对劲。一行有位移的字母也表明，这里可能使用了感光树脂印版，在印刷的时候滑行了。无论如何，这个错误不能用古典字母来解释。这些可疑的书卷中至少有一册也奇怪地进入了理查德·兰的古董书店。

当初他就提请霍斯特·布雷德坎普注意他对《SNML》的怀疑，尼克·威尔丁回忆道："他的回应不是很友好。但当有人来质疑你自己的研究时，这也是可以理解的。"对兰的《星际信使》副本表示怀疑是"愚蠢"的，这位柏林教授给亚特兰大写信道："我想知道你有多少次机会在理查德·兰的店里看到这本书。在没有仔细看过原作的情况下判断其真实性，是一种方法论上的弥天大罪。"[85] 此外，这位德国学者始终坚持辩解，这是带有伽利略画作的印刷试用版，这就是这个副本包含如此多不规范的地方和错误的原因。

但后来威尔丁发现了那个小黑点的事。在扉页的最下方，除了附注威尼斯这个地方、印刷商托马索·巴廖尼的名字和年份1610 年之外，在最后一行还包括印刷许可 "Superiorum Permissu & Privilegio"（高级会员制和特权制）。奇怪的是，第二个 P 的脚下有一个向左延伸的部分：一个细长的小点，看起来像一个斜杠，半个衬线。第一个 P 却没有这种延长，因此，它不属于所选用的字体。威尔丁为这个奇怪的不规范之处找到了一个乏味的原因，从而也证明了霍斯特·布雷德坎普和他的专家团队绝没有像他们自己认为的那样仔细检查这本书。他们的美国同事说这是"历史学上肤浅和草率的研究"。

威尔丁知道，1964年为纪念伽利略诞辰400周年，用了一本来自米兰的真迹副本为样版印制了《星际信使》的摹真本。在这一卷中，扉页上第二个P的脚下染有一小点棕色：一个污点。在为制作副本而对该书进行拍照时，当时使用的胶卷相机显然没有识别出字母印刷颜色和小污点颜色之间的差异，并将两者连起来形成了多余的一笔，而摹真本上印的是变体后的P，这在任何原始版本中都找不到。错误的P只存在于1964年的再版中，因此，所谓的新发现与伽利略原图也一定是在那之后才出现的。据柏林专家组说，有人把所有可用的原始版本与纽约提供的副本进行了细致的比较，但这个错误的P被忽略了。

与此同时，人们还发现了其他的错误，这些错误被柏林的专家组忽略或者没有被其成员进一步探究。例如，在原版书中多处字母L没有被完整地印刷出来，在赝品中却没有这个错误。在纤维分析的帮助下，斯图加特文件修复者伊琳娜·布吕克勒也证明了所使用的印刷纸张只可能是在1930年之后生产的。霍斯特·布雷德坎普解释说，他们当初没有进行这种分析，而是依靠非接触式检查，如 X 射线荧光分析和红外反射分析，其原因是为此必须从这本可能价值连城的书中提取微小的材料样本。"因为这违背了珍存的伦理，就像你不会从珍贵的木雕上提取物质材料一样。"[86] 汉诺·劳特伯格在《时代周报》上对这种以对材料所谓的敬畏为理由的不科学的粗心大意进行了恰当的总结："然而，最终可能是艺术本身，它崇高的光环蒙蔽了许多科学家的怀疑和反对意见。布雷德坎普叙述道，他第一次粗略地看了一下这些有污渍的钢笔画，就知道它们是伽利略的作品。这种'仓促与精确的混合体'只可能是由他这位聪明的大师所画的。"[87]

"老板是个罪犯"

这个精湛伪作的幕后黑手后来表示，他故意让人在伽利略的复制品上做了一些小的差异，以欺骗专家，并在某些时候，让他们尴尬。出生于 1973 年的马里诺·马西莫·德·卡罗当然无法证明这一说法，其他许多被曝光的欺诈者也有这样的说法。他主要是以此赚大钱的猜测显然更令人信服，因为伪造的《星际信使》并不是他为了非法目的而滥用的唯一书籍。

德·卡罗的身份被揭穿了，因为尼克·威尔丁从理查德·兰的古籍店反向追踪了这些可疑书籍的路径。很快，他遇到了这个来自维罗纳的人。此人曾经在锡耶纳结束了法律学习，但没有学位。然后他在意大利国家养老基金担任通讯主管，参观了古书展，并在阿根廷的一个古书商那里遇到了梵蒂冈的图书管理员，与他做生意，还获取了伽利略的伪造品以换取 16 世纪之前的古版书。在某些时候，德·卡罗被认为是一位专家，他几乎可以获得所有他要找的书。理查德·兰成为了他的客户，并通过德·卡罗从梵蒂冈库存那里得到了 1611 年版约翰内斯·开普勒的罕见书卷。

在把所谓的伽利略轰动之作卖给理查德·兰之后，德·卡罗先是换了职业。通过在阿根廷的熟人，他与俄罗斯亿万富翁维克多·韦克塞尔伯格的能源公司阿维拉尔取得了联系。他先是成为该公司的公关协调员，然后是副总裁。他现在已经是个有钱人了，在布宜诺斯艾利斯郊外有一个很大的牧场。当他离开阿维拉尔时，热爱藏书的贝卢斯科尼亲信和参议员马塞洛·戴尔·乌特里（后来因黑手党关系被监禁）为他先是在农业部找到一份工作，后来又让他在文化部工作。在这里，德·卡罗被委以重任，还负责编制国家图书馆的目录。后来发现，这位监督员与两名同伙一起，从蒙特卡西诺修道院的图书馆里偷了一本但丁的《神曲》，并用他自己制作的赝品换取了一版伽利略的《康帕索》。根据后来的调查，德·卡罗以 80 万欧元的价格出售了但丁的书。[88]

2011 年 6 月，这位偷书贼和伪造者最终被任命为那不勒斯的吉罗拉米尼图书馆馆长，该图书馆成立于 1586 年。大半年之后，在那不勒斯任教的艺术史学家托马索·蒙塔纳里带着一个学生参观了图书馆，在那里他碰到了戏剧性的一幕：地上堆满了书，书架上有饮料罐，一个图书管理员低声对他说，馆长是个罪犯。不断地有德·卡罗的俄国熟人前来。每天晚上，书籍都会被装进行李箱，装上卡车。蒙塔纳里对此发表了一篇文章，检察官乔瓦尼·梅利洛开始了调查，对德·卡罗的电话进行了监听，并了解到这位图书馆馆长在他的私人住宅、维罗纳的一个仓库和他姨妈的房子里囤积了偷来的书籍。2012 年 5 月 9 日在慕尼黑的一家拍卖行拍卖了大约 450 件作品，包括后造的《星际信使》副本。作品的清单和描述共有 84 页。据称 90 万欧元的预付款已经支付给了一个中间人。[89]

拍卖会被叫停了，拍卖行的老板在 2013 年收到国际逮捕令并被捕，之后又被引渡到了意大利。在审前拘留一年后，他因非法出口文化财产被判处五年监禁。据他的律师说，意方这样做没有任何证据，没有证人证词，也没有要求提供慕尼黑检察院查封的书籍。[90] 他们提出上诉，该企业家得以返回德国。显然，他是为了转移人们对意大利图书馆管理和监督方面混乱状况的注意力的棋子。这名德国人否认自己认识德·卡罗。这些书是以随机捆绑的形式被送来的，据说是来自瑞士的藏品和一个有名望的同事。在意大利，警方没收了大约 2 000 本书。不久之后，德卡罗的双手也被铐上了手铐。经过一段时间的否认和撒谎，他在 2012 年 8 月初供认不讳。不仅在那不勒斯和蒙特卡西诺，39 岁的他还从佛罗伦萨、帕多瓦和罗马的图书馆偷取了珍贵的书籍。2013 年 3 月，马里诺·马西莫·德·卡罗因挪用公款被判处七年监禁，他只需在监狱中度过其中五个月，其余的刑期被改为在家软禁。对谋反和掠夺罪行的进一步诉讼将随后进行。德·卡罗声称，他在那不勒斯出售的书籍并非来自公共图书馆，而是来自修道院牧师的私人收藏，而他盗窃所得的收益据说被指定用于吉罗拉米尼图书馆的修缮。对此也没有任何证据。

烤箱中 250 度

在审前拘留期间，德·卡罗还承认伪造了《星际信使》的纽约版副本。2013 年秋，他告诉美国记者尼古拉斯·施密特，他在 2003 年就已经有了这个想法。布宜诺斯艾利斯的一位手工艺人制作了纸张，一位印刷商制作了感光树脂板。然而，模板据说是德·卡罗从一位阿根廷寡妇那里获得的一版真迹的数字版，后来又转卖给了一位法国经销商。关于这是否也可能是带有那个泄露他罪行的小污点的 1964 年摹真版的模板，他没有表态。

由于他觉得每一个赝品都必须有一些特别的东西，他想起了伽利略从他的印刷商那里收到的 30 份预印本，其中留有自由使用的空白而不是插图，于是决定伪造一份带有手绘的副本。找到合适的墨水一直很困难。布宜诺斯艾利斯的一位画家和"著名的修复师"随后画了这些画，他说："我答应他绝不告诉别人他做了什么。"[91] 月亮图是用酒杯足圈勾勒出来的，然后用印度墨水和红葡萄酒（据说是 1990 年的马塞托）的混合物来完成插图。20 分钟和一小盘盐酸在 250 摄氏度的烤箱里就会把黑墨水变成铁锈色。米兰的一位书商用货真价实的 17 世纪的羊皮纸进行了装订。德·卡罗声称，塞西印章中的错误是故意的："如果我没有这样做，就不可能有人说这本书是伪造的。"[92]

专业地伪造有价值的古书在伽利略案之前事实上被认为是难以想象的。犯罪分子感兴趣的是手稿和证件。2018 年 2 月，慕尼黑巴伐利亚州图书馆宣布，其著名的 1507 年版瓦尔德西姆勒地图的副本是 1960 年左右的赝品。巴伐利亚自由州在 1990 年以 200 万马克的价格买下了这个被展开的地球仪，上面第一次出现了"美国"一词，而且这是仅存的 6 张副本之一。[93] 但这并不适用于书籍。毕竟，这里不是在讨论某种艺术家风格的自由创作发明。有欺诈意图的伪造品必须在每个细节上与图书馆中的原版书籍相一致。从每一个字母都必须出现在印刷图像中，到所有不规则的地方，必须看上去与模板一样。纸张和印刷油墨必须正确，字母和线条之间的距离必须完全吻合，印刷模板在纸上的印刷深度不能太深，也不能太浅。装订材料、胶水、装订线必须通过所有断代测试。要照顾到所有这些基本条件，并以人工方式生产出即使在电子显微镜下也不会被发现的赝品的话，这项业务不可能盈利。马利诺·马西莫·德·卡罗声称，制作假的《星际信使》总共花费了他15万美元。然后他以同样的价格出售了这本假书。

然而，生活各个领域的数字化也在该案中改变了很多东西。事实上，在德·卡罗数字生产的感光树脂印版的帮助下和在他的领导下，明显不只生产了这一本著名的伪作，即使他自己否认这点。例如，2004年9月，伪造者向布宜诺斯艾利斯的私立美洲大学捐赠了四卷所谓的伽利略书，为此他后来被授予了荣誉教授职位。同时，在他自己的研究中，他看到了苏富比拍卖行的目录，其中2005年11月推出了另一个后造版本的伽利略赝品，价格为25万至35万美元。[94] 它也有和纽约版副本完全一样的被延长的。根据迄今为止的研究，这不再是一个巧合，因为这里也使用了同样的印版。德·卡罗最终向意大利执法当局承认，他仅制作了顶多五份伪造的《星际信使》副本。

最迟在拍卖目录中发现该副本后，尼克·威尔丁很清楚，霍斯特·布雷德坎普被一个娴熟的欺诈手段蒙骗了。2012年6月11日，威尔丁在一个面向古董商、收藏家和图书管理员的在线论坛上发表了他的发现。这轰动一时的发现，伟大的伽利略·伽利莱的一本带有他自己手绘的书实际上是伪造的。霍斯特·布雷德坎普似乎很长时间都不想看到这一点。在给威尔丁的一封电子邮件中，他写道，他对威尔丁的说法"极为伤心"[95]。尽管他和他的同事们忽略了所有的错误或没有跟进调研，但他后来称这一赝品是"杰作"。而曾经站在他一边的普林斯顿图书学者保罗·尼德姆则在威尔丁的研究之后，在关于《星际信使》的两本出版物的补充卷中得出了自我批评的结论："这是一个巧妙的伪造品吗？我并不这样认为，尽管我是那些成功被他们的印刷和纸张所欺骗的人之一。我宁愿说这是我不够专业，而不是伪造者够厉害。"[96]

第
3
章

被
毁
坏
的
文
化
史

走私和非法挖掘文物的国际业务

　　宝丽来照片的事对贾科莫·美第奇来说是件倒霉事，而这个霉运是从 1994 年 10 月在慕尼黑-普拉赫开始的。实际上，来自德国和意大利的警察搜查一位意大利艺术品经销商的别墅，只是为了与九个月前从意大利南部城镇梅尔菲的城堡博物馆被盗的八个希腊时代的赤陶花瓶有关的线索。然而，调查人员在慕尼黑的发现揭开了现代最大的文物走私丑闻，这一丑闻震撼了博物馆界的根基。在普拉赫的别墅里，调查人员还发现了一些文件，这些文件很快让他们发现了艺术品经销商贾科莫·美第奇和他的瑞士出版服务公司的端倪。在发现了位于普拉赫的线索 11 个月之后，三名瑞士警察和三名意大利警察、一名瑞士法官和一名官方指定的摄影师终于拿着搜查令站在日内瓦海关自由港的一个仓库四楼的 17 号走廊 23 号房间前。当自由港的副主任为他们打开门锁时，调查人员发现，除了一张沙发外，还有一张玻璃桌、装满古董艺术品的柜子和一个一米五高的装甲柜，里面装着最宝贵的东西，主要是堆积如山的照片。后来的调查报告提及了大约4 000张影印件、底片和宝丽来照片。

艺术调查员只看了几张照片就立即意识到他们偶然发现了什么。这些照片展示了古代花瓶和雕像、马赛克地板和湿壁画，在它们上面还粘着土块。它们显然是被所谓的"盗墓贼"，即掠夺考古遗址的非法盗墓者挖出来然后再拍摄的。根据警方随后的指控，日内瓦豪华仓库的23号房和商店并没两样。在那里，贾科莫·美第奇向客户出售来自意大利、希腊和其他国家的艺术品。它们是来自非法盗墓的赃物，都没有各自文物局颁发的有法律效力的出口许可证。日内瓦仓库的照片提供了一个现在已经被定罪的同伙目录。与照片放在一起的文件：运货单和专家报告，发票和支票可以证明他的客户都有谁。调查人员发现了他们长期以来怀疑购买赃物但却无法证明的收藏家的名字。他们还发现了惊天动地的文件——来自世界上最著名的艺术机构之一——位于马里布的让·保罗·盖蒂博物馆的文件。这是第一个证明一个重要的公共机构系统地参与非法盗窃文化财产的证据。

后来搬到了由明星建筑师理查德·迈尔在俯瞰洛杉矶的山上设计的巨大艺术城堡里的盖蒂博物馆，被认为是世界上最富有的同类机构。石油亿万富翁让·保罗·盖蒂在 1976 年去世时留下了 7 亿美元的基金。为了不失去其非营利定位，从而不失去税务优势，该基金会必须每年为优化博物馆花费几百万。因此，盖蒂博物馆几十年来一直在购买其他博物馆无法再承担的东西：蓬托莫和梵高的画作，珍贵的照片和书籍，还有经典的古代文物。

站在法庭上的博物馆

自 1986 年 4 月以来，策展人马里恩·特瑞一直负责古典文物部的工作。当年 36 岁的她来到盖蒂博物馆时，该博物馆正在大幅扩充其文物收藏，以便能跟上纽约大都会博物馆等竞争对手的步伐。2005 年 11 月，当马里恩·特瑞因窝赃、走私国家文化财产和间接支持掠夺性盗墓在罗马被起诉时，她使用的许多手段得到了证实。根据检方的说法，这位策展人完全知道她负责的许多新收购的物品来自非法挖掘，即没有国家出口许可证。根据意大利和美国法律，这一情况应受到刑事处罚。长期以来，她和其博物馆管理人员一直否认他们知道这些文物来源于非法渠道。但随后有数百份文件被泄露给了《洛杉矶时报》，这些文件引发了完全不同的结论。这些一部分是用手写的文件只可能来自博物馆本身，而且博物馆的一名员工显然想用这些文件来伤害自己的上司。这清楚地证明，领导层也一定很早就知道其文物收藏中的重要部分的非法来源。

例如，1985 年，贾科莫·美第奇告知博物馆管理层，盖蒂计划收购的三件文物是被人从那不勒斯附近的发掘现场非法带走的。尽管如此，博物馆还是坚持进行了 1 020 万美元的购买计划，并最终获得成功。在另一封信中，瑞士艺术品经销商小罗伯特·伊曼纽尔·赫希特通知策展人特瑞，意大利警方正在搜寻一个古董骨灰盒。后来，盖蒂还是收购了该物。赫希特在 80 年代中期也曾向博物馆提供过一个古董佩利克花瓶。这个花瓶最初曾被经销商撤回，他在给特瑞的信中说："昨天我的朋友给我打电话说，他已经中断了谈判，因为国家宪兵队正在寻找带有阿喀琉斯手臂的佩利克，所以他不想要它了。也许其他人会买。对不起。最好的问候，鲍勃。"1986 年 7 月，盖蒂博物馆还是以 4.2 万美元的价格收购了这个花瓶。

1993 年，盖蒂博物馆买下了一个纯金葬礼花圈。虽然特瑞本人起初认为这次购买行为"太危险"了。后来，她甚至收到了一份国际刑警组织的电报副本，描述该花圈来自"非法源头"。最后，在同样泄露给《洛杉矶时报》的内部备忘录中，当时的博物馆馆长约翰·沃尔什和负责监督博物馆的盖蒂信托公司的首席执行官哈罗德·威廉姆斯——正如他们后来所说，纯粹是假想和先发制人——对如何处理被盗文物大发议论："我们是否愿意因为上级的原因购买被盗的财产？"哈罗德·威廉姆斯在特瑞案的审判中坦率地承认："几十年来，受人尊敬的博物馆和收藏家在没有文件记录来源的情况下购买文物是很常见的做法，特别是当可能的原产国没有采取任何措施来保护其发掘现场或收紧法律时。"在罗马进行的盖蒂审判过程中被检方曝光的许多细节让人大倒胃口。但是，直到特瑞在 1995 年用伦敦艺术品经销商克里斯托斯·米哈伊里迪斯的 40 万美元信用金支付了希腊帕罗斯岛上的一处度假别墅，而且自特瑞上任以来，米哈伊里迪斯与他的商业伙伴罗宾·赛米斯一起向盖蒂博物馆出售了价值超过 3 000 万美元的艺术品这一消息被披露时，这位博物馆女馆长才辞去了她的职务。

秘密的文物网络

意大利检察官很快就成功地证明，从"盗墓贼"到特定的古董商，再到著名的研究所和博物馆，已经建立了一个系统的窝赃网络。对调查人员来说，起决定性作用的是他们在另一次搜查中发现的一张有手写内容、带横线的纸。作家彼得·沃森得到了一份副本，他与记者塞西莉亚·托德斯奇尼一起出版了一本关于该案件的书《美第奇的阴谋》。在这本书中，沃森描述了这一惊人的发现："整个事件展示了一幅完整的意大利、瑞士和其他国家的秘密文物走私网络的组织结构图。其中提到了整个等级制度中每一个人的名字——从最高层到最底层，以及中间的每一个人。此外，书中还记录了这些人之间的关系，谁向谁供货，谁与谁竞争，中间商从意大利哪个地区供货，以及他们与国际经销商、博物馆和收藏家有什么关系。令人叹为观止。蓝色的圆珠笔字迹很容易阅读。右上方的大字是'罗伯特·（鲍勃）·赫希特'，有两个水平箭头指向'巴黎和美国——博物馆和收藏家'。"赫希特最终与马里恩·特瑞在罗马一同受审。2004 年，美第奇在罗马被判处10 年监禁和 1 000 万欧元的罚款。特瑞于 2005 年 9 月辞去了她的职务。2007 年，当她同意供述盖蒂博物馆内部结构时，意大利撤销了对她的民事指控。对她的许多刑事指控现在已经失去时效。她的贸易伙伴，据说拥有 33 个艺术品和古董仓库的罗宾·赛姆斯，也于 2005 年被定罪。就在最近的 2014 年，调查人员在他位于日内瓦的一个仓库里发现了 45 箱 20 世纪 70 年代在西西里岛、普利亚和卡拉布里亚进行挖掘时被盗的文物，并将其归还给了意大利。[97]

在成功的调查后，意大利方面最初要求单从盖蒂博物馆归还42 件出土文物。此后，博物馆委托律师进行的调查显示，博物馆拥有的其他许多展品也受到牵连。至少有 82 件展品可以追溯到来源于被当局指责为有非法行为的艺术品经销商。但盖蒂博物馆经常从他们那里购买。在该博物馆自己列为"杰作"的 104 件古代艺术品中，有54件的来源值得怀疑。对于盖蒂博物馆来说，这一系列有据可查的个案可以长期进行下去，并由此暴露出一个系统。1986年，当一位年轻的策展人辞职时，他总结了盖蒂博物馆多年来的发展。在一封信中，他指责盖蒂博物馆故意对其文物部门的状况视而不见。这位艺术史学家几乎是预言式地写道，"策展人的贪婪"有一天会招致外部调查，并导致外国政府要求归还被盗文物。20年后，这种情况发生了。然而，很快受到影响的就不只是盖蒂博物馆了。

很快，意大利当局就将调查范围扩大到波士顿美术博物馆、托莱多艺术博物馆、普林斯顿大学艺术博物馆、明尼阿波利斯艺术学院和纽约大都会艺术博物馆。1972年，大都会艺术博物馆的董事会购买了一个由画家欧弗洛尼奥斯在公元前515年左右绘制，现举世闻名的花瓶。这个花瓶来自伊特鲁里亚人的坟墓，盗墓者得到了8 800美元，大都会博物馆最终为它支付给罗伯特·赫希特100万美元。当考古学家和文物馆馆长奥斯卡·怀特·穆斯卡雷拉公开反对其机构购买该作品时，他被馆长托马斯·霍温以"对同事的社交无能"为由解雇了。穆斯卡雷拉成功地对这次和另外两次解雇采取了法律行动。他被认为是世界上最好的中东古文化专家之一，也是该行业的良心。他多次指出，由私人收藏家和博物馆非法购买古代艺术品造成了对挖掘现场、出土文物的相关语境以及古代文化的破坏。他的雇主，即大都会艺术博物馆，因所谓的不忠诚和损害声誉而多次警告他。霍温的继任者菲利普·德·蒙特贝罗也曾试图解雇这位麻烦的雇员，但未果。2006年春天，德·蒙特贝罗本人则遭遇了一场失败。为了避免与特瑞案平行审判的尴尬，他经过长期的抵抗，最终屈从于当时的意大利文化部长罗科·布提格里奥内的催逼。他不仅将莫尔甘提纳银器宝藏中的15件作品归还给意大利，还将欧弗洛尼奥斯花瓶一并归还。布提格里奥内此前曾威胁说，若不归还，意大利将不再批准向该博物馆外借展品。

博物馆里的战利品

战争，例如2003年开始的伊拉克战争，导致供应增加，因此也导致需求增加。而艺术市场是一个卖方市场：只有提供的东西才能被购买。来源是否合法，对一些收藏家来说无关紧要。在巴格达，像众多其他建筑一样后来被烧毁殆尽的国家图书馆和国家博物馆也遭到了有计划的洗劫。尽管早有专家的预警，但美国军方起初对确保它们的安全并不感兴趣。先前就被重型军用车辆严重破坏的文物挖掘现场，在战争结束后再也没有得到任何保护。随着侯赛因政权的建立，对文物的管理以及对考古遗迹和挖掘现场的监督也随之瓦解。在战争之前，有德国科学家也曾工作过的许多考古遗址，像尼姆鲁德古城一样，手无寸铁般地任由有组织的盗墓团伙掏空。它们后来看起来就像被火山岩浆洗劫后的荒地。[98]

叙利亚的内战以及该国对考古遗址和文化建筑及财产保护的缺乏，也导致了 2011 年以来非法贸易的增加。据美国政府称，恐怖组织也参与其中。2015 年，华盛顿政府外交部的一名高级官员安德鲁·凯勒在纽约大都会艺术博物馆的一次会议上提交了一份文件。根据该文件记载，所谓的"伊斯兰国"（IS）已经建立了自己的"自然资源部"，下设挖掘、勘探古代和新遗址以及市场运营和销售文物的部门。[99]在被杀的 IS 领导人阿布·萨杰夫的住处发现了 700 件准备出售的物品，其中许多来自摩苏尔被劫的博物馆。从他身上缴获的文件和收据也证明"伊斯兰国"在不亲自参与挖掘的地方发放了许可证，20% 的收益必须上交给"伊斯兰国"作为所谓的"税收"。[100]2019 年 10 月，以色列当局在加沙地带的凯里姆沙洛姆货物过境点查获了一辆据称是运输纺织品的卡车，其中藏的是古希腊硬币。由于它们有 2 300 年左右的历史，而且缺乏合法来源的证明，它们不能被用于交易。[101]根据美国财政部的研究，真主党也通过黎巴嫩的一个著名艺术品经销商为自己融资。

全 球 性 贸 易

即便是欧盟对来自伊拉克和叙利亚的文化财产的进出口和与
之相关贸易发布禁令也无法阻止非法进口。必要的来源说明文件
始终都可以轻而易举地获得。记者贡特·韦塞尔在其关于文物法
交易的基础著作中，引用了格拉斯哥大学苏格兰犯罪与司法研究
中心的考古学家尼尔·布罗迪的话："如果你去找一个经销商，告
诉他你想要买的物品的出处，你就会得到它。你将得到一张纸，
上面有一两个以前的主人，也许有一个签名。然后你必须自己决
定接受或不接受。例如，如果你现在想在伦敦购买一件伊拉克物
品，并得到了一份出处证明，说这件文物来自一个约旦的家庭收
藏，可以追溯到 20 世纪 50 年代，你将有两个选择：你可以看一下
文件，然后说，这听起来不太可能，该物品更有可能来自上周的
一次抢劫性挖掘；或者你可以对自己说，是的，这就是我要的出
处，自 20 世纪 50 年代以来的一个约旦家庭。很好。然后当你想
转卖它时，你就有了它的出处证明和来源故事。"柏林西亚细亚博
物馆前馆长、现任州文化基金会秘书长马库斯·希尔格特补充道：
"尤其是高价文物不会被公开出售。而许多挖掘发现可能会被存放
在自由港，也许会存放多年，直到其来源的踪迹被抹去。"[102]

从 2002 年起，联邦刑事警察局了解到，每年发现的非法交易

文物的案件约有 2 000 起。2011 年，已经增至 2 400 起。同年，联合国教科文组织作出估计，古代艺术品交易额为每年 60 亿至 80 亿美元。[103] 但这一数字存在争议，国际古代艺术品经销商协会在五年前给出了 4.4 亿欧元的数字，其中 1.8 亿欧元来自佳士得和苏富比两大拍卖行。[104]

声称非法贸易也影响到德国市场且恐怖组织从收益中获得资助的说法在 2019 年受到质疑，至少受到德国艺术贸易利益联盟的质疑。该联盟是于 2019 年 1 月成立的，由六个成员协会组成的游说集团。今年夏天，第一份 ILLICID（注：Illegale Handel mit Kulturgütern in Dentschland，意为德国非法文物交易）活动研究报告完成。该研究报告由联邦教育和研究部、普鲁士文化遗产基金会、弗劳恩霍夫安全信息技术研究所和位于曼海姆的莱布尼茨社会科学研究所编著，并获得 120 万欧元的出版资助。

该调查旨在"开发和测试高效的程序和工具，以收集、记录和分析有关德国文化财产非法交易的信息"。项目描述还写道："在伊拉克和叙利亚最近的政治发展背景下，该研究着重于来自东地中海地区的文物交易动向。"[105]

对这种交易没有无罪判决

在一份新闻稿中，该利益联盟庆祝了第一个中期结果，称其

为基础性的"艺术品交易的无罪判决":"经过三年的调研和 120
万欧元费用的消耗,这项 ILLICID 研究结果摆在了面前。该研究是
为了调查在德国的文物非法交易而设立的。它什么也没发现。最后
的报告中没有关于掠夺性挖掘、资助恐怖主义或洗钱的提示。"[106]

　　与一些媒体所描述的相反,除了这根本还不是最终报告之外,
这种自我宣告无罪的做法也是对所提交文件内容的误读。因此,
它很难成为反对《德国文化财产保护法》可能的论据。但艺术品
贸易用 ILLICID 研究强烈反对了该保护法(参见第 6 章)。批判的
考古学家指出了其他可能的解释。这要从科学调查的目标说起:
"这项研究完全没有涉及德国作为非法艺术品交易的主要枢纽作
用。为此,有必要进行比较分析。"[107]科学博客"考古学"也指
出,所发现的大量赝品肯定证明了在西欧有一个有利可图的文物
市场。这个市场收购了来自被调查地区的古董。"所提供的出土发
现极尽可能地根据科学参考资料被确定和分类。只有 24% 的出土
发现(非常)可能是真实的、真正的物件,而 12% 的出土发现被
严重怀疑是假货,中东文物中多达 24%……2 387 个物品(即
39.9% 所观察的存量)可能来自叙利亚和或伊拉克。"[108]

　　根据独立考古学家的说法,收集到的数据绝不能证明出土文
物的交易完全合法:"根据《德国文化财产保护法》的规定,在
该法的规定日期(2007 年 4 月 26 日,或在欧盟境内 1992 年 12 月

31 日）之前只有 2.1% 所提供的出土文物（128 件）有可核实的出处。根据《德国文化财产保护法》的标准，43% 的出土发现被证明是非法的，因为其出处是在该法规定日期之后（约 32%），或者没有出处或伪造出处（约 11%）！表 2 给出了与《德国文化财产保护法》有关的数字：

在规定日期前有可核实的出处	2.1%（128 件）
无法证实，但是在规定日期前有详细的出处	16.9%（1 039 件）
无法证实，在规定日期前没有详细的出处	38.1%（2 337 件）
无法证实，在规定日期后没有详细的出处	31.9%（1 958 件）
没有，自相矛盾的或伪造的出处	10.9%（671 件）

就欧盟对伊拉克和叙利亚的规定而言，分别只有 0.4% 和 9.6% 的出处声明符合法律要求。"[109]

只有 2.1% 无须担忧

"考古学"博客继续说，ILLICID 研究的调查基础是有问题的，它不能得出任何全面的结论。"一方面，这 6 133 件文物是在调查区域内可以确保找到的文物总量。如上所述，其中只有 2.1% 的文物根据法律状况是公认的没有问题的（而法律状况，因其越来越近的规定日期，本身就是一个问题）。剩下 97.9% 的文物是可疑的。因为这些文物来自考古发掘现场，而在那里出土的文物几乎必须在所有的地方登记报告，获取出口许可，或者在定期发掘期间被送到博物馆和科学机构，但是不能流入市场。还应该注意的是，所记录的 6 133 件物品这个数量仅仅是能与确定的工作区域相关联的数量。报告中的数字则可以这样被理解：除所记录的物品外，还有大量可能是希腊和罗马时期的硬币和小型发现，由于缺乏出处声明和文化同化延伸到地中海地区之外，不能确定地归于一个更精确的地区，例如，它们也可能来自北非，因此这些物品甚至没被考虑在内。……对所述出处的核实自然只能在有限范围内进行。所参考资料包括旧的拍卖目录、存储和借出清单、收藏出版物和数据库，也参考了博物馆和仓库的遗失清单、国际刑警组织和 LostArt 数据库。应该指出的是，用这种方法几乎不可能识别出被掠夺的出土发现，因为这些刚从地下挖出来的东西不可能出现在这种清单上。[110]"

《法兰克福汇报》对 ILLICID 研究结论的看法也与这个艺术贸易联盟不同，并且指出该研究的一个重要基础主要是向所有德国古董商发出的调查问卷。仍然值得怀疑的是，对这种自由公开的交易的评估和受访者所提供的信息是否足以查清掠夺性挖掘及其或多或少可见的分销渠道，或者是否必须为此目的使用调查方法。没有一个有信誉的经销商，当然也没有一个成熟的罪犯，会公开

提供他自己认为是非法的东西。真正的灰色市场是在拍卖目录之
外。[111] 在这里，调查的系统性和结果的价值也受到了质疑："从原
产国的角度来看，被扣押的艺术品的小额数量并不影响问题的紧
迫性。此外，对国际艺术品的保护不如缉毒行动那样完善，产生
的起诉压力也较小。这意味着，未报告的案件数量与档案中的案
件数量相比，可能高得不成比例。"[112] 事实上，许多在伊拉克战争
期间和之后被盗、来源不明的物品后来出现在了欧洲艺术品市场
上——特别是在法国、英国和德国。2003 年 11 月，伊拉克文化部
长穆菲德·埃尔·贾赛里提及了 14 000 件被掠夺的展品。三年后，
仅有 4 000 件被自愿归还、发现或扣押。[113] 时至今日，网上还有一
份搜寻清单。[114]

无罪判决却是另外一回事。对没有现今所需文件的文物进行
普遍实际贸易的禁令是有问题的：例如，对于收藏家或家庭已经
拥有多年的物品，换句话说，在原产国的官方出口文件尚未成为
合法购买的先决条件的时候就已拥有的物品，它们不一定是掠夺
或走私的货物。而这些物品今天却不能再毫无问题地出售。这种
普遍怀疑的行为也会产生相当大的经济后果，对此立法者们还没
有找到解决办法。

没有产地的金帽

在全球化的今天，文物来源不明这一世界性问题当然早就抵

达了德国，即便是博物馆对此也不一定能做出适当的反应。例如，1997 年当柏林史前与古代历史博物馆通过一位法兰克福艺术品经销商的斡旋，以 150 万马克购得全世界已知的四顶"金帽"中的一顶时。博物馆方只是被告知其来源是 20 世纪 50 和 60 年代建立的"瑞士私人收藏"，进一步的询问被阻拦了。同时，材料检测至少表明，该文物确实有 3 000 年左右的历史，可以追溯到青铜时代后期。然而，发现的地点、发现者和中间人，仍然是一个谜。位于斯图加特的巴登-符腾堡州刑事警察局多年的文物专家沃尔夫冈·舍恩勒伯说，到目前为止，意大利和希腊还没有提出归还文物的具体要求，而这两个国家在一段时间内一直被推测为可能的来源国。虽然意大利宪兵队艺术部在柏林文物收藏博物馆调查了 24 个来自阿普利亚的古董花瓶的来源，然而，在这个案件中也没有发现非法收购的证据。"但这并不意味着，"舍恩勒伯解释说，"这里就没有问题。目前，古董赃物的枢纽是法兰克福。"

当时，购买被盗的古代艺术品在德国还不属于刑事犯罪。经过 37 年的拖延，德意志联邦共和国最终在国际压力下于 2007 年 11 月批准了联合国教科文组织 1970 年颁发的《文化财产保护法》。然而，这一声明在当时的作用已经过时，没有在国家法律中得到执行，特别是在德国。虽然欧盟法规自 1992 年起禁止从成员国意大利和希腊非法进口文物，自 2003 年起禁止从伊拉克进口文物，然而，通常不可能证明一件物品确实来自那里，而不是在边境后 20 公里的邻国发现的，这阻碍了大多数刑事诉讼。

美因茨罗马-日耳曼中央博物馆的馆长米歇尔·穆勒-卡尔佩也证实道："任何有健全思考能力的人都知道几乎没有办法合法地获得古代的挖掘发现。据我所知，中东地区没有一个国家还允许任何形式的出口。唯一的例外是以色列，但有严格的条件控制。"因此，穆勒-卡尔佩长期以来一直主张彻底终止古董交易。德国艺术贸易协会工作组随后在一份新闻稿中称这位科学家为"原教旨主义考古学家"，指责他进行"诽谤运动"，甚至将他与伊斯兰极端分子联系在一起。

穆勒-卡尔佩的主张则得到了他在纽约的同事奥斯卡·怀特·穆斯卡雷拉的支持："许多收藏家和博物馆馆长辩解，这些发现在他们那里比在原产国更安全。由这些头目'保管'的物品已经从土地中剥离出来，它们所来自的地方和文化语境被永远地摧毁了。我在中东工作了多年，看到了被毁尽的挖掘现场。炸药爆炸的洞，障碍立柱，推土机。所有的物品都被尽快地从地下取出来，拿到各个经销商那里，偷运出国，卖给博物馆。这还有什么安全可言？博物馆的这些说法不仅是谎言，而且是为其罪行进行合理辩护的可怕尝试。哈佛大学、普林斯顿大学、密苏里大学、印第安纳大学的大学博物馆正是世界历史的权威掠夺者和破坏者。"

对历史的破坏

　　这里指的是物质上的，但最重要的是盗墓贼造成的文化损害。对于科学家来说，历史上的出土发现究竟是在什么地方，在什么环境下产生的，是非常重要的。在建筑物内部、外部，还是在建筑物附近？附近有什么？是否有任何可识别的使用背景？它们是墓葬用品还是日常生活中使用的物品？通常情况下，盗墓贼专注于金属器具，但留下了其材料和造型可以提供关于出土文物年代信息的陶瓷器。

　　这些问题绝不仅限于有着著名早期文明和文化的中美洲和南美洲、阿拉伯、非洲或亚洲。黑森州警方的古董专家和那里的古迹保护联络人埃克哈德·劳弗指出了一个几乎还没有被考虑到的方面："掠夺性挖掘和不明来历的买卖在德国也存在。只要想想'内布拉星象盘'或者在布伦海默山的宝藏发现就知道了。许多德国的博物馆在被提供这种发现时都能认出它们是什么，但他们却视而不见。他们认为这种挖掘发现与其消失在黑暗的渠道中，不如让它们留在博物馆里。那些负责人非常清楚他们在做什么。他们正在为非法商品创造一个市场，并以这种方式确保掠夺性挖掘有利可图并继续进行。我希望有更多的馆长敢于迈出这一步，向警察求助。但是，反思在德国进行得非常缓慢。"

事实上，这块大约有 4 000 年历史的"内布拉星象盘"是在 1999 年 7 月 4 日被两个有名的挖掘盗贼在萨克森-安哈尔特州齐格罗达森林的山上挖出来的。一天后，他们以 3.1 万马克的价格将这块刻有已知最古老的天体星象图案的铜板和其他挖掘发现卖给了科隆的一个古董商。又在一年后，该"星象盘"据说在柏林和慕尼黑以 100 万马克的价格出售。然而，当人们明白这个发现属于萨克森-安哈尔特州时，它又被数次易手。最后，在夏天，通过博物馆教育家希尔德加德·B.的斡旋，教师莱恩霍尔德·S. 以 23 万马克的价格买下了这件古董。说是出自善意的初衷，B 后来在法庭上作了证。这两人都试图以 70 万马克的价格将"星象盘"卖给萨克森-安哈尔特州的考古学家。2003 年，瑙姆堡地区法院以收受赃物罪判处当时 44 岁的女子 12 个月的监禁，判处 64 岁的男子 6 个月。两年后的上诉听证会上确认了这两项缓刑。该文物是在瑞士发现的，两位临时主人将其存放在那里。两名挖掘盗贼在一周前被分别判处 4 个月和 9 个月的缓刑。[115] 自 2002 年以来"星象盘"一直在萨克森-安哈尔特州史前博物馆的大厅展出。

在下弗兰肯州艾施河畔诺伊施塔特附近布伦海默山的高原上，有一个显然是青铜时代后期的山顶定居点，这也是一个重要的贸易中心。然而，直到 20 世纪 70 年代中期，该地区才被国家历史遗迹保护局研究，并且其重要性才得到承认。然而，几十年来，掠夺性挖掘者有可能用金属探针以一种完全不科学、不做任何记录且不顾发现物背景的方式在这里寻找宝藏。第一批参加寻宝的人，在业余时间，要数驻扎在维尔茨堡带着探雷器的美国士兵。在 20 世纪 90 年代，这个地方就像一个坑坑洼洼的火山口景观地。[116] 柏林的"金帽"有可能也源于此。

当国家交易被掠夺的文物时

有时，德国当局甚至直接参与了古董文物的交易。2018 年秋天，慕尼黑财政局在 6 月和 7 月先发布了两份拍卖清单，然后又突然消失了——悄无声息，没有任何评论。谁要是输入相应链接，只会得到一个信息错误的提示。在第三个网站上，就当局宣布的 9 月 12 日的另一场大型古董文物拍卖会，至少还给出了一个简短的说明："古董和艺术品的销售已经停止，所以它们不会被拍卖。"任何在慕尼黑要求解释的人都只得到以下答案："组织上的原因。"取代古董的是，财政局在 9 月提供了 23 条传统皮裤和齐膝短裤，5 条传统紧身连衣裙和 4 件民族马甲——另一种类型的文化财产。

除了组织上的原因，还有其他原因导致了这次拍卖会的暗中取消。2018 年秋季，来自不同时期和大陆的约 700 件物品，包括许多黄金器具，再次被拍卖。来自秘鲁北部兰巴耶克文化的前哥

伦布时代的器皿售价高达 5 000 欧元，一个斯基泰人的手镯售价
6 000 欧元，来自同一地区和时代的半圆形黄金祭祀刀售价 15 000
欧元。巴伐利亚自由州估计这些古董的价值约为 11 万欧元。然
而，至少有两个大使馆向巴伐利亚州政府的这些销售计划提出抗
议。埃及和秘鲁担心，他们这些国家本可以对以国家名义出售的
被盗文物宣称所有权。他们却没有被提前告知这次拍卖。

那年夏天，在慕尼黑霍亨佐伦广场附近一个不起眼的行政大
楼里，就已经有两次拍卖会叫出了最低价，其荒唐程度定会让国
际艺术贸易界感到吃惊。在后来被删除的网站上，他们展示了其
中的内容：一个来自秘鲁的公元 1000 年下半叶的前哥伦布时期的
青铜面具，60 欧元；一个涂有油漆的古埃及木乃伊面具，120 欧
元；一捆史前时期由骨头制成的小工具，15 欧元……此外还有无
数的前哥伦布时期的陶俑、来自安第斯地区和墨西哥的容器和银
针、青铜时代的镰刀、古埃及俑、拜占庭碗。

在国际艺术市场上，由于供应已经变得稀缺，这种古代物品
的价格很高。许多国家都发布了全面禁止文物出口的法令，只有
持有国家官方的出口许可证才可以交易——而这些许可证几乎不
再发放。对于市场上出现的没有相应证件的东西，原产国通常会
宣称所有权，可以很明确地怀疑这些东西是非法挖掘来的赃物。

2018 年夏天，在慕尼黑-施瓦宾的两个上午，财政局在前两

次低价拍卖会上有 280 件单品被叫价。到目前为止，最昂贵的物品是公元 4 世纪一个萨珊王朝的巨型银盘，起拍价为 9 000 欧元；最便宜的是两个古代东方的泥土砝码，价值相当于一包香烟：5 欧元。负责的国家税务局不想再透露这两天，是谁以什么价格买了什么东西，因为税务保密。其新闻发言人弗洛里安·肖尔纳对提出的质疑这样解释："请大家理解。""税务保密"也是对巴伐利亚自由州当初如何获得这些古代文化财产的唯一答案。

然而，来源是可以被重建的。事实上，这些古董源于巴伐利亚州刑警局 SG 622 部门的扣押行动，这些行动几乎正好发生在 20 年前。1997/98 年，大约有 3 000 件物品从一位自 1979 年以来一直居住在慕尼黑的土耳其裔经销商艾登·D.，以及其他经销商和收藏家那里被查获。除其他地方外，还在一个改装的阁楼房间里和一堵双层墙后面发现了这些东西。当时称总价值为 3 000 万马克。早在十年前，警方本可能注意到 D。1988 年，他就在日内瓦的一个保税仓库里以 120 万美元的价格将一幅有几百年历史的大天使加百列的马赛克作品卖给了美国艺术品经销商佩吉·G，这件神圣艺术品是从塞浦路斯的一个教堂里偷来的。稍后，它以 2 000 万美元的价格被提供给位于马里布的盖蒂博物馆，但博物馆发现了可疑的来源并通知了塞浦路斯教会。当时，因为 D 没有为他 35 万美元的份额交税，他在被拘留一年后判处了两年监禁的缓刑。之后，他否认自己参与了此事。当时也没有对他进行搜查。

从 2001 年起，在州级刑事警察局的犯罪学技术大楼里有一间空调房，可以安全地储存被没收的文物。接下来便是寻找合法的主人。然而，很显然，他们的速度并不快。2002 年春天，外交部向巴伐利亚司法部发出了一份不同寻常的非外交性提醒，"来自秘鲁国和塞浦路斯各当局对德意志联邦共和国的外交政策加大压力，要求归还从 D 先生那里扣押的、被非法带出原产国的艺术品。" 2005 年，尼科西亚政府向德国发出一份照会，要求早日归还被盗财产。

当局认为没有违法行为

然而，直到 2013 年夏天德国政府才归还了一小部分被扣押的文化财产：塞浦路斯收到了大约 170 件作品，包括一幅公元 6 世纪描绘圣托马斯的拜占庭壁画，估计价值在 500 万至 800 万欧元之间。该壁画显然是在 1974 年以来被土耳其占领后从该国北部的一座教堂盗走的。巴伐利亚州当时的司法部长贝特·默克被引述说，她很高兴在这么多年后，大部分的宝藏可以被送回他们的祖国。这位基社盟的政治家当时并没有说，还有成千上万的文化财产将继续由德国保管。

又过了七年，巴伐利亚州显然想最终结束此案和搜查，并通过慕尼黑的拍卖会至少部分地收回税款债务。当然，在拍卖文化财产时必须遵守《文化财产保护法》的一般规定。但是，巴伐利亚州税务局的弗洛里安·肖尔纳解释道："有关目前拍卖财产的第三方权利（尤其是其他国家的权利）并不清楚，尤其是这些物品并没在相关登记册上登记。"

塞浦路斯驻柏林大使馆文化参赞乔治亚·索洛蒙托斯证实，她的国家在之前的两次拍卖中不再有任何要求："经过文物局的审查，我们被告知，在慕尼黑的这两次拍卖中没有来自塞浦路斯的文物。"

但是，来自其他国家的非法掠夺性挖掘物呢？它们自然根本无法被列入任何登记册，因为它们的发现、出口和销售都不可能被人知道。秘鲁驻柏林大使埃尔默·席勒评论说："不幸的是，在拍卖之前，巴伐利亚州政府和巴伐利亚财政局都没有与我们的大使馆联系，以检查这些文化财产的合法性。"

然而，新闻发言人弗洛里安·肖尔纳认为没有任何问题："如果遵守《文化财产保护法》的规定，特别是遵守《文化财产法》第 41 条规定的注意义务，该法规就不会反对这次拍卖。"然而，如果财政局的拍卖会上有被掠夺的艺术品，根据《德国文化财产保护法》，购买者可能不允许出口他们在慕尼黑购买的商品。

因此，秘鲁代表席勒采取了行动："我们的大使馆已经向外交部发出通知，以便通过适当的渠道将我们关于立即中止拍卖这些秘鲁或疑似秘鲁文物的要求转达给慕尼黑财政局，以确定其真实性和合法所有权。"秘鲁已经在诉讼后收回了一个黄金面具。

埃及大使馆也请来了一名律师，要求德国当局提供答复。"我们没有被告知"，大使馆发言人说，"埃及大使馆怀疑，在慕尼黑拍卖的文物是偷来的，本属于埃及。我们并没有给予许可。一个政府会做这样的事情，让我们非常惊讶。"经过外交干预，巴伐利亚州最终取消了计划中的第三次拍卖，暂时还没有宣布其他的消息。

第4章 当独裁者玩收藏

艺术市场、统治和道德

　　一定有人给了维尔玛·埃尔南德斯·包蒂斯塔钱，很多钱，很多很多钱，而且不止一次。因为这位 1939 年出生的女人作为菲律宾在纽约驻联合国代表团秘书所赚取的微薄工资，很难付清多年来以她的名义购买的豪华房地产和昂贵艺术品的所有账单。例如，维尔玛·包蒂斯塔在 1976 年用 33.5 万美元购买了位于曼哈顿第五大道奥林匹克大厦 29 层的一套公寓。一年后，她用 88 万美金在同一栋豪华大楼的 43 层又买了三套公寓。当时的卖家是一家在香港注册的名为泰达创业的公司，其纽约分公司的地址竟然与维尔玛·包蒂斯塔在西 70 街一栋破旧的社会福利房公寓的地址相同。虽然她在西 70 街登记住处，但这位菲律宾人同时进出于第五大道和麦迪逊大道之间的东 66 街 15 号豪华"法内斯托克大厦"，以及位于昂贵的上东区第 70 街的另一座大厦。从 1981 年开

189

始，她定期为"林登美尔"汇出房产税，该房产位于长岛的森特莫里奇斯，占地 3.5 英亩，有 14 间卧室和 17 间浴室。维尔玛·包蒂斯塔的单笔最高金额是在 1978 年 7 月 20 日消费的。当时，这位秘书在皮埃尔酒店的意大利珠宝连锁店宝格丽纽约分店购买了价值 140 万美元带有祖母绿、红宝石和钻石的耳环、手镯和项链——对于一个工资只有 3 000 美元的女秘书来说，这是一笔巨款。

然而，再看一眼这张购买奢华珠宝的账单就能解开这名小职员和巨款的谜团。它直接引出了一段令人侧目的历史。因为这张账单讲述了一个政治家族欺骗了自己的人民至少 100 亿美元，并将这笔钱用于艺术品投资的故事。在其倒台前不久，该家族将其中数百件艺术品藏在了秘密地点。直到今天，继任的历届政府都没能够找到它们。

1986 年 2 月 25 日，发现这张宝格丽账单的地点不是在纽约，而是在马尼拉的马拉卡南宫。这所宫殿是菲律宾长期统治者费迪南德·马科斯总统的废弃住所。就在这个夜晚，这位暴君在美国军队的帮助下逃亡到了夏威夷，三年后死在那里。在他出逃前二十多年的执政期间，他毁坏了国家的经济。在马科斯被他的人民所驱逐的 10 个月前，《明镜周刊》的编辑蒂齐亚诺·特尔扎尼曾分析过原因出在哪里。马科斯建立了严重的裙带关系，损害了许多人的利益，使少数人受益，特别是他的亲戚。"在战争法规之下，马科斯通过法令进行统治，通过法令马科斯把他想要的东西给了他想要给的人。……1972 年，国债为 20 亿美元。今天，官方数据是 256 亿，非官方数据是 350 亿左右。人民的经济状况也在恶化。整个劳动年龄人口的三分之一没有工作（仅在 1983 年就有近 100 万人失去工作），工资从未增加，但物价却在上涨。今天一公斤大米的价格是 1972 年的五倍，一公斤糖甚至是六倍。数十万菲律宾人死于麻疹、腹泻和肺结核。在婴儿死亡率方面，菲律宾紧随印度和孟加拉国之后。在所有年龄组中，三分之一的死亡是因为营养不良造成的。根据政府自己的数字，85% 的菲律宾人现在生活在联合国规定的贫困线以下。"

所有食糖销售收入的 2.5% 直接流入一个由总统私人支配的基金，据说总统在十年间向国外转移了超过 10 亿美元的资金。马科斯–罗穆亚尔德斯家族的成员总共在大约 1 000 家菲律宾公司中持有股份，还有数百家海外公司。这些公司几乎没有不向总统家族直接支付佣金的情况。同时，腐败的警察和军队在马科斯的容忍和鼓励下实行了恐怖制度。任何持不同意见或只是提出批评性问题的人都有可能被铁丝网套住脖子拷打或者立刻被谋杀。有的时候，全国 59 所拘留所中关押了 5 万名政治犯。

泄密的账单

在宝格丽消费的 140 万美元帐单上，维尔玛·包蒂斯塔名字后面的括号里写的才是实际收件人："伊梅尔达·马科斯夫人。"这位光彩照人的夫人在她的一次传奇性购物之旅中买下了这些昂贵的珠宝。生于 1929 年的前选美皇后伊梅尔达·罗穆亚尔德斯，也是曼哈顿豪华房地产的所有者。她把位于东 66 街 15 号的联排别墅，即菲律宾领事馆的总部，用来举办豪华派对，好莱坞演员乔治·汉密尔顿也经常参加。当她后来搬到奥林匹克大厦时，使领馆的工作人员在内部称这个联排别墅为"仓库"。伊梅尔达·马科斯在这里存放了她在定期旅游时购买的东西。还有许多其他收据被保存了下来，并提供了相关信息。根据收据上的信息，在罗马、哥本哈根和纽约的一次旅行中，这位总统夫人在 90 天内花费了 700 万美元。其中包括当年 5 月在曼哈顿一天之内，在弗雷德·莱顿购买古董珠宝的 56 万美元，在卡地亚购买珠宝的 45.1 万美元，在阿斯普雷购买纯银餐盘的 4.373 万美元，购买古董甜点餐盘的 1 万美元，购买豪华轿车的 3.488 万美元，在普拉蒂西购买床单的 1.034 万美元和购买书籍的 2.3 万美元。为了布置长岛的乡村庄园，伊梅尔达·马科斯花了 16.4 万美元购买烛台，3 万美元购买地毯，5 500 美元购买窗帘，10 万美元购买斯坦威三角钢琴。维尔玛·包蒂斯塔在所有这些交易中只是充当了一个挡箭牌——在总统夫人消费后，她从马科斯的账户中支付账单。为此，她经常被一辆挂着外交牌照的豪华轿车从她在西 70 街的出租公寓里接走。

维尔玛·包蒂斯塔不仅是马科斯夫人最亲密的亲信之一和在纽约的代理人。这个戴着大墨镜的小个子女人也要负责在菲律宾人民赶走总统夫妇的几个月前，转移其不可估量的财富。其中包括菲律宾当局三十多年来一直在寻找却未果的数百件艺术品：梵高、莫奈和德加的画作，还有塞尚、毕加索和蒙德里安，据说还有伦勃朗、戈雅和米开朗基罗的作品。然而，马科斯所拥有的许多古老大师画作的真实性受到了权威专家的质疑。

伊梅尔达·马科斯，那个挥霍着从她的人民身上榨来的钱的女人确实对鞋子很在行。她逃跑后，在她的住所里发现了许多东西，除了价值 2 000 万美元的珠宝，还有 15 件貂皮大衣、65 把遮阳伞、71 副太阳镜、508 件晚礼服、888 个手提包和 1 060 双 8 码半的鞋子。[117] 但她对艺术却不甚了解。这就是为什么她像许多有钱却没有知识的收藏家一样，让自己被经销商、代理商和画廊老板牵着鼻子走。

1976 年，在马尼拉举行的一次国际货币基金会议上，这位菲律宾第一夫人想把自己塑造成一位艺术博物馆创始人。原本计划

用作军事博物馆的建筑是现成的，只是缺少作品。美国的朋友们
提供了借贷作品，其中包括来自布鲁克林博物馆和洛杉矶县艺术
博物馆的借贷作品，但也有来自私人收藏的借贷作品，如长久以
来的朋友阿曼德·哈默的收藏。这位石油亿万富翁在纽约拥有自
己的艺术画廊，并持有诺德勒画廊的股份。据员工说，博物馆馆
藏经常作为马科斯家族成员及其朋友的自助商店，他们可以借走
博物馆购买的作品，而不必归还。

　　从 20 世纪 80 年代初开始，伊梅尔达·马科斯以激进买家的
身份出现在主要是纽约的艺术品市场上。多位艺术品经销商回忆
说，这位第一夫人毫不犹豫地表示，她想在最短的时间内一齐买
下知名的艺术品收藏，钱不是问题。例如，当苏富比拍卖行计划
在 1981 年秋季以 500 万美元的估价拍卖已故的购物中心亿万富翁
和慈善家莱斯利·R. 塞缪尔斯的艺术藏品，并且为此已经印好
作品目录时，他们不得不在 9 月临时取消了这场拍卖。该公司表
示，一位不知名的收藏家已经将所有藏品买了下来：17 和 18 世纪
的英国绘画、家具和陶瓷器。买家也有兴趣购买塞缪尔斯在公园
大道 660 号的三层公寓楼，该公寓预计将花费 900 万美金。随后，
伊梅尔达·马科斯透露自己就是买家。她为塞缪尔斯的全部藏品
支付了近 600 万美元。她后来没有得到收藏家的公寓，这栋楼的
租户协会拒绝了她的提议。他们害怕来自马科斯政权反对者的

抗议。

　　许多古典现代主义的作品是马科斯在其朋友和商业伙伴阿曼德·哈默的纽约哈默画廊购买的。仅在 1982 年 12 月，伊梅尔达·马科斯就在那里以 150 万美元购买了保罗·高更的《静物与偶像》，以 42 万美元买入了卡米耶·毕沙罗的风景画《温室旁的邸园》，以 36.5 万美元收购了克劳德·莫奈的《雨》。莫里斯·郁特里罗和皮埃尔·奥古斯特·雷诺阿的两幅画作以 47.5 万美元的价格成交，安德鲁·怀斯的画作《月亮的疯狂》以 30 万美元成交，美国画家安娜·玛丽·罗伯逊·摩西的七幅画作以 21.4 万美元成交，她是素人艺术的代表人物，自称摩西奶奶。（后来，她的另外 11 件作品又以 39.3 万美元的价格售出。）这些商品以匿名的现金支票付款，经常被送到坦托克夫妇在菲律宾的连锁百货公司，或者被送到曼哈顿的城市公寓。

伪造的古代大师画作

　　当格雷西娅·R. 坦托克来西 57 街 33 号登门时，诺德勒画廊可能做成了它最大的一笔生意。坦托克夫人是伊梅尔达·马科斯的顾问和朋友，是一家大型连锁百货公司的共同所有者，也是费迪南德·马科斯任命的驻梵蒂冈大使的妻子。根据《纽约时报》的调研，伊梅尔达·马科斯在 1983 年 5 月宣布，她想"收藏某一个画家的大量绘画作品"，或者说是一位女艺术家。在一次不成功的展览之后，哈默画廊仍有 52 幅保罗·戈比拉德的画作库存。保罗·戈比拉德是一位非常晚期的印象派画家，是贝尔特·莫里索的亲戚，并认识皮埃尔·奥古斯特·雷诺阿，但除此之外，她在艺术史上几乎没有留下自己的痕迹。而这些画作（都是些无关紧要的静物画、风景画、肖像画）被画廊以高达 27.3 万美元的价格全部卖到了马尼拉。"这是一个摆脱你不再想要的画作的好方法。"一位参与交易的艺术品经销商事后被引述说。多年来，伊梅尔达·马科斯总共从哈默公司购买了总价值为 461 万美元的 77 件艺术品。1983 年 7 月 20 日，一张 220 万美元的发票上写着"阿曼德·哈默博士为马科斯总统和夫人授权的特别价格"，发票的抬头是马尼拉坦托克百货公司的海报店蓝色画廊。

其他 12 件作品由西方石油公司董事长的私人飞机运往菲律宾，包括意大利文艺复兴早期大师弗拉·菲利普·利皮的《圣母子》。伊梅尔达·马科斯为这幅作品向哈默画廊开了一张 70 万美元的支票。在此之前，这幅画已经经历了长达 8 年的销售失败。1974 年该画还以 100 万美元的价格被提供给纽约著名的私人博物馆弗里克收藏馆。但它当时的主管埃弗里特·费希因木板损坏得太严重而拒绝了。

不管怎样，这幅画至少显然是真品。但是马科斯为其收藏购买的其他许多古代大师画作在专家眼里就不一定是真迹了。例如，伊梅尔达·马科斯从 1983 年 7 月至 12 月 27 日向意大利艺术品经销商马里奥·贝里尼的妻子阿德里亚娜·贝里尼分四笔转的 350 万美元，本可以更明智地花在别的地方。这位独裁者夫人用这笔钱换来了一幅据说是米开朗基罗画的木版画。如果这幅画是真的，即使在当时，其价值也将远超过 350 万美元。目前只有一幅确定是米开朗基罗所作的木版画——藏于佛罗伦萨乌菲兹美术馆的《多尼圆形画》，大约创作于 1504 至 1506 年。弗里克收藏馆的埃弗里特·费希认为马科斯的画作归属有误。

他还知晓马里奥·贝里尼自 1977 年起卖给伊梅尔达·马科斯总共 75 幅画作中的许多其他作品。这些画作于 1979 年在马尼拉的大都会博物馆展出。第一夫人同时担任策展人，并亲自撰写了作品目录序言。而马里奥·贝里尼也允许用最高的赞美之词称颂在这本豪华画册中他以高价卖到马尼拉的画作。

然而，古代大师画作的独立专家埃弗里特·费希当时在《纽约时报》中判断道，这些作品中至少有 60 件不是丁托列托、卡纳雷托和其他具有这种品质的艺术家的作品，它们是被冒充的。相反，根据费希的说法，它们是"当时不知名的省级艺术家的作品，或者是 19 世纪模仿 18 世纪画作的副本"。另有 9 幅画的归属值得怀疑，其余 6 幅是由无足轻重的艺术家画的。目录中提到的艺术

家的名字是"不知羞耻"的。例如，其中一幅归属于锡耶纳画派
的利波·梅米的祭坛画其实出自一位利古里亚画家之手。费希说：
"这是一件宗教家具，在糟糕的情况下，你可以在帕克·贝耐特拍
卖行以 5 000 美元的价格拿下。"相反，真正的利波·梅米需花费
"数百万"。不过，总的来说，展出的藏品最多价值 50 万，有些画
作只值 1 000 美元。在接受《艺术新闻》杂志采访时，费希甚至
称其"完全是垃圾"。

对于所谓的马科斯藏品中的第二件重要作品，即被视为弗朗
西斯科·德·戈雅的重要作品而购买《圣克鲁斯侯爵的卧姿肖
像》，也非常值得怀疑。虽然这幅画在 1977/78 年前属于洛杉矶县
立艺术博物馆馆藏，然而，当时博物馆已经谨慎地把它卖给了马
博罗·新伦敦画廊，因为对其质量和原创性有怀疑。在马德里的
普拉多博物馆，悬挂着一幅同一主题的更佳版本。

普拉多博物馆的修复员君·冈萨雷斯还被告知伊梅尔达·马
科斯拥有一幅 3.6 米乘 3.6 米的汉斯·荷尔拜因的画作——这是
市场上最抢手但最稀有的艺术家之一。"她怎么可能买得到荷尔拜
因的作品？"冈萨雷斯想知道，"如果有人在国际艺术市场上买了
一件荷尔拜因，整个世界都会知道。画是从哪里来？谁会把它卖
给她？还是她被骗了，又一次？"[118]

令人惊讶的是，"真正的好作品没有在博物馆展出"。纽约受

人尊敬的修复师马可·格拉西反驳道。1980 年，当马科斯夫妇向贝里尼求购"重要的欧洲绘画"时，贝里尼向他们出售了一些真迹，如埃尔·格列柯的《圣母加冕》（90 万美元）、弗朗西斯科·德·苏巴朗的《大卫与歌利亚》（75 万美元）和弗朗索瓦·布歇的《埃涅阿斯的神话》（55 万美元），这些画是他通过一位西班牙客户获得的。马里奥·贝里尼否认自己曾有意将米开朗基罗卖到马尼拉："如果是那样的话，一定会很棒。"诺德勒画廊的杰克·坦泽可以进入马科斯在第 66 街的联排别墅。但是他却说，伊梅尔达·马科斯在那里向他展示了这幅画，并谈到了"她的米开朗基罗"。伊梅尔达·马科斯在马尼拉的私人秘书费·罗亚·吉梅内斯同时自 1980 年以来也是纽约银行家信托公司 4 千万美元账户的正式持有人，在她的笔记中也将转给阿德里亚娜·贝里尼的 350 万美元归到用于购买米开朗基罗的画作之下。

在马科斯夫妇的统治之下，即使在博物馆里的艺术品也难以保全。据《明镜周刊》报道，博物馆馆长阿图罗·卢斯透露过一件事，第一夫人在某个半夜命令他去博物馆，并且已经在那里等他了。在简单参观了展览后，她指出了一两幅她喜欢的画，并让人把它们带到她家。"没有收据，没有凭证。"馆长说，"她只是让我管好自己的嘴。"这些画再也没有回到博物馆。马科斯的女儿玛丽亚·伊梅尔达（"伊梅"）被任命为菲律宾文化代表。所以她在大都会博物馆拥有一个席位和办公室。她还从博物馆里任意拿走她喜欢的画作，用于她的各种公寓和酒店。没有收据。"我想这些画对我们来说大概已经丢失了。"卢斯叹惜道。这个独裁家族逃亡后，在文化代表的办公室里能找到一些艺术品的希望最终也落空了。办公室里空空如也，除了一个放满色情录像的架子。[119]

与军火商的交易

在费迪南德·马科斯被赶下台并逃离本国后，科拉松·阿基诺领导的新政府立即开始在菲律宾境内外寻找这对夫妇多年来积累的财富。在逃亡飞行留下的文件中，总统善政委员会发现了无数的收据和消费凭证。这对夫妇把大约2 300页涉及经济关系的文件带上了美国政府派来的飞机，独裁者以为这架飞机只会把他带到他的家乡北伊罗戈斯地区。然而，这些文件却被美国海关没收了。美国众议员的一个调查委员会和马尼拉的新政府通过这些文件开展了对马科斯贪污数十亿元的研究。

伊梅尔达·马科斯几十年来堆积的和用其人民的财富支付的许多东西，都不能被带上流亡之路。根据海关记录，这些飞行行李包括300个纸箱和板条箱，其中22个装有价值相当于140万美元的菲律宾纸币，除此之外，还有价值超过600万美元的珠宝、黄金和外汇——这些都因违反进口规定而被没收。然而，据《明镜周刊》报道，调查委员会主席约维托·索兰格说"保守估计，财产总额在 50 亿至 100 亿美元之间"，但是很显然，在其他地方一定还有许多财产。最后，发现的文件证明了其在曼哈顿（3.5 亿美元）、德克萨斯（25 亿美元）的土地和建筑物的所有权，在瑞士的一个银行账户（8 亿美元）和其他五个账户（8 800 万美元）以及可能也在瑞士的黄金存款（2.8 亿美元）。1986 年，伯尔尼政府锁了其所有账户以防万一。

从马拉卡南宫和菲律宾的其他各住宅、办公室和仓库中找到了许多珠宝和值钱的家具。1988 年，新政府还将收回的银器、瓷器、家具和艺术品在纽约的佳士得拍卖行进行拍卖。1991 年，古代大师画作再次接踵而至，包括伊梅尔达·马科斯购买后从未公之于众的真迹。纽约经销商斯坦利·莫斯为埃尔·格列柯的《圣母加冕》支付了 210 万美元。1976 年，伊梅尔达·马科斯在纽约从诺德勒公司购买的一幅寓言式的玛丽和婴儿时期的耶稣的场景，拍出了 104 万美元。意大利政府为乌菲兹美术馆拍下了 1503 年的早期拉斐尔作品。提香的《朱利奥·罗曼诺肖像》被苏黎世古代美术专家大卫·科斯特拍出了 110 万。伊梅尔达·马科斯以 70 万美元买下的所谓菲利普·利皮现在被认为是扎诺比·马基雅维利的作品，估计只值 4 到 6 万美元。提供的 74 幅画作，每一幅都找到了买家，其中一些远高于估价。

参加竞拍的还有马科斯以前拥有的 25 件最有价值的作品，其中一些是美国政府 1987 年 7 月在法国从沙特军火商阿德南·穆罕默德·卡舒吉那里没收的，包括拉斐尔、提香和埃尔·格列柯的作品，也包括苏巴朗和鲁本斯、毕加索和德加的作品。它们先是被藏在了他在戛纳的游艇"娜比拉"上，然后被藏在该市的一个阁楼里。证明这些交易的文件很快引起了菲律宾和美国当局的兴趣，因为卡舒吉陷入了自相矛盾之中。

证据显示，直到 1986 年 5 月，马科斯夫妇出逃后，马拉卡南宫和东 66 街的纽约联排别墅里的艺术品才被运给军火商。在戛纳的公寓被查获后，这名军火商最初向法国警方声称，他于 1985 年就从他在纽约奥林匹克大厦的邻居伊梅尔达·马科斯那里买下了这批共计 38 幅画作。"马科斯夫人告诉我，她希望出售一些画作。"他们的支票是在蒙特卡洛开具的。当这种说法站不住脚时，卡舒吉解释说，这些画作是作为他给独裁者夫人的 560 万美元贷款的抵押品。后来，他说他以 500 万美元的价格将 20 幅画卖给了一家巴拿马公司——当局立即怀疑这家公司背后就是卡舒吉本人，目的是让这些作品消失。实际价格可能是 650 万美元，其中 70 万美元是以现金的方式立即支付的，其余金额通过一张匿名支票支付给了在夏威夷的费迪南德·马科斯。在后来的审判中真相大白，卡舒吉的纽约司机恩内斯特·萨巴蒂诺在 1986 年 5 月 19 日被告知要租一辆卡车并"等待一个叫伊琳娜的人的电话",这是马科斯最小的女儿的名字。当她打电话时,萨巴蒂诺将车开到皇后区道格拉斯顿的一个购物中心,将车交给两名男子并在停车场等待。重新取回卡车后,他开车前往位于新泽西州纽瓦克机场巴特勒航空港的卡舒吉的私人波音747。在去那里的路上,他把车短暂地停在纽约的一条侧道上买中餐,车辆没有人看守。萨巴蒂诺无法说明在这段时间里,这些宝贵的货物是否发生了什么。后来他被要求在一份接管收据上签字,司机回忆说:"看起来像是名字和头衔。不过当时我没有装车,所以我签了'米老鼠'。"

在1988年的一次采访中,马科斯的助手否认这些画有任何价值:反正大部分都是仿造的。[120] 卡舒吉还从马科斯夫妇手中接管了曼哈顿上东区四处昂贵的房产:皇冠大厦(第五大道730号第57街)、先驱中心(百老汇第34街的先驱广场1号)、华尔街40号的70层办公楼和麦迪逊大道200号(第35街和第36街之间)的25层摩天大楼。[121] 后来证实,这些合同至少是在马科斯夫妇出逃前六个月签订的。

1989年4月18日,卡舒吉在伯尔尼的施韦泽霍夫酒店与另一名军火商会面时根据国际逮捕令被捕,并被带到根费加斯街的监狱,之后卡舒吉为反对被引渡到美国而进行了徒劳的斗争。他让人从附近的酒店送来昂贵的套餐,他的单人牢房还配备了一台传真机。他和伊梅尔达·马科斯因非法交易、阴谋、妨碍司法和欺诈而被指控。然而，1990 年 7 月，在曼哈顿福里广场的美国法院的审判出人意料地以无罪释放而告终。审判后，双方都出人意料地宣布放弃对宝贵的艺术品和房地产的任何要求。卡舒吉的律师詹姆斯·P. 林恩事后证实了与检方的交易："我的当事人已经厌倦了出席我们国家的法庭。"在扣除法庭费用后，出售所得的 590 万美元被移交给了菲律宾政府。卡舒吉是否还接手了其他马科斯的画作，至今仍不清楚。牵涉到此案的还有位于比佛利山庄的一座价值 200 万美元的豪宅，该豪宅法律上属于伊梅尔达·马科斯的亲密朋友——演员乔治·汉密尔顿。

多年来，伊梅尔达·马科斯将她的艺术收藏分散到了世界各地的住宅里。20 世纪 80 年代中期，当马科斯在菲律宾的统治明显可见快到头时，纽约那边开始了急切的行动。目击者称，在这对独裁者夫妇的住处前，大型货车反复驶来，运输箱摆在人行道上，它们看上去是用来运输艺术品的。最有价值的作品显然被挂在了第 66 街的大楼里。然而，当新政府的雇员在马科斯出逃后不久的一个寒冷的二月天搜查那里的房间时，他们没找到任何画作。墙上只剩下黄铜标示牌，透露了曾经在这里围绕着伊梅尔达·马科斯的那些在艺术史上伟大的名字：梵高和德加，毕加索和莫奈。发现的文件重建了哪些作品属于这些名字：就德加而言，是大尺幅的粉彩画《出浴后的早餐》；就梵高而言，是一幅早期的水彩画，表现了一个正在纺线的女人。挂着的毕加索作品则是一个女人的头像，可能是他在1954年画的；挂的莫奈作品是巴黎西边的塞纳河畔的韦特伊尔村及其教堂的景色。亨利·方丹-拉图尔的一幅花卉静物画用毯子包裹着躺在卧室的床下。其他文件是在新泽西州曼哈顿对面的哈肯萨克的一个仓库里发现的。

带着被盗的宝物回来

总统善政委员会重建了一份总计151件作品的清单，这些作品起初都毫无踪迹，其中包括弗朗西斯·培根和小扬·勃鲁盖尔、保罗·塞尚和马克·夏加尔、奥斯卡·柯克西卡和勒内·马格里特、皮特·蒙德里安和爱德华·马奈、保罗·西涅克和阿尔弗雷德·西斯莱、扬·范·艾克和伦勃朗·范·莱因的绘画、素描和粉彩画。

当1991年伊梅尔达·马科斯结束她的美国流亡之旅回到菲律宾时，15幅被通缉的画作无拘无束地环绕着她。自2010年起，她作为国会议员又回到了众议院。她在位于马尼拉上层的圣胡安市区唐·马里亚诺·马科斯街与P.格瓦拉街拐角处的一处旧居中被多次拍到照片和视频。墙上挂着许多画作，其中包括据说是米开朗基罗创作的《圣母子》、据说是戈雅描绘的《圣克鲁斯侯爵的卧姿肖像》、印象派作品如皮尔·波纳尔的画作《在大时代中游泳》或卡米耶·毕沙罗的《温室旁的邱园》，保罗·高更的《静物与偶像》，西班牙超现实主义画家胡安·米罗的《曙光》，伯纳德·巴菲特的《菊花瓶》和巴勃罗·毕加索的《斜躺女人之六》。伊梅尔达·马科斯是如何做到在五年的流亡之旅中设法保存这些作品，把它们藏起来，并在马尼拉取回它们，至今仍不知晓。可以肯定的是，她事先被司法部门和警察部门中仍然忠于马科斯的雇员警告过会有突然搜查。这些可灵活搬运的艺术品很可能在之后被迅速寄存到了亲戚朋友那里。

伊梅尔达·马科斯的三个孩子的住所没有被搜查。伊琳娜·马科斯的一个朋友和伊琳娜的丈夫格雷吉·阿雷纳塔后来回忆一次在他们加利福尼亚州伍德赛德的家进行的访问时说，当时在车库里，十几幅画漫不经心地散落和堆放着，他认出了一幅雷诺阿。这一发现显然没有被报道。

这位被驱逐和重返马尼拉的第一夫人仍然很受部分民众的欢迎。她在很长一段时间内声称，她当时是用自己的钱购买了这些艺术品，因此这些艺术品是她的合法财产。菲律宾法院最终采信了不同的观点，裁定这些画作是用侵吞的国家资产支付的。2014年9月29日，特别法庭下令允许为国家利益没收马科斯住宅的15件作品。当调查人员试图进入伊梅尔达·马科斯居住的公寓时，警长不得不在门外等候一个小时。当他们能够进入公寓时，他们看到的是一个哭泣的总统遗孀和空荡荡的墙壁，上面还挂着画钩。她的国会办公室和父母的房子也被搜查了。封存的 15 件作品被送到菲律宾中央银行的一个保险箱里。

政府委员会设法找回了那个曾挂在 66 街的房子里、后来只剩下标示牌的毕加索在 1954 年创作的女人头像。来自上地/加州的律师路易斯·辛格于 1997 年 12 月代表一位不愿透露姓名的客户将这幅画委托给佳士得拍卖行。当马尼拉政府提出相应要求并且威胁他将失去这幅毕加索时，这位神秘的卖家甚至连他的化名都不愿意透露。纽约一家法院最终允许这幅画被拍卖，拍卖于 1999 年 5 月 13 日进行。在 99.25 万美元的收益中，马尼拉政府和一个菲律宾人权组织获得了未披露的份额。

最后，维尔玛·包蒂斯塔在定位马科斯的画作收藏方面再次发挥了核心作用。而且直到今天，她也发挥着核心作用，因为可能只有这位前独裁者秘书知道一百多件从曼哈顿的各个房产中消失得无影无踪且仍然不知去向的艺术品藏在哪里。再说一遍，这关系到钱，很多钱。[122]

据多名目击者称，在马科斯夫妇从马尼拉出逃当晚，即 1986 年 2 月 26 日，一辆大卡车在东 66 街的房子前装满了艺术品。维尔玛·包蒂斯塔领导并监督了那次行动。自从那个历史性的夜晚以来，被带走的大部分绘画、家具和明代花瓶都不见踪影。维尔玛·包蒂斯塔的关键地位是在近四分之一个世纪后，其中一件失踪作品令人惊讶地重现时才被引起注意的。

最迟从2001年9月11日的袭击开始，纽约地区检察院的重大经济犯罪局（MECB）一直在监测不寻常的资金流动。2010年9月，当2810万美元的款项被汇入维尔玛·包蒂斯塔的银行账户时，一场对她的调查开始了。2011年4月13日上午8点差一刻，调查员多纳托·L.西西利亚诺和地区助理检察官爱德华·斯塔雷夫斯基站在包蒂斯塔位于东64街188号703室的新公寓楼外。[123]门卫呼唤了她，这位73岁的老人来到大厅，与官员们交谈，并讲述了一个关于这笔钱的来源的离奇故事。她为伊梅尔达·马科斯工作了30多年，仍然经常与她联系，并且多年来一直得到这位菲律宾前第一夫人赠送的珠宝和艺术品。她保留了其中一些，卖掉了一些。这一次，她也卖掉了一幅风景画。她不想说出其名称或画家，只透露该画作大约有两米乘两米的尺幅。

维尔玛·包蒂斯塔不想透露她为什么恰恰现在要卖掉这幅神秘的画。只有这些信息：她把一部分收益转给了马科斯家族。对此她却并不想多说什么。20或30年前，伊梅尔达·马科斯把这幅画作为礼物送给了她，从那时起，她就把它放在长岛的一个公寓里，没有上保险。只是在出售前不久，一家名为"达利克"的巴西或巴拿马公司才从那里把它取走。

如何出售价值 3 500 万美元的莫奈画作？

调查人员逐渐重塑了事情的真相。维尔玛·包蒂斯塔卖掉的那幅画实际上是一幅克劳德·莫奈最著名的睡莲图之一，这幅作于 1899 年而现在被通缉的画中有一座日本小桥横跨在池塘上，并通往画家在吉维尼小镇的花园。该作品没有出现在菲律宾政府的失物清单上。显然，伊梅尔达·马科斯很早就干净利落地把它转移了。因此，维尔玛·包蒂斯塔可以轻松地告诉当局，她没有出售被通缉的艺术品。

2009 年，在初次尝试卖掉这幅画失败后，马科斯的这位朋友请来了她在房地产行业结识的两位经纪人：黛安娜·D. 和芭芭拉·S. 。她们当时在麦迪逊大道的同一个办公室里工作。据两人称，她们都曾"为包蒂斯塔家处理过一笔房地产交易"。这两位当时分别为 63 岁和 60 岁的女士联系了阿卡维拉画廊，这是一家位于上东区专门经营古典现代和当代艺术品的公司。2010 年 4 月 9 日，画廊的一位负责人在维尔玛·包蒂斯塔的公寓里查看了这幅被毛毯包裹着的保存完好的莫奈画作。她的侄子用一台摄像机记录了这次访问。这幅画的报价是 3 500 万美元。第二天，它被运到东 79 街的画廊空间进行进一步检查和谈判。

在那里，阿卡维拉的工作人员起了疑心。不是关于这幅画的真实性——那是毫无疑问的，而是关于维尔玛·包蒂斯塔是否真的是艺术品的合法主人。她所能提供的证据仅仅是一份 1981 年签发的证书，其中有据称是伊梅尔达·马科斯被公证的签名。画廊要求提供更多最近的文件。工作人员甚至提出要亲自飞到马尼拉，向伊梅尔达·马科斯确认她的确把这幅莫奈当作礼物送给了包蒂斯塔。当维尔玛·包蒂斯塔拒绝后，交易失败了。在法庭上，后来发现指定的公证员从未公证过伊梅尔达·马科斯的签名。在诉讼中起作用的还有包蒂斯塔侄子彭萨克·N. 和查约特·詹森·N. 的电子邮件，其中谈到需要"在黑市上"和"以较低的价格"提供这幅画，"当我试图让人确认其真实性时，我不想去坐牢"。此外，他们还考虑过在曼谷设立一家空壳公司，"把画洗干净"。显然，他们知道这幅珍贵的莫奈画作是用"不义之财"买来的，而且可能仍属于伊梅尔达·马科斯的财产。

尽管如此，他们仍然竭尽全力继续出售这幅画。黛安娜·D. 和芭芭拉·S. 与伦敦的哈兹利特·古登与福克斯画廊取得了联系，并通过中介为这幅画开出当时仅 3 200 万美元的报价。在那里，他们也要求提供更多最新的所有权文件，但最后也对仅得到的一封"解释信"表示满意，其中这位前秘书再次确认了其所有权。侄子们的电子邮件通信中说，画廊"愿意找到创造性的方法来获得他们所需要的文件。她只需在文件上签署一份声明"。五天后，交易完成。

通过这幅莫奈画作，伊梅尔达·马科斯和维尔玛·包蒂斯塔的艺术品销售最终被曝光。这幅画的新主人是英国对冲基金经理艾伦·H.，他的公司设在避税天堂泽西岛和开曼群岛，他的私人财富在当时估计相当于 20 多亿美元。据称，在巴拿马和英属维尔京群岛注册的公司参与了这次买卖。据媒体报道，该画廊从 H 支付的相当于 4 300 万美元的费用中收取了 750 万美元的佣金。

然而，这位新主人不得不再次加价。1995 年，9 539 名菲律宾人赢得了一场针对马科斯夫妇侵犯人权的集体诉讼。夏威夷的一家法院判给了他们创纪录的 19 亿美元，然而，这首先必须得找到这么多钱。因此，马科斯受害者的法律代表向纽约法院要求得到可以扣押的独裁者家族的所有资产。其中包括除了费迪南德·马科斯在纽约美林银行的 3 500 万美元的账户外，还有现属于艾伦·H.的莫奈《睡莲》。然而，1986 年之后的历届菲律宾政府都提出了同样的要求，理由是这些钱同样归属于该国的所有公民。为了摆脱这种两难困境，H 在 2013 年秋季向马科斯受害者的代表转了 1 000 万美元的资金。[124] 不过，马尼拉政府还是坚持其合理的观点，即维尔玛·包蒂斯塔绝不该出售莫奈的画。

从这次销售收入中，经纪人 D 和 S 为她们七个月的工作各获得了 190 万美元的报酬，而据称参与谈判的菲律宾政府官员加维诺·A.获得了 100 万美元。维尔玛·包蒂斯塔将 510 万转给她的两个侄子，270 万转给了其他亲戚。她还承认，她把出售莫奈的钱转给了马科斯家族，但没有说出具体金额。她以 220 万美元的价格购买了位于曼哈顿的一套公寓，据说是为她自己和她的姐妹们买的。63.7 万美元用于偿还抵押贷款，另外 130 万用于保险和养老。她的账户里最终还剩有莫奈拍卖所得的 1 500 万美元。因此，除了阴谋罪的指控外，维尔玛·包蒂斯塔还被指控逃税。在她的报税单中，她申报的 2010 年的收入勉强只有 1.1 万美元。

2012 年 11 月，这位老人因被指控犯有欺诈、阴谋和逃税的非法行为被捕。她显然还曾试图出售她仍然拥有的，之前属于马科斯的 50 多件艺术品，包括印象派画家阿尔弗雷德·西斯莱的风景画《兰兰湾》、阿尔贝·马尔凯的阿尔及利亚风景画《杰南·西迪·赛义德的柏树》以及另一幅莫奈 1881 年的画作《韦特伊的教堂和塞纳河》。调查人员还发现了几个金额为八位数的账户。地区检察官赛勒斯·万斯还令人惊讶地以需要"保护国际艺术市场的完整性"为由，为这些指控提出根据。

2013 年 1 月，纽约州最高法院的一个陪审团判处维尔玛·包蒂斯塔六年监禁，并补交 350 万美元的税款。尽管她的辩护律师辩论，被告打算将收益转给菲律宾政府。另一方面，芮妮·A.怀特法官提及了"压倒性的证据"。包蒂斯塔最初因为心脏疾病而以 17.5 万美元的保释金获得自由，她多次提出上诉，但随后还是于 2017 年 12 月开始服刑。随后，菲律宾政府和马科斯受害者基金会为在她那里找到的艺术品而发生争执。[125]

马科斯夫人的第二次职业生涯

其他几十件艺术作品仍然下落不明。伊梅尔达·马科斯回到菲律宾后开始竞选总统。尽管民众和当局中有许多忠实的支持者，但仍然败北了。然而，自 1995 年以来，她一直连任议会成员，因此像其他一些家庭成员一样享有对各种指控的豁免权。伊梅尔达·马科斯在最后一刻没有输掉任何诉讼，直到人权受害者的集体诉讼。一些继任政府似乎对认真寻找失踪的奢侈品或将其出售所得的收益给马科斯政权的受害者没有多大兴趣。例如，菲律宾农民协会抱怨时任总统格洛丽亚·马卡帕加尔-阿罗约在 2004 年为资助其竞选活动而动用了马科斯在瑞士的账户。2013 年公布的文件将马科斯家族列为至少一家离岸公司——辛特拉信托的受益人，该公司仍然存在于避税天堂英属维尔京群岛。[126]2016 年，菲律宾最高法院下令在马尼拉的塔吉格市英雄公墓为费迪南德·马科斯举行荣誉葬礼。

伊梅尔达·马科斯当然从不会透露任何关于那些至今仍然失

踪的艺术品的信息。总统善政委员会仍然不知道梵高的水彩画，所谓的伦勃朗、塞尚的风景画，蒙德里安、马格里特、马奈和莫迪里阿尼的画作在哪里，以及曾经藏在加利福尼亚一个车库里的皮埃尔-奥古斯特·雷诺阿的画作的下落，这些画作甚至没有被列入政府的官方遗失名单。[127]2019年12月，马尼拉法院再次判决马科斯家族归还价值超过2 400万美元的100多件艺术品。

其　　他

费迪南德和伊梅尔达·马科斯并不是唯一一个把从人民那里窃来的财富投资于艺术品的统治者。印度尼西亚前总统哈吉·穆罕默德·苏哈托（1921—2008）和刚果领导人约瑟夫-德西雷·蒙博托（1930—1997）也被认为从本国人民手中骗取了数百亿美元并将其运往国外。

但是两位统治者显然没有野心去环抱珍贵的艺术品，或是在艺术品经销商的帮助下把钱转移到国外。蒙博托将这些钱——据称是他和他的家人通过胁迫公司付款和贪污腐败收集的高达500亿美元，主要投资于房地产，如西班牙的一座16世纪的城堡、瑞士的一座有32个房间的宫殿，以及法国里维埃拉、巴黎和科特迪瓦的其他豪华住宅。所有的房产，就像他出生地巴多里特附近的巨大宫殿，都配备了路易十四的家具、中国瓷器和卡拉拉大理石，而不是著名的艺术品。尽管苏哈托主要购买了亚洲艺术家的作品，并分发给住宅、政府和代表机构的建筑，但说他的这些行为是系统性的艺术收藏却有些夸张。同样，突尼斯政府在专制总统宰因·阿比丁·本·阿里下台后拍卖他从人民身上榨取的私人财产时，也主要是房地产和豪华汽车，如阿斯顿·马丁和兰博基尼。

法拉赫·帝巴则相反。她的丈夫是伊朗国王，她于1967年10月加冕为王后。她让特别是在纽约、伦敦和巴黎的顾问和艺术品经销商利用国家资金集中购买19和20世纪的艺术品，其中包括杰克逊·波洛克、安迪·沃霍尔、罗伊·利希滕斯坦、威廉·德库宁和巴勃罗·毕加索以及埃德加·德加、保罗·高更、卡米耶·毕沙罗和克劳德·莫奈的重要作品。这些绘画和雕塑从1977年开始在德黑兰的当代艺术博物馆公开展出，在所谓的"伊斯兰革命"之后，它们中的大部分仍然保存在那里。

1987年，海地政府的代表在让-克劳德·杜瓦利埃（1951—2014）被推翻后的一年，在华盛顿的一个安全存储公司的仓库里发现了珍贵的56幅海地艺术家的画作。据称，这些画作的所有者是与杜瓦利埃关系紧密的一位顾问。1978年至1982年期间，这些作品曾在美国多个城市巡回展出，然后存放在首都。

瑞士当局于2016年在日内瓦湖上没收了11辆已经被载到机场准备运走的豪华汽车。这些汽车属于赤道几内亚领导人特奥多罗·奥比昂·恩圭马·姆巴索戈的儿子。[128] 尽管这个国家有巨大的石油储备，但其人民不得不生活在贫困之中。在巴黎豪华的第 16 区一栋 4 000 平方米、有 101 个房间的豪宅中，法国调查人员还发现了价值数百万美元的艺术品，包括埃德加·德加、保罗·高更和皮埃尔-奥古斯特·雷诺阿的画作，奥古斯特·罗丹的五件雕塑以及这位非洲盗贼统治者在 2009 年伊夫·圣罗兰的遗产拍卖中购买的几件艺术品。[129]

2016 年夏天，众人知晓了即使是所谓的民主政府也在滥用艺术品来转移私人财产。2009 年，马来西亚政府在开曼群岛为外国信息设立了一个马来西亚发展公司（1MDB）基金，该基金的董事会主席职位很快由马来西亚总理纳吉布·拉扎克接管。最迟在 2015 年，该基金已经过度负债数百亿美元，整个国家面临破产的威胁。在一个博客报道大量资金流入瑞士的一个账户后，新加坡的金融监管机构介入了。事实上，调查人员在政府首脑在瑞士的私人账户中发现了 6. 81 亿美元，但他声称那是沙特王室送的礼物。[130] 拉扎克的朋友和艺术品收藏家刘特佐被指控从国家基金中拿出大笔资金，不仅用于投资房地产、飞机、百代集团的音乐版权和与莱昂纳多·迪卡普里奥合作的好莱坞电影《华尔街之狼》，而且还购买了昂贵的艺术品（见第 6 章）。

马来西亚当局针对纳吉布·拉扎克的调查已有数年。在其起诉书公布前不久，司法部长被免职。2019 年 4 月，在吉隆坡的一个法庭上开始了对这位前政府首脑关于腐败和洗钱的指控的审判，他反复强调自己对所有七项指控都是清白的——最近一次是在2019 年 12 月。2020 年 7 月，在总共五次审判中的第一次中，针对他 42 项罪行的指控被判成立。据调查人员称，瑞士和卢森堡的银行机构也参与了这一丑闻。因此，瑞士几年来也一直在就腐败和洗钱接受调查。[131] 据《华尔街日报》报道，美国投资银行高盛提出在 2019 年底向美国司法部支付近 20 亿美元的罚款。

第5章　艺术投资诈骗

赫尔格·阿亨巴赫与奥乐齐的联系

对赫尔格·阿亨巴赫来说，一切都必须引人注目。他开的不是普通的汽车，而是那辆约瑟夫·博伊斯曾经开过的宾利。不仅如此，他还拥有另外四五辆宾利。而且头等舱也已经满足不了他了，他必须乘坐私人飞机。他为艺术家格哈德·里希特暂租了非常宽敞的大厅让他有足够的空间创作两幅巨型画作。此外，对于仅仅一幅毕加索画作的中介费，他就悄悄地多抽了两百万欧元，而不是按照合同获取总额大约为十八万欧元的提成。最终，赫尔格·阿亨巴赫住进了只有十平米的牢房里。

赫尔格·阿亨巴赫的故事是一个成长于 20 世纪 60 年代西德一个小中产阶级家庭的创客的故事。为了推广艺术品交易市场，赫尔格·阿亨巴赫从德国艺术之城杜塞尔多夫发声，宣称自己为德国第一位艺术顾问。赫尔格·阿亨巴赫是 20 世纪末艺术品商业化进程的代表人物。早在一百年前，获利的艺术品交易就已经在进行，并且常常通过一些不正当手段来操作。但自 20 世纪 70 年代以来，艺术品也在德国成为了大企业和其经理人身份的象征。艺术顾问把一些无足轻重的作品卖给企业和董事会主席所谓的社会意义。对此，艺术史学家沃尔夫冈·乌尔里希指出，重要的是，那些摆在老板办公室的现代艺术品要表现出活力、开放、创造、拓新、勇敢和坚定的意思。通常这些形容词也会出现在招聘经理的广告里。赫尔格·阿亨巴赫便以美国为榜样，像一位经理人那样坚定热情地致力于艺术品销售。[132]

1995 年，他就开始庆祝第一部自传的诞生。这部自传主要是讲怎样招揽顾客并取名为《从扫罗到保罗》[133]。现在来看，这个名字取得过于匆忙。快二十年之后，他出了第二部大体量的自传。自传扉页完全被他的肖像照覆盖——一位严肃且嘴唇透露着冷酷的成功人士的形象。这次这部书取名为《赫尔格·阿亨巴赫：艺术煽动者——从采集到捕猎》[134]。2019 年秋季，他的第三部名为《自我毁灭》的自传出版了。他将自己批评为"贩卖者"和"瘾君子"。

阿亨巴赫自己多次提到，他卖出第一幅画的时候还是一个处于青春期的在校青年。他受到一个朋友的鼓励把朋友爸爸色情杂志上的图片偷偷剪下来，然后一同出售或租借给同学：赏阅十芬尼，购买彩照一马克。还有一件青春期的轶事：十八岁的他在一次法国度假时，通过和卖家讲价，只花了和原价相比很少的钱买了一个乌木雕像，为了之后能在日内瓦以数倍的价格出售。直至今日，他仍然非常骄傲地经常提及他不断牟取暴利的事。

阿亨巴赫的专业是社会教育学。他在监狱实习了一年。其间，他曾有过移居到当时由社会主义者萨尔瓦多·阿连德领导的智利的想法。但由于受 CIA 支持的将军奥古斯托·皮诺切特发动了政变，将萨尔瓦多·阿连德推下了台。他最终到了杜塞尔多夫的一个画廊开始了他的事业。阿亨巴赫在大学期间就向往艺术家的生活，他喜欢艺术家的无拘无束、放荡不羁、酒池肉林和不眠不休的狂欢。但是阿亨巴赫也想赚钱。没过多久，画廊的工作对阿亨巴赫来说有太多条条框框，太多强制出勤的制度。他想做出重大的突破。于是，他成为了一名艺术顾问，像一名奔波于一个个大建筑工地的推销员一样，带着他"扎实的一知半解"——根据他自己的描述[135]，说服企业家购买艺术品。因为说服别人总是阿亨巴赫的强项。

人心捕手和腐败

1977 年，阿亨巴赫与精通艺术的建筑师霍斯特·基默里希一同创立了德国第一家艺术顾问公司。阿亨巴赫已然明白，艺术品已成为社会地位和声望的代表。同时，有钱人对艺术鲜有认知。这个年轻人在这儿看到了他的机会。他花了三万马克买了一个又贵又重的车载电话，并且孜孜不倦地建立人脉网。阿亨巴赫也许有自来熟和寻找并结识朋友的天赋。即便在选择新朋友时通常十分谨慎的富人圈里，他也同样如鱼得水。前科隆路德维希博物馆的馆长卡斯珀·柯尼希说："只要给阿亨巴赫两小时时间，他就能将从未听闻过他，而且对艺术毫无兴趣的企业老板招募为新晋艺术品收藏者。"没过多久，那个曾经的社会教育学学生就穿上了量身定做的三件套西服，周旋于银行家、保险经理和商业上十分成功的艺术家之中。格哈德·里希特、约尔格·伊门多夫、君特·于克和后来的摄影师安德烈亚斯·古尔斯基都被阿亨巴赫称作朋友。他还帮他们料理企业的订单。一些艺术家（绝大多数是男性）通过和阿亨巴赫合作也赚得盆满钵满。他的行为引起了其他艺术家的不满。

许多人把艺术顾问的兴起和传统、受热忱推动的收藏的没落联系起来。直至今日，艺术商和画廊商还斥责，那些受艺术顾问服务的新晋收藏者感兴趣的主要是艺术作为一种投资方式。他们想要回报率最好有所保证。而阿亨巴赫既喜欢谈论他的艺术家朋友圈，又爱许诺从他那儿购买或者租借的艺术品保证会增值。

在建立了自我宣传为欧洲第一艺术咨询公司不久后，阿亨巴赫在有潜力的合作伙伴前装作公司业务很繁忙的样子。他让朋友在他和顾客交谈期间给他打电话，假装很想购买。这招还真管用。他促使维多利亚保险公司（现属安顾保险公司）购买了两幅格哈德·里希特的巨型彩色抽象委托画作。安联保险公司、奥迪、德国联合抵押银行和德国电信都是他的客户。20世纪90年代的莱茵地区成为了除了纽约之外爆发的艺术市场的震中。"那是一个当代艺术兴盛的时代。而阿亨巴赫则是杜塞尔多夫最成功的掘金者。"该艺术顾问的一位旧识说道。同许多其他同行一样，提到"赫尔格"时他不愿意透露自己的姓名。格哈德·里希特公开称阿亨巴赫是一个"骗子"。"他能不择手段地搞到艺术品并且毫无顾忌地推销出去。"另一位在杜塞尔多夫经常和阿亨巴赫打交道的人说道："即便是不懂法的人也能感觉到他在舞文弄法。"阿亨巴赫也和艺术家托马斯·斯特鲁斯策划过一些艺术项目。"他有很大的野心。他是一个诱骗者，对影响别人乐此不疲。"斯特鲁斯后来提及。[136]阿亨巴赫将诱骗者这个角色也搬到私人生活的舞台上。他如今这样总结他的风流情史："我同四个女人生了八个孩子。我爱我的孩子胜过一切。我也深爱过我的每一位妻子。但是我对感情并不专一。我嫖过娼，出轨嘛，也有一些，是的。"[137]

然而很快阿亨巴赫也直接卷入了腐败事件。正如他在2019年出版的自传《自我毁灭》中讲述的，为了能在一个大型企业集团的总部陈列艺术品，他必须支付给一位高管夫人高达六位数的委托金总额的百分之十。这件事没有提及任何名字，因此没有得到证实。据阿亨巴赫称，董事会成员要求在以公司名义来委托的艺术品交易中，将著名艺术家的画作当作小小的附属品来扩充他们的私人收藏。他曾出资举办过一位策展人的婚礼。

阿亨巴赫的商业帝国也随着业务的增加而不断扩张。他在慕尼黑、海德堡、波恩、法兰克福、汉堡、柏林和莱比锡都设立了办公室。他为自己的公司编织了一张大网。他通过 AKB 有限责任公司管理他的业务，而 AKB 公司又隶属于阿亨巴赫合资有限责任公司。其许多员工又受雇于 AAC 租赁和管理有限责任公司。2006年，阿亨巴赫又成立了艺国股份有限公司，其中82%的股份属于他。2002年，这个艺术企业家在20世纪70年代第一次涉足餐饮业后，在杜塞尔多夫开了一个沙滩俱乐部，之后又开了三家餐厅。这三家餐厅根据摆放在那儿的约尔格·伊门多夫的猴子雕像，分别被命名为猴之东、猴之西和猴之南，并招致了畸高亏损。但显然这里不是为了营利，而是为了给自己创造一个能同演员、艺术家、企业老板、政治家、足球明星和年轻貌美的女子一起展示自我的舞台。阿亨巴赫不放过任何合作机会。他和一家大型糖果公司合作举办了所谓的"黑色晚宴"，其中的菜品都是以甘草为基调烹制的。这些在猴子餐厅举办的别致晚宴至少给一对亿万富翁夫妇留下了深刻的印象——他们不久将斥巨资在阿亨巴赫这儿购买艺术品。

阿亨巴赫刻意寻求与一些商界、体坛和政界的大人物接近。他把社民党的政客,后来的德国总理格哈德·施罗德称为朋友。而策展人也寻求他的亲近,因为这个身体强健的男人似乎散发着一种自带取之不尽用之不竭的财源的灵气。他能为展览安排赞助商和介绍借贷人。他曾与一些国际上最活跃的博物馆人合作过,比如马丁·罗斯、汉斯·乌尔里希·奥布里斯特和克劳斯·比森巴赫。

克劳斯·比森巴赫还参与了阿亨巴赫至今为止举办过的最大盛事。2011 年,为了让大众集团以欣欣向荣的企业形象示人,阿亨巴赫组织该汽车公司与纽约现代艺术博物馆(MoMA)进行了一次财力雄厚的合作。德国 MoMA 策展人比森巴赫和大众汽车 CEO 马丁·温特科恩在 2011 年 5 月合作之初接受了《周日世界报》的联合采访。在采访中,这位汽车经理对参与本次艺术活动解释道:"让我们感兴趣的是,当代艺术家是那么积极且批判地思考着当今重大社会和政治问题。例如,气候保护、社会公正、机会公平分配。"[138] 他的公司关注的是如何真正改变世界的问题,因此在高效的工厂制造环保汽车。

8 年后,温特科恩因其在大众汽车尾气排放作弊事件中扮演

艺术与犯罪 ｜ 第 5 章 艺术投资诈骗

的角色而被起诉，但当时他还为纽约的这笔赞助大肆庆祝。德国的记者乘坐商务舱飞往纽约，麦当娜赴约晚宴，小野洋子、卢·里德、帕蒂·史密斯，甚至萨尔曼·拉什迪也都来了。詹姆斯·弗兰科是当晚的 DJ，温特科恩还被允许和演员刘玉玲同乘一辆大众 1L 概念车。德国《彩色》杂志这样报道："年轻的韩国小提琴天才演奏家韩彬（2012 年更名为阿马德乌斯·莱奥波德）带来了一场叹为观止的表演。参演《欲望都市》的女星金·卡特罗尔同著名建筑师理查德·迈耶还有给艺术与工业穿针引线的艺术顾问赫尔格·阿亨巴赫惬意交谈。"[139] 纽约现代艺术博物馆馆长格伦·洛里后来说："赫尔格是一个热情洋溢且充满创意的人——其中一些是古怪的，一些是天才的。我不知道他到底是怎么做的，但他好像能干出一番大事来。"阿亨巴赫非常满意。他帮这位博物馆馆长从德国汽车工业那儿搞到了数百万美元。2013 年，他在那本《艺术煽动者》自传的开头用红色的大字印上了这位博物馆馆长对他的评价。

柯克西卡、毕加索和利希滕斯坦的假发票

最终让阿亨巴赫倒台的，既不是他那些亏损的餐馆，也不是那些昂贵的派对，更不是他经常光顾的陪酒小姐，而是和他最大的客户的生意往来。2000 年底，阿亨巴赫一定觉得自己钓到了一

条大鱼，这个客户能让他得到比从其他任何客户那儿更多的东西；这个客户能让他更加富有。这个客户就是 1954 年在埃森出生的奥乐齐连锁超市两位创始人之一西奥·阿尔布雷希特的儿子——贝特霍尔德·阿尔布雷希特。几十年来，阿尔布雷希特家族一直被认为是德国最富有，但也是最谨慎的亿万富翁家族之一。阿亨巴赫在一次共同好友的私人晚宴上认识奥乐齐北部家族的儿子和他的妻子巴贝特·阿尔布雷希特。大家慢慢成了朋友，相约在意大利餐厅或猴子餐厅吃饭。

在 2008 年底，阿亨巴赫终于受到委托，用大约 6 000 万欧元的资金来进行艺术收藏投资。巴贝特·阿尔布雷希特后来解释说，她丈夫想把钱投资在艺术品上，因为银行利率不再承诺回报。她还说道："股票就是股票，艺术品至少能看得到。"在此之前，贝特霍尔德·阿尔布雷希特就像家族的其他成员一样，一直过着非常低调的生活。在购买艺术品时，他担心如果画廊老板知道奥乐齐的传人是他们的客户，会被收取虚高的价格。当昔日的友谊受到法庭的审判时，他的妻子巴贝特说，他们不想支付"阿尔布雷希特附加费"。

因此，他们的朋友赫尔格·阿亨巴赫作为代理人应该寻找真正好的艺术品，谨慎地隐瞒雇主的身份，并且保证价格为市场价。他们约定，这项服务的咨询费为每件作品销售价的百分之五。阿亨巴赫后来说，这个比例太低，不足以支付他的工作成本。

通常情况下，艺术品经销商或顾问会对他们的艺术品中介服务收取百分之十或更多的费用，但所涉及的金额通常比阿尔布雷希特的情况要低。这位奥乐齐传人用来购买艺术品的资金占比之大，在德国实属罕见。根据巴塞尔艺术博览会的《艺术市场报告》显示，在2018年总额约670亿美元的全球艺术品交易中，只有百分之一是在德国进行的。阿亨巴赫赢得了一个按照当地标准十分有潜力的客户。尽管他的提成比例不高，但光是6000万欧元的采购金额，他就能赚到300万欧元。但这对他来说太少了，实在是太少了。

2009年，早在第一次为这个之前对艺术不太感兴趣的新顾客贝特霍尔德·阿尔布雷希特安排交易一幅奥斯卡·柯克西卡的伦敦桥画作时，阿亨巴赫就伪造了卖家马博罗·新伦敦画廊的发票。他从谈好的80万美元的价格中，在复印机上捣鼓出一个新的价格：95万。他还用欧元标志代替了美元标志，按照当时的汇率，这又使他增加了20万欧元的利润。阿亨巴赫的其他费用也相应增加了：佣金、增值税。这样一来，阿亨巴赫不仅收取了百分之五的佣金，这个数额已经达到了德国工薪族平均年薪水平，而且通过篡改发票还增加了超过原价50%的费用（折合大约63万欧元）。他不是把佣金翻倍，而是翻了十倍。在欺诈方面，阿亨巴赫也毫无下限，永无止境。

2009年3月，阿亨巴赫第二次买进的艺术品是恩斯特·路德维希·克尔希纳的画作《母与子》，阿亨巴赫从画廊老板迈克尔·沃纳手中以130万欧元左右的价格买下了这幅画，但给阿尔布雷希特的报价是180万欧元。这次买卖就让阿亨巴赫赚了五十多万欧元。一个月后，他又从同一个经销商那里为阿尔布雷希特购买了两幅克尔希纳的画作，通过操纵他又从中赚取了近100万欧元。同年6月，阿尔布雷希特夫妇在阿亨巴赫的陪同下参加了巴塞尔艺术博览会，并且据称以550万欧元的净价从芝加哥的理查德·格雷画廊那里购买了毕加索的画作《园丁一家》（1965）。阿亨巴赫在这次交易中又老练地赚了足足200万欧元的身家。

也有一些画作交易，如尼奥·劳赫和安塞尔姆·基弗的画作，阿亨巴赫没有骗取额外金额。但后来在阿尔伯特·奥伦、村上隆和弗朗西斯·毕卡比亚的作品交易中，他从来自埃森的朋友那里继续骗取了高得离谱的金额。2010年春，在出售罗伊·利希滕斯坦一幅画作时，他暗中赚取了100万欧元。时任科隆路德维希博物馆馆长的卡斯珀·柯尼希也间接卷入此次交易中，柯尼希给阿亨巴赫的这次艺术品交易安排了罗伊·利希滕斯坦的遗产。为此，阿尔布雷希特向路德维希博物馆回赠了10万欧元。而这笔钱协助举办了科隆博物馆的利希滕斯坦展览。当时，柯尼希称他对这位艺术顾问在杜塞尔多夫收取高价的事情一无所知。

2010 年秋，贝特霍尔德·阿尔布雷希特决定，不再为他的豪宅置办艺术品了。他现在把注意力转移到了老爷车上。阿亨巴赫同样帮他的忙，也同样通过他的艺国公司收取丰厚的佣金和差价。现在宾利、布加迪和捷豹等品牌取代了里希特、毕加索和克尔希纳。2011 年，光是用足足 1 200 万欧元购买一辆梅赛德斯-奔驰 540K 特别版跑车，阿亨巴赫就从中赚了 150 多万欧元。2012 年，通过阿亨巴赫的周旋，阿尔布雷希特花了 1 100 多万欧元买了一辆法拉利 121LM，并加装了一辆赛车运输车，其中有 300 多万欧元流向了这个艺术顾问的公司。

艺术品作为资产类别

这位奥乐齐的传人并不是阿亨巴赫欺诈行为的唯一受害者。为了不断寻求扩张，阿亨巴赫同汉堡一家私人银行贝伦贝格银行为他们的客户创立了一家艺术顾问公司——贝伦贝格艺术资讯有限公司。除了阿亨巴赫，德国一家重要的艺术品保险公司的前员工也来帮忙作顾问。作为一名行业领头的保险经理，这个人有渠道常年接触隐蔽的私人收藏和艺术经销商的仓库。因此，他能够积累大量宝贵的知识，了解市场上大师作品的位置。现在，他成了阿亨巴赫的合作伙伴。贝伦贝格银行持有该公司 51% 的股份，阿亨巴赫占 39%，前保险经理占 10%。几年之后，他也同阿亨巴赫一起出现在埃森法庭的被告席上。

2011 年该公司上市的时候许多媒体大肆宣传。如果说阿亨巴赫的艺术咨询公司已经将商界熟悉的咨询文化引入了艺术领域，那么现在艺术也将成为拓宽金融方式的工具。越来越多的私人投资者对投资这一"资产类别"感兴趣。该银行代表在新闻发布稿上讲道："从我们长期战略角度来看，艺术品投资对整个资产组合的多样化有积极的贡献。"[140] 有趣的是，这个新闻发言稿明确地引用了赫尔格·阿亨巴赫对虚高价格的警告："当一群收藏家和经销商联合起来，相互勾结，甚至可能人为地抬高拍卖价格时，艺术家的价值总是被高估。"这位银行代表补充道，贝伦贝格艺术资讯公司主要是"保护"艺术品买家。新公司应该为客户带来"艺术市场必要的透明度"，同时提供"最大可能的谨慎"。董事会显然不知道这是一个让狐狸看守鸡舍的决定。

2012 年 11 月，一项新的艺术基金成立——贝伦贝格艺术资本基金。该基金将向投资者募集 5 000 万欧元来购买多达两百件艺术品。七年后这些艺术品将再次被出售，预计年化收益率将达到 7%至 9%。该基金的最低投资金额为 10 万欧元。2013 年 4 月，该公司的一位员工透露，他们已经募集到 1 000 万欧元。几个月后，即 2013 年 7 月，贝伦贝格银行却宣布这个雄心勃勃的项目结束：没有找到足够的意向方。

全世界已经有几十个类似的基金项目失败了，其中有些项目的模式与其说是一种严肃的投资形式，不如说是一种骗局。大多数情况下，艺术基金不是挣扎在资金的欠缺中就是跌倒在艺术知识的匮乏上。

当时，该私人银行的投资专家尤尔根·雷克用艺术品市场的潜规则对贝伦贝格基金的败北做出了解释。作为贝伦贝格私人资本有限公司的董事长，这位银行家通常会处理有形资产的投资，从不动产、停车库到农田和森林，但是也开始熟稔艺术市场。艺术品交易与其他市场的区别在于它非常缺乏透明度，信息分布十分不均匀，而且参与者数量极其有限。内幕交易在艺术品市场上并不违法，公开拍卖会上的价格很容易被艺术家的经纪人操纵。"这是另一个世界，一个在一些方面已经可疑的世界。"在艺术基金退市后，银行家雷克说道。[14] 唯有国际钻石市场的惯例与艺术品市场的规则一样神秘，但在那里至少就钻石的价值能相对容易地达成一致。

对于基金经理来说，不仅是艺术品市场的不透明让他们感到头疼，还有艺术品的虚构价值这个复杂的问题。在拍卖行上创纪录的价格总是包括艺术和艺术购买行为的象征资本。在拍卖会上拍获某件艺术品是一种行为，这种行为可以证明自己是精英阶层的一员，或者在这个精英阶层中脱颖而出。但是，仅仅购买基金份额而不购买毕加索本人画作的人，都无法从这种象征资本中获利。自然也不能从中获取如同这位银行家所说的"情感回报"，也就是观赏艺术品的体验。

除了该艺术基金，2013 年贝伦贝格银行还关闭了贝伦贝格艺术咨询公司，该公司是与阿亨巴赫和前保险人共同创立的，旨在协助富有的客户进行艺术品交易。阿亨巴赫后来说，几乎没有赢得任何客户，销售额比计划低很多。然而，这场一本万利梦的终结还有另一个原因，一个在当时最好还是隐瞒公众的原因。

医药企业家和开假发票的艺术

贝伦贝格艺术咨询公司为数不多的大客户之一是制药企业家克里斯蒂安·勃林格。当时，老牌公司勃林格股格翰的股东委员会主席已经开始收藏有关"书写艺术"主题的作品，现在他希望得到这方面的专业建议。2012 年，在荷兰马斯特里赫特举办的欧洲艺术博览会（TEFAF）上，他结识了赫尔格·阿亨巴赫。阿亨巴赫与他讨论了关于收藏的概念，并帮助他购买了格哈德·里希特的画作《无题-绿色》。同年 9 月，勃林格同贝伦贝格艺术资讯公司签订了一份合同：他希望每年提供 150 万欧元用于艺术投资。就在 9 月，阿亨巴赫陪同医药企业家买下了翠西·艾敏的作品

《我无法相信我有多爱你》，而且乖乖地只向他收取了约定的 5%
的佣金。但在随后购买劳伦斯·韦纳、阿利吉埃罗·波蒂和安德
烈亚斯·古尔斯基的作品时，他就像对待奥乐齐的继承人阿尔布
雷希特一样，暗中抬高价格，并伪造画廊的发票副本。然而，由
于贝伦贝格艺术咨询公司的交易要经过银行审核，他先通过自己
的艺术咨询公司办理了购买手续，然后才把与客户的交易同伪造
的发票一并转交给银行。尽管如此，在一项与勃林格的虚高交易
中，东窗事发了。

　　同时，在另一起案件中，贝伦贝格银行的长期客户——来自
下萨克森州的一对企业家夫妇以 87.5 万欧元的价格获得了格奥尔
格·巴泽利茨的早期作品。而这幅作品是阿亨巴赫和这位前艺术
保险商以 20 万欧元的价格从一位著名的科隆摄影师和该艺术家的
老朋友手中买来的。这对夫妇购买艺术品的行为，正如他们后来
在对阿亨巴赫的审判中作证的那样，也是出于税收动机。这幅画
是要送给儿子的，艺术品在一定条件下可以免征赠与税。虽然他
们付了定金，但是交易却一直没完成。而且其他所有通过贝伦贝
格艺术咨询的业务也突然结束了。其原因不是，或者说不仅仅是
像对外公开解释的那样，因为没有找到足够的艺术基金的意向者，
销售情况很难达到预期，而是银行接到举报后，拉了紧急刹车。

　　一名曾在瑞士、德国和美国的多家美术馆担任馆长的自由职

业者托马斯·凯林，在2013年6月向贝伦贝格公司阐明了阿亨巴赫暗中提高差价的欺诈行为。他本人最初在售出被阿亨巴赫调高价格的一件艺术品时，获得了20万欧元的奖金。但是现在，他提醒银行注意这项关于巴泽利茨早期作品的异常交易，偿还了当初的奖金，并且最终整理出了纽约玛丽安·古德曼画廊的原始发票。阿亨巴赫当初就是在这家画廊为克里斯蒂安·勃林格购买了劳伦斯·韦纳的作品。曾经的同僚成为了现在的揭发者。

2013年7月5日，贝伦贝格银行以想和阿亨巴赫及其合伙人拍摄形象片为借口，将两人诱骗到位于汉堡的公司总部。他们将分别面对这位旧时同僚的指控。阿亨巴赫坦白了在勃林格案中，悄悄提高差价的行为，但这位前保险人却不承认。两人不得不在同一天将股份低价卖给贝伦伯格艺术咨询公司。为了给艺术品市场提供更多的"透明"和"保护"，银行还特别委派了公证员来监督这家在两年前才成立的公司的注销流程。

从头等舱到牢房

贝伦贝格私人银行和阿亨巴赫对克里斯蒂安·勃林格进行了赔偿。与那对来自下萨克森州的企业家夫妇还未完成的巴泽利茨画作的交易也被解除了——按照私人银行业务的惯例，悄悄地、谨慎地解除的，以免损害银行自身在富豪客户中的声誉。赫尔格·阿亨巴赫的生活依然潇洒。一年前，他的朋友贝特霍尔德·阿尔布雷希特的去世使他摆脱了数百万欧元的债务。2013年12月，据他自己说，他正在喷气式滑雪场的泳池里游泳时，一个女人找上了他，他们攀谈了起来：她为慕尼黑的企业家工作，当时他们正在为德国国家足球队在巴西筹建酒店——坎普-巴伊亚酒店。正如阿亨巴赫在最新的自传中描述，他在这个项目中如鱼得水。他立即会见了这位企业家，并在几周后就将巴西和德国艺术家，如安德烈亚斯·古尔斯基和克劳斯·福廷格的作品布置在了坎普-巴伊亚酒店里。然而，让阿亨巴赫没料到的是，他并没有按计划在现场见证德国队在巴西世界杯决赛中的胜利，而是在埃森监狱的电视机前。

2014年6月4日，赫尔格·阿亨巴赫同他的妻子多萝西一大早就降落在了杜塞尔多夫机场。他们从华盛顿的一个为期三天的庆祝活动中赶来，在头等舱里睡了一晚，到达法兰克福机场并在那里转机。阿亨巴赫刚一下抵达杜塞尔多夫的飞机，就有两个人向他走来，对他说了几句话，接着向他出示了一张逮捕令并且逮捕了他。据阿亨巴赫说，他最初觉得这肯定是个误会。

然而，这次的问题就不像这个莱茵兰人生活中之前那些问题那么迅速且轻易地解决了。警方已经花了数周来调查关于贝特霍尔德和巴贝特·阿尔布雷希特的诈骗案。在贝伦贝格艺术咨询公司的清算过程中，银行在电脑上发现了一张含有许多其他艺术品的清单，每件艺术品都标有差额巨大的价格。银行通知了阿尔布雷希特家族，阿尔布雷希特家族经过自己的调查，最终提出了刑事申诉。于是，事件就像雪球一样滚来。阿亨巴赫的电话被监听，证人被询问，最后发出逮捕令。

那张一年前出版的关于《艺术煽动者》的封面照片从此不禁让人联想到警方逮捕犯罪嫌疑人后拍的入狱照。这本自传中的一些句子现在读起来特别虚伪。"我一直有一个目标，让这个体系变得更加透明。"2013 年，在阿亨巴赫开假发票骗获数百万欧元后，他这样写道："从一开始，我最关心的便是如何保护向我咨询的收藏家和公司不受瞬息万变的艺术品市场的负面影响。"他觉得自己有点像一位领航员，引导着他的客户安全地蹚过艺术市场这趟深水。"我们必须保护艺术品不过分受市场影响，从而让我们的社会重新感受到它的力量。"[142]

阿亨巴赫待审拘留，搬进了埃森监狱的一间牢房。2014 年 11 月，在同一层楼身陷囹圄的还有因贪污和逃税被捕的托马斯·米德尔霍夫。雷纳德·戈兹在小说《约翰·霍尔特罗普》中描写了这位贝塔斯曼、卡斯塔特奎勒和阿坎多的前经理的故事。两位德国的大人物，都习惯了不再遵守航班计划。因为像阿亨巴赫一样的人可以坐私人飞机飞到迈阿密；或者像米德尔霍夫一样的人，当卡梅纳立交桥的高峰期交通再次堵塞时，可以坐直升机飞去上班。现在他们一起在监狱合唱团里唱歌。米德尔霍夫作为男中音，据阿亨巴赫说，他自己是男低音。[143]

审　判

在埃森法庭可想而知宽敞高大的 101 审判厅里，托马斯·米德尔霍夫曾经在被告席里被判刑。现在，赫尔格·阿亨巴赫将坐在同一个被告席里迎来接连数日的审讯。这个装潢着浅色实木的审判厅为这场灯光聚焦，如同一部引人入胜的电视剧般的审判提供了舞台。这是一部关于艺术市场黑暗面的系列片，一部关于金钱与名画、友情与欺骗、名家与巨富的史诗。但最重要的是关于首席被告赫尔格·阿亨巴赫的兴衰成败。

每一个审判日都是最新一集，上演着新的转折和疑点。大厅的上席端坐着三名法官、两名女陪审员和一名女书记员。赫尔格·阿亨巴赫和共同被告的前合伙人，前艺术品保险商，与他们总共四名律师坐在被告席上。而他们的对面，只有年轻的检察官瓦莱里娅·桑塔格一个人。

2014 年 12 月 9 日，脸色苍白、态度矜持的赫尔格·阿亨巴赫进入法庭，等待审判序幕的拉开。这位艺术顾问在待审拘留期间瘦了好几公斤。那套之前量身定做的西服现在在他腰间直晃荡。

阿亨巴赫始终否认任何指控：他没有参与任何非法交易。没人知道阿亨巴赫的辩护策略，相反，他宣告将在第二个审判日做出详细解释。他的辩护律师托马斯·埃尔斯纳已经在法庭上起草了一份简短的辩诉。其中已经概述了他的论点：赫尔格·阿亨巴赫没有欺诈行为。因为即便算上他额外提高的差价，这个价格也与艺术品的市场价相符，有些甚至比市场价还低。此外，光靠提成并不能覆盖阿亨巴赫在交易中的开销。据称，这位艺术顾问还给买家阿尔布雷希特提供了一个十分慷慨的退货保证：这位亿万富翁可以在 5 年或 7 年内归还艺术品，并将得到全额退款。阿亨巴赫甚至还向他许诺了归还艺术品时附加 4% 的年利息。

不过，阿尔布雷希特的继承人否认了这一回购保证的存在，甚至连法官都不相信它的存在，这也显示了阿亨巴赫案对于风靡多年的艺术品市场的症结所在。放眼今日，还有哪些其他市场能保证 5 年就有这般利率？甚至人们能否保证艺术品市场能再次繁荣？阿亨巴赫无论如何都会保证，如果这些保证都是真的话，把一些富豪对艺术投资会带来梦幻般的巨额回报的希望推到顶点。艺术不能只是艺术，应当是一种完美的投资模式。而且在阿亨巴赫看来，由于他超额完成了作为艺术顾问的任务，他自我批准了对此相应的高额差价。这个差价同其他投资市场相比，在过于谨慎和管理不规范的艺术品市场中太正常不过了。

在埃森法庭上演的艺术悬疑剧的第二集中，也就是在第二个审判日，这位艺术顾问却承认了他在帮助贝特霍尔德·阿尔布雷希特购买艺术品和老爷车的一些交易中，不仅按约定分别抽取了5%和3%的提成，而且还另外收取了高额的隐藏差价。阿亨巴赫承认，他篡改了画廊的发票复印件，并厚颜无耻地称之为"拼贴画"——仿佛他自己是一位艺术家，在他这里欺诈并不是真正的罪行，而是某种天才的创作。

主审法官约翰内斯·希丁是这次审判的明星。并不是因为他以威严的姿态或类似的方式来表现自己，相反，他非常保守且有礼貌。他只是很有针对性地、公正无私地问了一些正确的问题来调查这起涉嫌艺术诈骗的案件。他还顺便阐释了全球艺术市场的普遍特点和莱茵兰地区的独有特点。他总是无可指责地、不偏不倚地询问证人，有的证人一问就是几个小时。希丁法官就像他那一丝不苟的偏分发型一样无可挑剔。"对安德烈亚斯·古尔斯基的摄影作品的限量版具体是怎样操作的？"他向一位证人提问道。这位证人是全德国最有影响力的画商之一。

在开庭之初，因为这些老套乏味的问题，人们觉得这位法官对艺术品市场并不是特别了解。然而，人们很快就发现，事实正好与之相反。希丁和他的陪审员们深入研究了本案最细微的细节，始终在寻找可以证明被告人无罪或有罪的事实。他们也试图根据艺术市场的逻辑去理解发生了什么。于是——不管是有意还是无意地——揭露了该制度的荒诞性。

例如，古尔斯基照片的版本问题：希丁一次又一次地询问画廊老板，之前也询问了两名被告，古尔斯基的一个无名系列照片6个版本中的第2个版本是在什么情况下出售的。这些照片展示了罗伯特·穆齐尔的《没有个性的人》中的几页，但这些经过编辑和拼贴的照片把穆齐尔的关键句子放在了新的语境中。法官们注意到，客户勃林格不仅被加价出售了6版中的第2版，而且据悉尼某博物馆介绍，该系列照片的同一版号还挂在该博物馆的收藏中。那么，安德烈亚斯·古尔斯基是否已经将他所谓的严格限量版照片卖了两次？

画廊老板澄清说，悉尼的博物馆里挂的是另一个版号，只是他们弄错了。她对主审法官希丁斯提问的回答同时也揭示了为提高一张照片的价格，人为制造其稀缺性的荒唐体系。其实作为一种媒介，照片是可以无限复制的，但是高价对这个体系来说是非常重要的。观众还了解到，在古尔斯基那里，和许多其他摄影师一样，除了严格的限量版外，还有所谓的"展览拷贝版"，即每个版本都可以快速地从一个版本转化为"展览拷贝版"专用。而"展览拷贝"——不同于用于商业用途的版本（其实照片完全一样）——在展览中发挥了作用后就被直接扔掉了。它们没有价值，没有上保险，可以随便运输。画廊老板承认，这很难被人理解。

虽然在2009年至2011年期间，阿尔布雷希特通过阿亨巴赫购买了总额高达1.2亿欧元的艺术品和老爷车，但关于提成的事宜并没有形成书面的委托基本合同，两人之间的友好关系解释了这一情况。事实上，在艺术品市场上，口头协议往往是被默认的规则。所以，这样的丑闻迟早都会发生，每年高得离谱的资金流入到一个毫无规则却能继续运转的市场上。

"在艺术圈里，人们很快就会成为朋友。"受害者贝特霍尔德·阿尔布雷希特的遗孀在长达数小时的审讯中着重强调。审判时间越长，被告人与国际艺术界高层的关系网似乎越紧密。比如，后来发现，声名远扬的阿尔贝蒂娜博物馆馆长克劳斯·阿尔布雷希特·施罗德曾在阿亨巴赫的怂恿下，带领奥乐齐继承人在巴塞尔艺术博览会上参观了几个小时。最终，他建议他们购买了一幅弗朗西斯·皮卡比亚的画。作为一名公共博物馆的负责人，他就这样为私人收藏者和艺术经销商的商业利益提供服务。当被问及时，施罗德解释说，这样的导览绝对是博物馆馆长教育义务的一部分，他没有得到任何回报。[144]

前来旁听这场审判的人了解到：在艺术市场中，人人都与彼此密切相关，除了那些有钱人外，人人都相互欠着债。在审判过程中阿亨巴赫的债务情况也浮出水面。他的合伙人、一名银行家和其他许多人称对赫尔格·阿亨巴赫拥有债权。然而后来，阿亨巴赫的公司如阿亨巴赫艺术资讯、艺国和他在杜塞尔多夫创办的猴子餐厅都宣告破产。处理着十家阿亨巴赫公司的破产管理人马克·达符安告诉地方法院，"有一百多个债权人"与他联系过。他估计索赔金额为4 000万至5 000万欧元。达符安要在同年拍卖阿亨巴赫公司库存数2 300件艺术品。该破产管理人在做关于艺术市场上的交易流程、发票的欠缺、口头协议和来自瑞士声名狼藉的画廊的索赔报告时，表现出了十分震惊的态度。他现在要努力让自己搞清所有情况，站稳脚跟。三位律师同事和一位会计将协助他。

随着每一天审判的进行，观众们都深陷其中。在某些时候他们相信，他们对主角们已经相当了解了，但新的证据、新的错综复杂的联系又令他们感到惊讶连连。每周都有一群记者，其中大部分都抵达现场，迫切地期待着新的相关人员作为证人出庭供述。比如艺术家托尼·克拉格，或者前博物馆馆长托马斯·凯林，后者曾揭发过阿亨巴赫暗中提高差价的事。

判　　决

"超级富豪没有被置身法律之外。有钱人和普通收入者一样，均受刑法保护。"2015年3月16日主审法官约翰内斯·希丁对赫尔格·阿亨巴赫及其前合伙人的判决给出这样的理由。阿亨巴赫因 18 项诈骗罪（其中部分案件同时含贪污行为）和一项诈骗未遂罪被判处 6 年监禁。由于他的前合伙人的律师主张无罪辩护，该合伙人因两项欺诈罪和一项欺诈未遂罪共被判处一年零三个月的缓刑。法庭认为，阿亨巴赫利用他同低调的亿万富豪阿尔布雷希特的良好关系进行诈骗是加重量刑的一个因素。虽然这个艺术顾问的主动供述也有助于减刑，但是他还是因为几次老爷车交易而被定罪，虽然，他在审判过程中一直坚持他的行为无可指责。"阿亨巴赫是在冒险。"希丁法官这样评价这名罪犯。关于诈骗的动机，法官明确地提到了阿亨巴赫在杜塞尔多夫的猴子餐厅所欠下的债务："这是一桩阿亨巴赫并不擅长的生意。"但诈骗款项的去向，审讯后依旧不明。

随后还将在民事诉讼中对阿亨巴赫作出进一步判决。2017 年 6 月，杜塞尔多夫地区法院命令这位已经被定罪的诈骗犯向贝特霍尔德·阿尔布雷希特的继承人支付 1 880 万欧元。虽然地区高等法院在 2018 年 6 月将金额降至 1 620 万欧元，但二审维持原判。费霍夫家族的一位成员也因阿亨巴赫在购买艺术品时有违规行为提出诉讼。他曾与阿亨巴赫一起创立了莱茵黄金收藏馆。他的藏品要在博物馆展出，并最早在 20 年后继续出售。在阿亨巴赫被捕后，莱茵黄金收藏馆很快便支离破碎了。

阿亨巴赫公司仓库中约 2 300 件艺术品的拍卖，为科隆范汉姆拍卖行创下了德国最大规模的当代艺术拍卖纪录，也为阿亨巴赫破产公司的债权人带来了合计约 1 000 万欧元的收益。尽管数额如此巨大，但也只是其债务的冰山一角。2019 年，阿亨巴赫抱怨说，许多艺术品在拍卖中的估价远远低于其本身价值。他大言不惭地声称，本来是可以筹集 2 500 万欧元的。

一个自恋者的新起点

2018 年 6 月，赫尔格·阿亨巴赫被提前假释。在监狱里，他不仅在犯人合唱团里唱歌，还上过绘画课。出狱后，他试图将这一爱好变为专业。阿亨巴赫的画作可以在 Instagram 上找到，主题有天空、海景和山峦。他通常用一种颜色的多种色调来创作。这种风格可被称为后印象派。许多画作都冠有旨意不明的标题"自由之魂"。

在杜塞尔多夫附近的一个旧农场里，阿亨巴赫希望通过非营利项目"文化无国界"为受到政治迫害的艺术家建立一个避难所。他的建筑师朋友大卫·奇珀菲尔德已经拟定了扩建计划。阿亨巴赫自己则搬进了记者兼作家君特·瓦尔拉夫为他提供的科隆的一间阁楼公寓里。在他还清数百万欧元的债务之前，这位昔日的百万富翁只能保留平均每月的活动收入，其余的均被没收。尽管如此，自诩为自恋狂的赫尔格·阿亨巴赫仍然梦想着真正的大买卖。2019 年 9 月，他告诉《斯特恩》杂志，在马略卡岛有一笔涉及将一个酋长的庄园改造成一个雕塑公园的潜在大交易。阿亨巴赫似乎又一次在老本行上嗅到了大买卖的气息。

虽然阿亨巴赫给在 2019 年秋季出版的最新自传命名为《自我毁灭》，并且在书中也进行了自我批评和忏悔，但书中大段篇幅却透露着"并没有那么糟糕"的意味。在许多轶事中，阿亨巴赫把自己勾勒成一个在正确的时间拥有正确直觉的大胆之人。他很乐意对从前经手的格哈德·里希特、伊夫·克莱因或者安迪·沃霍尔的艺术品估算其所谓的增值。他总是情不自禁地说出他的艺术品生意的回报和利润增长——甚至还有一张表，上面记录着卖给奥乐齐的阿尔布雷希特的画作预估增值金额。书中描述的增值金额不是几百万就是几十亿的大数目。他宣称，在他丰富的职业生涯中所经手的艺术品，如今价值四五十亿。这本书读起来就像一次事后的辩护书，也像一次重新在社会上立足的绝望尝试。

极端、狂妄自大、自恋——阿亨巴赫用来形容自己的所有形容词也可以适用于艺术市场。"任何在这个鲨鱼池里游泳的人，无论是经销商、画廊老板还是艺术家，都知道在这里例外的不是犯规，而是规则。"阿亨巴赫在书中写道。艺术品市场中盛行一种文化，"它助长了玩世不恭和腐败，把诚实视为愚蠢"。赫尔格·阿亨巴赫就是几十年如一日地助长这种文化气焰的人之一。似乎他也一直在尝试变回鲨鱼重新去捕猎。

2019 年 12 月，他宣布打算代理出售约 500 幅据称是格哈德·里希特在 1961 年逃往西德之前留在东德的画作。这些所有权尚不明确、存在争议的卷轴已经在艺术品市场上流通了十余年。艺术家本人也一再强调，他甚至不认为那些可能出自他手的作品是他艺术创作的一部分。

第6章　肮脏的金钱和干净的艺术

地窖里的梵高，箱子里的巴斯奎特——艺术市场如何为国际洗钱服务

　　这样的价格怎么看都不对劲，即便这只是估价：一幅带有胡安·米罗签名的典型小尺幅纸板粉彩画只要 3 万欧元；一幅德加作于 1880 年的粉笔素描报价 1 万欧元；一幅莫迪利阿尼的铅笔素描报价 2 万欧元；一幅有些褪色的亨利·马蒂斯的科利尤尔水彩画报价 3 万欧元。显然，所有的定价都过低，正如一幅只售 5 万欧元的毕沙罗以典型明亮色调描绘的两名坐着的农妇的粉彩画一样。然而，这些 2019 年 10 月末在佛罗伦萨潘多菲尼拍卖行成交的 55 幅知名古典现代主义画家的作品都没有问题。即使是一幅康定斯基 1931 年的抽象水彩画，有点俗气的夏加尔的水粉画（其中布景有他喜爱的公鸡、情人和小提琴手），以及希涅克的点彩风景画，就像其他被低估的作品一样，都不是赝品或保存状况不佳的

作品。所有的画作都有典范的专家鉴定，可以在相关的目录中找到，或者在过去几十年中已经在严肃正经的画廊和拍卖行售出过。

这批以"重拾之宝"为题进行拍卖的藏品身后的谜团与寄拍人有关。这55件和另外123件只在网上销售的作品不是由私人收藏家而是由意大利国家法院销售机构提供的，并且有充分的理由。所有178件作品既没有丢失，也不是"重拾之宝"。恰恰相反，大家都认识这些油画、水粉画、水彩画、素描和雕塑。2009年12月，意大利电视台的主要新闻甚至还报道了一些最重要的画作。欧洲其他国家的媒体当时也报道了身穿灰色制服、头戴尖顶帽子的文化遗产保护宪兵队如何小心翼翼地将作品搬进财务管理部门的一个大厅。一些作品，如梵高早期的《带苹果篮子的静物》，可以看出它们只是复制品。而另一些作品则是实实在在呈现在众媒体面前的原作。这些艺术品原本是一位企业家在国家面前用来藏匿其钱财的。这件事后来被泄露了，这就是在2019年秋季税务机关让这些艺术品以如此低的估价进行拍卖的原因。

140 亿的债务

这些东西原本是意大利工业家卡利斯托·坦齐的财产。坦齐主要靠1961年成立的食品公司帕玛拉特成为了亿万富翁。该公司于2003年破产时，留下了140亿欧元的债务和3.2万名受害投资

人和小股东。坦齐最初因操纵股市和腐败被判处 10 年监禁，在
2010 年因破产欺诈和组建犯罪团伙而进行的第二次审判中，他又
被判处 18 年监禁。他的部分私人资产仍然下落不明，直到他的女
婿在两次诉讼之间主导了对坦齐在帕尔马的三套公寓的地下室的
税务调查。

坦齐也曾试图在那里以艺术品的形式藏匿其金钱和财产。当
这些东西被发现时，媒体估计藏品的总价值约为 1 亿美元——可
能主要是因为有梵高、高更、塞尚、马奈、德加、希涅克、莫奈
或莫迪利阿尼的名字。然而，事实上，大多数画作既不是画家的
主要作品，也不是因为尺幅大而能自动提高身价的作品。意大利
税务机关在评估其价格时相应地谨慎行事，即使是对较昂贵的画
作也是如此。克劳德·莫奈一幅带有签名的、他自己标明日期为
1882 年的瓦朗日维尔风景画，节制地叫价 80 万欧元，最终拍出了
153 万欧元。梵高 1885 年的早期作品《带苹果篮子的静物》估价
为 28 万欧元，而他那幅大得惊人的描绘柳树的水彩画估价仅 8 万
欧元。这两幅画最终以远高于估价的价格成交：水果画为 49.5 万
欧元，水彩画为 80.05 万欧元。在线拍卖的部分则很透明，也证
明了被定罪的诈骗犯卡利斯托·坦齐自己偶尔也会被骗。那里提
供的各种作品都标有暗示"作品不是真迹"的字样。例如，所谓
的乔瓦尼·波尔蒂尼和乔瓦尼·法托里的画作，或乔治·德·基

里科和阿尔贝托·贾科梅蒂的伪造青铜器。坦齐肯定为所谓的贾科梅蒂作品《女性人像》花了不少的钱，但拍卖叫价只有 800 欧元——为了意大利国库和帕玛拉特公司受害者的利益。[145]

"艺术品对洗钱有吸引力"

如果洗钱被定义为通过买卖试图将不义之财表面完全合法化，那么卡利斯托·坦齐就不是个例。在所有被揭露的重大非法藏钱行为中——无论它们被称为"巴拿马文件""天堂文件""巴哈马泄密""离岸泄密"，还是"俄罗斯洗衣店"——把黑钱用于艺术品投资扮演着重要的角色。巴西法官、犯罪学家和洗钱专家福斯托·马丁·德桑克蒂斯在其基础著作《通过艺术品洗钱》中指出了近年来艺术品交易在该领域变得越来越重要的原因："对洗钱行为来说，艺术界是一个有吸引力的行业。因为其资金交易量大，艺术界普遍存在陌生感和私密性，以及与之相关的非法活动（盗窃、抢劫和造假）。"[146] 而德桑克蒂斯指出，无论是行业本身还是整个社会，都对这个问题认识不足："继续容忍艺术界的非法活动是普遍存在的。这种行为把市场及其可信度侵蚀到了一定程度，以至于当局无法正确执行法律和社会都要求的保护措施。"

近几年的实例证实了这些观点。例如，2007 年在纽约肯尼迪机场，在海关人员看来，一个作为运输货物办理海关手续的温控箱相对于里面装的东西来说太大太贵了。这件从伦敦寄出的货物的随行文件显示，里面是一件价值仅 100 美元的艺术品，没有提及其标题和艺术家。经过有序的检查，发现箱子里其实装的是画家让·米歇尔·巴斯奎特 1982 年的画作《汉尼拔》，尺寸为 152 厘米×152 厘米，用丙烯酸颜料和纸张拼贴在绷在木棍四角的画布上，其价值至少 800 万美元。

这幅珍贵的画作是巴西银行家 F 一齐购买的大约 1.2 万件作品中的一件。根据检察机关的说法，这是他从桑托斯银行投资者基金中抽取并私吞的钱买的。当他的系统在 2004 年崩溃时，F 欠下了 10 亿美元的债务。在他两年后因银行欺诈、逃税和洗钱在圣保罗被判处 21 年监禁之前，这位银行家设法将价值至少 3 000 万美元的艺术品偷运出了巴西。许多作品——包括巴斯奎特的画作——是由 F 和他的妻子通过一家在巴拿马注册的名为布若登宁信息公司购买的。这家公司后来还试图通过艺术品交易继续销售这些画作。它成功之处在于，通过艺术品把非法获得的钱洗白，并且几乎无法追溯其来源。"你可以做一笔交易。"美国检察院纽约办公室资产没收处处长莎朗·科恩·莱文解释说，"卖方只被列为'私人藏家'，而买方也只是一个'私人藏家'。在任何其他行业，没有人会以此脱身。"[147]

特别是由于艺术品交易的价格可以通过私人条约来确定：一

幅巴斯奎特画作的拥有者要价多少，以及感兴趣的人愿意支付多少，往往完全由传统的供求关系的相互作用来决定。在艺术市场上，这通常指的是一件孤品，也就是一件无法比较的物品。近年来惊人的拍卖纪录就是这样产生的。从谨慎的私人交易中泄露出来的少数惊人的拍卖纪录也表明了价格是没有上限的。据称斯塔克林收藏的保罗·高更的塔希提岛画作《你何时结婚?》售价3亿美元，恩比里科斯收藏的保罗·塞尚的《打牌的人》售价3.2亿美元。另一方面，这些成交价均不能被证明是实际支付了的，而不只是声称的。

毕加索、马蒂斯和达米恩·赫斯特

艺术品经销商马修·G.的父亲在伦敦拥有一家画廊，他在2018年春天被美国司法部指控参与了一个拖了很多年的欺诈诉讼案，这也是关于洗钱的。根据调查，投资公司博福特证券的两名经理通过非法操纵股价骗取了投资者的资金。根据29页的起诉书，这些非法利润随后通过艺术品市场和其他渠道进行洗白。据英国媒体称，G是首相鲍里斯·约翰逊的相识，他在2018年同一位潜在客户见面时露出了马脚。实际上，这位潜在客户是一名安装了窃听器的卧底。他扮演的角色也是一名通过操纵股票市场积累了非法资金的人。根据起诉书，G向这名假扮的客户提出以670

万美元的价格向其出售一幅毕加索 1965 年的画作《人物》。一段时间后，G 将转卖这幅画，之后通过美国银行将 670 万美元转到该男子的账户上。该男子假装很想通过这种方式洗钱——但实际上他是一名卧底。[148] 在调查人员看来，G 这样做是犯了协助和教唆罪。2019 年 5 月，他的画廊破产了。[149] 这位艺术商人逃到了西班牙，在那里他在一家戒毒所接受了治疗。该案目前尚未进行审判。

2009 年 5 月 11 日，前律师马克·德雷尔在纽约承认犯有欺诈和洗钱罪。与臭名昭著的 650 亿美元诈骗犯伯尼·麦道夫类似，他曾在五年内用伪造的期票骗取了对冲基金等专业金融投资者共计 4 亿美元的资金。[150] 他通过收购艺术品等方式来洗白用诈骗赚取的财富。纽约检察官列出其资产清单包括 150 多件作品——其中有亚历克斯·卡茨（《红色郁金香》，1967 年）、罗伊·利希滕斯坦（《用瓶子画的第一幅画》，1975 年）、艾格尼丝·马丁（《爱》，2000 年）、马克·罗斯科（《无题》，1957—1963 年）的画作和安迪·沃霍尔的 9 幅油画。显然，无人询问过他用来支付画廊和拍卖行的钱是哪里来的。

通过巴拿马进行销售

在"巴拿马文件"中可以了解到希腊古兰德里斯家族的故事。这个家族经历了几代海运王朝，其财富投资于大量艺术品收

艺术与犯罪 | 第6章 肮脏的金钱和干净的艺术

藏等。这些艺术品通过离岸公司进行管理，甚至在名义上属于该家族。因此，他们至少部分地摆脱了本国的控制。

巴斯尔和伊莉斯·古兰德里斯夫妇总是非常乐意把他们的画作外借。一些博物馆馆长甚至可以为二人拥有的画作去杀人。这些画作包括塞尚的自画像、莫奈著名的鲁昂大教堂景色之一、康定斯基和克利的抽象画、弗朗西斯·培根的肖像三联画、杰克逊·波洛克的滴色画，还有半打文森特·梵高的主要作品——包括著名的《带咖啡壶的静物》，《摘橄榄的妇女》的一版变体，还有描绘法国南部阿尔勒墓地大道景色的《阿利斯康》。在半个世纪的时间里，夫妇两人积累了大约 200 件作品，总价值估计为 5 亿美元。巴斯尔·古兰德里斯在 1957 年成为了全世界的头条新闻，当时他与他的同胞斯塔夫罗斯·尼亚尔科斯、乔治·恩比里科斯和亚里士多德·欧纳西斯不断竞争，在巴黎为高更的《苹果静物》支付了相当于 29.7 万美元的价钱，创下了当时的世界纪录。之后几乎所有他收藏的作品都有博物馆级别的品质。例如，塞尚在去世前不久的 1906 年为他的园丁画的最后一幅画。如照片所示，许多作品在冬季被悬挂在格施塔德的小木屋中；在夏季，这些画作被移到洛桑的别墅中或仓库中。

谁要是为了一个回顾展或者主题展需要某幅画，他都可以指望得到住在瑞士的这对收藏家夫妇的支持。1999 年夏天，在伊莉斯·古兰德里斯去世前的一年，她甚至决定向公众展示近三个月其主要藏品，在基克拉泽斯群岛安德罗斯岛上他们夫妇自己让人建造的一个小而耀眼的白色艺术博物馆里。她生前很少出售其收藏。莫奈的另一幅大教堂画作在 1990 年通过巴塞尔的贝耶勒画廊转交到了日本野村证券公司的收藏中，同一主题的两个版本即使对亿万富翁来说也显得太奢侈了。

1994 年 4 月，靠猎户座航运贸易公司的油轮赚钱并在希腊民主化之前与家乡的军事政权保持密切联系的巴斯尔·古兰德里斯去世，享年 81 岁。他的妻子伊莉斯比他多活了六年。他们生前就决定应将他们收藏的核心部分某天在雅典的一个博物馆里展出。美国华裔建筑师贝聿铭受委托负责该项目。建筑面积为一万平方米，估计成本约 2 700 万欧元。希腊国家为此提供了一块土地。然而，1996 年秋天，现场的工人挖到了据说是亚里士多德曾给他的学生讲课的古代学校的墙壁，于是施工停止了。另一个选址点由于当地居民的抗议而失败。然后，在 2009 年，三十年前为维护藏品而成立的古兰德里斯基金会宣布购买位于潘格拉蒂近郊埃拉扎斯特尼欧斯区的一座新古典主义建筑，面积达 7 000 平方米。古兰德里斯博物馆将于 2012 年在那里建成。随后是希腊国家破产的威胁、严厉的紧缩措施和增税。直到 2019 年 10 月，古兰德里斯博物馆才真正开放。然而，展出的只有部分原始藏品，在此期间，一些画作已被出售。

不透明的交易

收藏家夫妇的侄女阿斯帕西娅·扎伊米斯因为看到特别是她姑姑的最后遗嘱被忽视，担心画作可能被暗中出售，于是在瑞士提起诉讼。据说，没有孩子的伊莉斯·古兰德里斯曾留下遗嘱，她的个人财产中凡是不属于古董的、不适合放在博物馆的，都应该归她的侄女和侄子所有。有权获得六分之一遗产的扎伊米斯对彭博社抱怨道，事实上许多作品已经消失了。一份日期为 1995 年的合同被引用，根据合同巴斯尔·古兰德里斯将 83 件作品卖给了一家名为威尔顿 SA 贸易的巴拿马公司——总价仅为 3 170 万美元，远远低于市场价。

威尔顿 SA 贸易公司成立于 1981 年，但直到 1995 年才有董事被任命。该公司曾正式属于古兰德里斯的嫂子玛丽亚（2005 年去世），她的儿子彼得·约翰·古兰德里斯向瑞士法院证实了这一点。他的叔叔需要钱来偿还债务。这就是为什么他同意了这个价格。此外，玛丽亚·"多达"·沃里迪斯还同意将售出的作品继续悬挂在巴斯尔和伊莉斯·古兰德里斯在格施塔德的小屋里。1992 年中期，据称部分资产被转移到在列支敦士登瓦杜兹注册的斯里纳基金会。从原告扎伊米斯的角度来看，这种说法与各种事实相矛盾。根据洛桑检察院的专家意见，这份 1985 年的合同是写在 1988 年之前未面世的纸上的。患有帕金森病的巴斯尔·古兰德里斯在 1988 年也不再有能力在合同上签字。彭博社报道说，1993 年借给纽约现代艺术博物馆的米罗画作《景观（拉索特雷尔）》的保险记录将巴斯尔·古兰德里斯列为所有者，而不是据说八年前买下它的威尔顿 SA 贸易公司。而且在 1999 年的安德罗斯岛展览中展出的培根、巴尔蒂斯、博纳尔、布拉克、塞尚、恩斯特、高更、贾科梅蒂、梵高、康定斯基、克利、莱热、米罗、莫奈、毕加索、波洛克、罗丹、图卢兹·劳特累克的作品以及德加的雕塑《14 岁的舞者》的副本，也没有任何迹象表明其不是这对夫妇的财产。

扎伊米斯的共同继承人——她的姐姐和其他四个侄女和侄子通过一名联合律师明确反对她的起诉。伊莉斯·古兰德里斯的遗嘱执行人凯里阿科斯·库索马利斯也反对扎伊米斯，说程序一切正常。他因涉嫌伪造所有权和传递伪造文件而被瑞士当局调查。共同继承人之一彼得·约翰·古兰德里斯也通过他的律师放出消息："这里有一块用来建造博物馆的地皮，并已经做了完善的方案和准备工作。这些画作是巴斯尔·古兰德里斯大约在他去世前十年和威尔顿 SA 贸易公司之间的私人交易的一部分。"

然而，事实上，即使在巴斯尔和伊莉斯·古兰德里斯去世后，仍有作品被出售。这些作品虽然不是古董，但却极具博物馆水准，任何博物馆馆长都会立即为它们清出一面墙。例如，文森特·凡高在1890年去世前不久画的双人肖像画《两个孩子》，在2002年1月由纽约艺术品经销商亚历山大·阿普西斯介绍给华盛顿的投资公司永利公司的老板约瑟夫·阿尔布利顿。他的财富一部分归功于与智利独裁者奥古斯托·皮诺切特政权的生意来往。谣传这幅画他花了1700万美元。阿普西斯还把古兰德里斯收藏的梵高晚期花卉静物《花瓶与百日菊》周转到了一个私人收藏中。在巴拿马文件中还发现了其他画作，因为它们显然也是通过在海外专门设立的公司出售的。梵高1888年的《篮子和橘子的静物》在2005年左右通过亚历山大·阿普西斯和棕榈沙漠的希瑟·詹姆斯画廊进入了一位直销大亨和他妻子的收藏中。卖方是一家名为雅各布投资的公司。同样，在2005年春天，还有几幅古兰德里斯收藏的画作通过苏富比拍卖行进行了销售。寄拍方也是不同的公司：皮埃尔·博纳尔的裸体画《在浴室里》的寄拍人是特里柯诺控股公司，马克·夏加尔的《喜剧演员》的寄拍人是赫尔迪亚控股公司，同一艺术家的《蓝色小提琴家》的寄拍人是塔拉纳控股公司。根据国际调查记者联盟（ICIJ）的研究，所有公司都是在交易前不久才成立，并在交易后不久又关闭了。这四家公司的共同所有者是玛丽亚·"多达"·沃里迪斯。[151]

像刘先生一样选购艺术品

2016 年夏天，洛杉矶检察官艾琳·M.德克列出的令人印象深刻的艺术作品清单也成为了新闻头条。更令人印象深刻的是一个客户在佳士得拍卖行为它们支付的价格，在短短六个月内。然而，这位买家并没有能够享有这些可能从一开始就只是作为投资而购买的藏品多久。同年 7 月，瑞士警方在日内瓦科因特林机场的保税仓库中没收了其中一部分藏品。在马来西亚，购买这些艺术品的行为后来导致了一场严重国家危机。在瑞士，金融市场管理局调查了几家银行，其中一家——位于提契诺州的银行 BSI 于 2017 年 5 月被瑞士金融市场管理局解散。[152]

最初人们只知道这位买家来自亚洲。在 2013 年 5 月名为 "11 小时" 的慈善拍卖会上，他以比较温和的方式用相对便宜的价格为莱昂纳多·迪卡普里奥的环境基金会 LDF 买下了一些作品。为马克·雷登的《蜂后》，这位不知名的买家支付了 71.7 万美元，对于埃德·鲁沙的文字画《幸福桶》他支付了 36.75 万美元。他还拍下了亚历山大·考尔德的两件雕塑作品：540 万美元的《站立动态》和 300 万美元的作品《井字棋》。两天后，他用几天前才以塔诺尔金融公司的名义开设的尾号为 7644 的借记账户付款，在佳士得开始大肆购买。在纽约的当代艺术拍卖会上，该拍卖会最终以迄今为止单场拍卖会的最高销售总额，即 4.95 亿美元载入艺术市场史册。仅亚历山大·考尔德的两个动态雕塑就分别以 530 万美元和 300 万美元的价格售出，让·米歇尔·巴斯奎特的画作《尘头》以 4 880 万美元的价格创下当时的纪录。六周后的 6 月 28 日，他直接以共计 7 950 万美元的价格买下了卢西奥·丰塔纳的《空间概念，期望值》和马克·罗斯科的色域画《无题（黄与蓝）》。

钱不是来自家庭资产

事情进行得很顺利，在 2013 年 11 月第一周的纽约印象派拍卖会上购买了数百万美元的作品后，这位顶级客户及时在洛克菲勒中心预订了一个 12 人的私密空中包厢。佳士得的一名员工为此给同事发电子邮件写道："它的内部应该比在（拉斯维加斯赌场）凯撒宫的布置更好看。对顾客来说，包厢至少和艺术品一样重要。"在拍卖大厅之上的私人包厢里，这位伟大的无名氏以 550 万美元的价格买下了梵高在法国南部阿尔勒画的《黄房子》的钢笔素描。然后，他在圣诞节前一周以 3 500 万美元的价格从纳赫迈德艺术交易家族的子公司 SNS 美术买下了莫奈的威尼斯景观画《晨曦中的圣乔治》，以此结束了他在纽约的购物之旅。这幅阳光下的画作之前曾悬挂在芝加哥艺术学院。直到六个月后的 2014 年 6

月，莫奈的睡莲画作《高草映衬下的睡莲》才在伦敦的苏富比拍卖会上以 3 380 万英镑的价格被买走。这个被猜测为亚洲人买家很快就把总价超过 2.5 亿美元中的大部分作品运到了日内瓦的一个仓库。2016 年 7 月，这两幅莫奈画作和梵高的素描在那里被没收。[153]

在对此事进行调查后，检方很快就发现，马来西亚投资者和据称是亿万富翁的刘特佐就是塔诺尔金融公司的幕后老板。近年来，他也因在比弗利山庄和纽约大量购买惊人的艺术品和房地产而名声大噪。正如美国的调查所显示的那样，这笔钱不是来自他的私人资产，而是来自一个名为马来西亚发展有限公司（1MDB）的数十亿美元主权财富基金。实际上，该公司是由马来西亚政府以确保发展项目而用国家资金建立的。然而，实际情况却是与马来西亚总理纳吉布·拉扎克关系密切的一些人在几年内通过虚假购股从该主权财富基金挪用了超过 10 亿美元。调查显示，在第一笔 1MDB 交易后不久，至少有 5 亿美元被转到了刘某控制的一个账户。资金从那里又被转入到其他账户，其中部分账户属于刘某的亲戚。[154] 政府首脑本人也受到指控，除此以外，据称他的妻子收到了一条价值接近 3 000 万美元的镶有 22 克拉钻石的项链。纳吉布后来声称，他账户中的大笔资金是沙特阿拉伯王室赠送的礼物。事实上，转账可以追溯到塔诺尔金融公司。刘特佐通过该公司分散盗来的国家资金。纳吉布于 2018 年 5 月被投下台，两个月后因涉嫌挪用公款和洗钱被拘留。调查人员在属于纳吉布的一个银行账户中又发现了 7 亿美元，纳吉布现在身负多起诉讼。2019 年 12 月，他在吉隆坡的法庭上声称自己无罪。

根据调查，刘特佐后来用国家资金购买的艺术品除了用来洗钱之外别无其他用途。刘的任务可能是尽可能大手笔地花掉盗来的国家资金。过去几年在瑞士、美国、巴西和德国的研究一致表明，除了房地产和昂贵的游艇之外，艺术品也特别适用于这一目的。早在 2012 年，非营利研究机构巴塞尔治理研究所就警告说，艺术领域存在大量非法和可疑的交易。[155] 瑞士律师、卢塞恩大学合规与金融市场法教授莫妮卡·罗斯在两年后做了更具体的记录："人们发现毒品交易、军火买卖、洗钱和艺术品犯罪密切相关。"[156] 这位独立学者还第一次为这种肮脏生意与所谓真、善、美的艺术品贸易之间令人惊讶的紧密联系给出了原因："古董和艺术品适合洗钱的关键在于，在交易中特别是使用大量现金并不是罕见之事，而且时常会出现非理性的数额。"[157]

市 场 的 秘 密

事实上，没有人需要证明为什么有人今天会为梵高的一幅素描或莫奈的一幅画支付于五年前 30 倍的价格。市场已经发生了变化。价格被一个——当然是匿名的——竞标对手推高了。没人能够证明竞争是否真的存在。而且在拍卖行里，几十年来所谓的"水晶吊灯竞价"也是被接受且成为了惯例：为了确保最后的落槌价尽可能高，在模糊地看了一眼大厅里的吊灯之后，拍卖师就声称最后一排有人刚刚举手报出了新的价格。

在一个拍卖会中，卖家和买家——通过傀儡可以是同一个人。有时候，拍卖师只需瞥一眼"讲台"上的拍卖目录，然后宣称在拍卖前有人以书面形式列出了竞价就足够人为地抬高价格了。这样的说法至今也无法被证实。如果销售不是通过拍卖而是在私人交易的框架内进行（"私下销售"），出现了所谓的感兴趣的竞拍者就更无法证实了。许多拍卖行早已为这种私下交易设立了自己的部门。而那些不出售作品的人，用不义之财买来艺术品作为贷款的抵押品，事后也不赎回。这个过程中也可能会出现经济损失。但是，即使只能得到绘画或雕塑的一半价值，手里的钱毕竟也是洗干净了的。

莫妮卡·罗斯对于所谓的基于传统惯例，比如特定行业的"商业秘密"（在国际货物贸易的其他任何分支都不会以这种形式存在），频繁的现金支付方式作为能满足个体需要，如作为有组织的犯罪的优选方案等情况作出了总结：

　　"艺术品市场因受谨慎和不透明的文化影响而很难
被监管。对艺术品的识别与鉴定也很困难。由于受到主
观因素的影响，这些物品的价值也很难确定。

　　其中涉及了巨大的金额。洗钱行为也会影响到物品
的价值，由此出现了操控市场的现象。税务欺诈在这个
行业也是惯例；交易也是秘密进行；商业伙伴可以保持
匿名或者虚拟化；拍卖会很容易被操控。"[158]

　　这位女科学家也明白，这个分析不能也不应该把艺术品交易
推向有组织的犯罪。但是她清楚："然而，艺术品交易会被这样的
组织所利用。比如，谁愿意同那些从不会以合法方式赚钱的腐败
权贵进行艺术品交易，那么他就必须接受相应的指责，因为他没
有认真准备自己的工作，也'没有体面地'将工作完成。因为艺
术市场向来'没有监督者，没有规则，与大多数金融市场不同，
艺术市场仍然缺乏透明度（……）'。所以每个人都制定自己的
规则，即适合自己的规则。最好是没有规则。"[159]

　　对于美国的艺术市场，《纽约时报》这样总结其几百年来自
由放任的原则："卷起一块画布，就可以很容易地把它藏起来或流
通于各国之间。价格可能在心跳的一瞬间上涨或下跌数百万。并
且买家和卖家的名字都被小心翼翼地保护起来，而执法部门则必

须猜测谁参与其中，钱从哪里来，以及价格是否可疑。在美国，几乎所有的大型运作项目都有洗钱的章程，旨在将非法利润伪装成合法所得。黑钱通常会通过购买比如顶层公寓来洗白，或者与合法经营的企业比如餐馆的收入混合在一起。赌博获利或者毒品交易所得就会以房地产或者公司利润的形式出现。它们看上去清清白白，干干净净。"[160]

在这些领域中，大部分都有风控措施：房地产交易和契约至少要求有一个名字；抵押贷款经纪人、股票经纪人、赌场、银行和西联汇款必须向该州的金融犯罪网络报告可疑的金融活动；银行必须报告所有一万美元以上的交易。

发言人史蒂夫·胡达克说，这个网络每年总共记录了1 500多万次可以用来追踪黑钱的货币交易。艺术品市场缺乏这些保障措施。[161]

缺 乏 意 识

对自己行业的风险缺乏意识的一个原因可以从凯-D.布斯曼教授的调查中得到启发。这位律师是位于维滕贝格/哈勒的马丁路德大学跨学科经济与犯罪研究中心的负责人，他也对非金融部门的洗钱问题进行了广泛的研究。他还在最近的一份研究报告中指出："在高价值奢侈品和消费品的货物交易板块也存在非常高的洗钱风险。一个有趣的分支是艺术品和古董贸易，2015 年的销售额超过 20 亿欧元。这个市场虽然比房地产市场小得多，但对洗钱活动却有极大的吸引力。高价的艺术品具有容易兑换货币的特质，现金支付很普遍，显然也很受欢迎。"[162]

该大学的经济与犯罪研究中心用以下内容证明了这一评估的合理性，它指出："当使用非法资金的投资尽可能多地满足以下标准时，洗钱的风险最高：

- 具有易兑换和稳定属性的货币。
- 在兑换大量数额及价值（买入和卖出）时不显眼。
- 需用高额资金购得商品（例如房地产或艺术品）。
- 有可能出现高升值率。
- 高额现金交易是可能的（例如，由房地产开发商、建筑师以及酒店和餐饮业管理的建筑项目，以及专门成立的进出口公司）。"

据独立研究人员称，满足这些标准的细分市场主要包括法律咨询或资产管理专业的信托和托管账户业务，以及酒店餐饮业和房地产贸易，还有昂贵的艺术品和古董贸易。

此外，根据维滕贝格/哈勒的统计调查，人们对艺术品交易中存在的问题的认识非常浅显。据此，该大学调查的艺术品或古董经销商以及拍卖行和画廊中的 27%表示，他们经常或偶尔接受超过 1.5 万欧元的现金支付方式。其中只有不到三分之二的人（64%）确定了他们的合同伙伴或各自经济上的合法受益人。因此，其他交易或多或少都是握手成交，而且经销商或拍卖商并不知道他或她刚刚从谁那里接受了大量的现金。[163]

根据调查，大约三分之二（65%）来自拍卖行和画廊的艺术品或古董经销商也想当然地认为他们行业的洗钱风险很低或不存在。[164] 然而，根据科学研究的结果，这种自我评估与现实完全不符。"在货物经销商群体中，由于他们的意识普遍很低，洗钱的数量可能比我们在这项研究中能够估计的要高得多。而且很少有人会检查，所以发现不够尽责履行调查的概率很低。然而，在货物经销商群体中，我们认为迄今为止风险最高的是从事精致艺术品和高价值古董领域的经销商。这个群体对这个问题的意识是完全不够的。这也同样适用于船舶和游艇经销商群体。然而，高价值的艺术品和古董特别适合持续进行洗钱活动，同时作为高额现金交易的中心。因为它们符合所有易受洗钱影响的货物的标准。它们不仅特别适合形成文化或社会资本，而且与消费品和奢侈品不同，它们可以被无限等价于货币，具有高度的全球流动性、价值稳定性和隐蔽性，这就是存在于它们中的洗钱风险。"[165]

暴利者：有组织的犯罪

长期以来，全世界的犯罪分子都从对不公正行为明显不足的认识中，以及从缺乏或不使用控制机制的情况中获利。2016 年秋天，意大利警方在那不勒斯湾卡莫拉大本营斯塔比亚高尔夫城堡搜查一名毒贩的家时，还发现了两幅文森特·梵高的早期作品。这些作品是合约窃贼于 2002 年从阿姆斯特丹的梵高博物馆盗走的。在此期间，这些画作已数次易手，用于洗钱和作为毒品交易的支付手段。

美国联邦调查局怀疑美国黑帮是 1990 年在波士顿伊莎贝拉·斯图尔特·加德纳博物馆发生的惊人抢劫案的幕后黑手，其中维米尔、伦勃朗、马奈和德加等人的画作被盗。2004 年，爱德华·蒙克的世界名画《呐喊》在奥斯陆被盗，其背后也有毒品交易和漂白黑钱的企图。

用画作来掩盖肮脏的交易在全世界都适用。当日本经济在 20 世纪 80 年代中期蓬勃发展时，这也对那里的艺术市场产生了影响。仅在东京昂贵的银座地区就有 300 家新画廊开业。1985 年至 1990 年期间，西方艺术品的进口增长了 20 倍。4 000 万美元购买梵高的《向日葵》，8 250 万美元购买他的《加歇医生的肖像》，7 810 万美元购买雷诺阿的《加勒特的小木屋》。在艺术泡沫破灭前的五年里，日本公司、银行和收藏家总共购买了约 36 亿美元的艺术品。[166]

一份 1992 年的联邦调查局报告指出，多家画廊与日本犯罪组织山口组有密切联系。当时的艺术市场专家怀疑，日本艺术市场中高达 90% 的资金来源可疑。例如，据报道，被日本媒体称为"黑钱之王"的企业家 Yasumichi M. 在纽约花了约 10 亿美元购买了数百幅印象派和后印象派画作——包括 20 多幅雷诺阿的画和梵高、莫奈、德加、维亚尔、高更的作品，以及两幅早期毕加索的《母性》和《在狡兔酒吧》。除此之外，他还获得了佳士得拍卖行 6.5% 的股份。[167] 1990 年后，许多日本买家不得不再次放弃他们的作品，绘画和雕塑谨慎地回到了画廊和拍卖行——价格大大降低。

在中国，仅在 2009 年至 2011 年间，艺术品的价格就上涨了 300% 以上。在像香港巴塞尔艺术展这样的博览会上，有数量惊人的年轻中国收藏家对西方艺术感兴趣。[168]

与好莱坞的联系

在马来西亚主权财富基金一案中，刘特佐利用私吞的政府资金成为了美国东西两岸的大人物。他与像帕里斯·希尔顿和莱昂纳多·迪卡普里奥等名媛和明星在一起，后来他将这些人卷入他的艺术品交易中，并在纽约和洛杉矶购置了估计价值超过 6 000 万美元的房地产。他本人住在曼哈顿第 56 街每月花费 10 万美元的帝国公园公寓里。他在这栋豪华公寓楼里的邻居包括詹姆斯·邦德的扮演者丹尼尔·克雷格和说唱歌手肖恩·库姆斯等人。据说，女演员兼歌手林赛·罗汉在纽约的一家酒吧为庆祝刘特佐 23 岁生日请了他 23 瓶香槟。[169]

根据《华尔街日报》的研究，刘某的公司金威资本既参与了 2011 年投资者以 22 亿美元收购音乐公司百代音乐出版公司的交易，也参与了两年后以同样价格收购加拿大公司沿海能源的交易。在创下了巴斯奎特的拍卖纪录之后，纽约艺术杂志《艺术新闻》在 2013 年夏天将他列入了其著名的年度 "200 位顶级艺术收藏家" 名单中。

然而，这种社会和文化威望并没有持续很久。当对马来西亚主权财富基金的调查也开展到美国时，刘特佐在同一年很快从知名的买家变成了谨慎的卖家。据报道，2015 年 2 月起，他拥有的所有作品中价值 2.05 亿美元的作品已经易手——包括巴勃罗·毕加索和克劳德·莫奈的几幅画作，刘特佐接受的价格都比苏富比的估价低。2016 年 2 月，他在佳士得拍卖会上以 1 670 万美元远低于保守估价的价格出售了克劳德·莫奈 1908 年的威尼斯风景画《从圣乔治马焦雷看总督府》。对于估价 4 000 万美元的毕加索的《女人头》，刘特佐却只满足于 2 750 万美元的成交价。据一致消息来源报道，他曾经创下纪录的巴斯奎特描绘了两名瘾君子的《尘头》，在 2016 年 4 月也被康涅狄格州的对冲基金经理丹尼尔·S.接手，价格仅为 3 500 万美元——比刘当时支付的费用少了 1 380 万美元。[170] 然而，自愿的亏本买卖在洗钱交易中是很常见的，重要的是剩余的钱从此变得干净清白。

马龙·白兰度的奥斯卡奖杯

然而，卖掉所谓的属于刘特佐的作品远不是故事的结局。这桩丑闻掀起了波澜，并且把 21 世纪最著名的好莱坞明星之一拖入了头条新闻。刘某不仅将他能使用的钱投资于艺术品、房地产、唱片公司和能源公司，他还曾投资了一个由马丁·斯科塞斯执导和莱昂纳多·迪卡普里奥参演的电影项目。

事实上，投资者用借来的资金投资好莱坞电影制作，然后在票房收入良好的情况下获得可观的投资回报，这种情况经常发生。因此，当 2013 年制作公司红岩电影以适当的方式向三部电影《阿呆与阿瓜》《老爸当家》和《华尔街之狼》倾注数百万美元时，没人感到惊讶。这家美国公司是由马来西亚总理纳吉布·拉扎克的继子里扎·阿齐兹共同创办的。据称，刘某先前就通过共同参与环保组织的活动认识了迪卡普里奥。现在，正如他告诉《南华早报》的那样，据说他建议这位演员在斯科塞斯的华尔街主题电影中担任主角。他还送给后者一份艺术品作为礼物：价值 320 万美元的 1939 年毕加索的画作《牛头骨的静物》。刘某将画送给他的朋友迪卡普里奥，附上一张纸条："亲爱的莱昂纳多·迪卡普里奥，补祝你生日快乐！这份礼物是给你的。"[171] 演员的一位发言人后来证实，他接受了这份礼物，以便为他的莱昂纳多·迪卡普里奥基金会（LDF）进行拍卖。在 LDF 的几次拍卖会上，刘特佐又买回了艺术品。例如，2015 年在圣特罗佩，罗伊·利希滕斯坦 1982 年的雕塑《笔触》以 60 万美元的价格成交；在此之前，在上文提到的佳士得为迪卡普里奥基金会举办的慈善拍卖会上，埃德·鲁沙和马克·雷登的画作以 110 万美元的总价成交。

　　迪卡普里奥随后在 2017 年春天将毕加索画作的所有权转让给了美国政府。他还同巴斯奎特 1982 年的拼贴画《红色男人 1》分道扬镳，这幅画也是他从刘某那里得到的。此外，迪卡普里奥还归还了马龙·白兰度在 1955 年因《码头风云》获得的奥斯卡最佳男主角奖杯。红岩电影公司的合伙人里扎·阿齐兹和乔伊·麦克法兰曾在 2012 年 11 月迪卡普里奥 38 岁生日时将该奖杯送给他，当时他还没有属于自己的奥斯卡奖杯。[172] 纪念品经销商拉尔夫·德鲁卡在 2012 年秋天以 60 万美元的价格出售了这尊小金人雕像。[173] 在白兰度生前，它就已经从他的手中消失了。

　　作为 2019 年 10 月底与美国司法部达成的和解的一部分，刘特佐向国家抵押了价值 7 亿美元的资产。在这些资产中，有巴斯奎特的艺术品、梵高的《阿尔勒的黄房子》的素描和戴安·阿勃斯拍摄的《在中央公园拿手榴弹的男孩》，以及他曾经送给莱昂纳多·迪卡普里奥的毕加索画作。这位马来西亚人还移交了克劳德·莫奈的画作《晨曦中的圣乔治》，这幅画以前是由纳赫迈德拥有的。刘某被告知，这并不等同承认了犯罪。

德国占百分之一

德国的艺术市场明显比美国的小很多。根据瑞士大型银行 UBS 每年初夏为配合巴塞尔艺术博览会而发布的《2019 年艺术市场报告》显示，2018 年国际艺术市场上的成交额为 674 亿美元，而且已经连续几年保持上升趋势。这项总额的五分之四以上由三个国家占领：美国占 44%，计划脱欧前的英国占 21%，中国占 19%。德国可以说只有不到 1%，即使在欧洲内部也只有区区 4%。然而，在美国和中国之后，德国是拥有 5 000 万美元以上资产人数最多的国家。

通过掠夺数以千计——大部分是犹太人艺术品收藏家的珍宝，驱逐和谋杀他们或将他们赶到流放地，纳粹分子也长期摧毁了德国的大部分艺术市场。然而，战后德国如此低的营业额很大部分也归咎于免税区。这些虽然不合法但是有利可图的免税区在 1945

年战后不久就开放了。那些想对国家隐藏资产的人不愿在汉堡、科隆或慕尼黑，而更愿意从官方总部在苏黎世或卢森堡、摩纳哥或列支敦士登的画廊、拍卖行或私人经销商那里谨慎地购买艺术品。那里的艺术贸易蓬勃发展，而在德国，它从未真正恢复，部分原因是与柏林隔绝了44年。只有在战后，具有国际地位的高质量艺术品才真正进入过这里的市场，它们反而被出口销售。正如德国艺术家——从恩斯特·路德维希·克尔希纳到马丁·基彭贝格尔，现在是纽约和伦敦拍卖会上最受欢迎的名字之一。德国收藏家也常常去那里寄拍。在世界市场上，根据艺术贸易显示，德国在2018年是第四大买家来源国家，仅次于美国、英国和法国。

但本国的经销商和拍卖行却很难从中受益。然而，他们可能对长期活跃在全球范围内的收藏家的品味变化以及对不断发展的年轻客户的兴趣反应太慢，或者根本没有反应。

相反，德国的艺术贸易，没有列举历史原因，多年来宁愿抱怨所谓的竞争劣势。诸如《文化财产保护法》、遗产转售权等法律规定，自2006年以来，艺术家或其继承人在通过交易出售其作品时必须支付高达百分之四的收益，或者高额的增值税。这些规定据称都会阻止艺术爱好者在德国购买或出售绘画和素描、雕塑和印刷品。因此，那些想出售卡斯帕·大卫·弗里德里希、恩斯特·路德维希·克尔希纳或格哈德·里希特作品的人宁愿求转向国外的公司。

联邦政府的许多法规只是履行了将欧洲的规定标准转化为国家法律的义务，这一事实常常被忽视。例如，在保护文化财产方面，德国收藏家和经销商的义务比许多其他欧盟国家要宽松得多，而且，官僚主义的负担比德国艺术行业协会在《文化财产保护法》生效前规定得要轻得多。在它生效之前，柏林高营业额拍卖行格里斯巴赫的联合创始人贝恩德·舒尔茨声称，《文化财产保护法》是"艺术品交易的断头台"。[174] 阿克塞尔·施普林格出版社董事会主席马蒂亚斯·德普夫纳——一位艺术品收藏家——将该法案描述为"在各个方面都是民主德国作风"。[175] 然而，与人们的说法相反，德国拍卖行的业绩在法律出台后并没有急剧下降。与英国和美国相比，它们基本上稳定在一个较低的水平。

对更多控制的抵制

2015 年 11 月在巴黎和 2016 年 3 月在布鲁塞尔发生的袭击事件，以及与之相关的恐怖组织是如何筹集资金的这一问题，引发了 2018 年欧盟决定的一项新的关于洗钱的方针政策。巴拿马文件的丑闻也促进了这一发展。因此，在整个欧洲，成员国政府有义务在国家法律中执行这一新准则。

因此，当 2019 年夏末柏林联邦财政部提出《关于执行欧盟第四项洗钱政策的修正指令法律草案》时，艺术品贸易行业提出了与反对《文化财产保护法》相似的论点。新方针政策扩大了《洗钱法》现有行业的应用范围，这些新增行业也必须建立风险管理系统，履行尽职调查和鉴别义务，并在有必要的情况下向执法部门提交可疑活动的报告。在非金融领域，该修正案除了影响到已经被波及的艺术品经销商之外，还影响到"艺术品经纪人和交易额在1万欧元以上的艺术品仓储商（后者只在自由港）"。

今后规定的安全防范措施将不再仅限于现金交易，也适用于用信用卡、通过PayPal等支付系统或通过银行账户进行的交易。在这里，由于支付方式的日益数字化，资金流动也不再像几年前那样容易追踪。立法者认为："特别是许多加密货币的假名或匿名性使其能够为犯罪和恐怖主义目的所滥用。因此，G20国集团主张为打击洗钱和恐怖主义融资目的，对……'虚拟资产'进行监管。"[176]

在美国，欧洲的发展也引起了关于"艺术品和洗钱"话题新一轮的辩论。[177]2018年10月在纽约的一次会议上，律师和洗钱专家就《银行保密法》交换了意见，这也意味着美国的艺术品交易有了更严格的规定。结论是："最终需要对艺术市场进行进一步的监管性限制。"[178]还有一个几乎令人难以置信的数字：同样是因为其他经济部门的限制，到2026年，收藏家和投资者将在全球范围内把 2.7 万亿美元投资到艺术品中。[179]

在德国，来自业界的抗议没过多久就出现了。在艺术杂志《垄断》中，慕尼黑律师格尔德·塞里格权衡并总结了新法可能产生的结构性影响："事实是，今后艺术品经销商、画廊商和拍卖商不仅对他们客户进行身份识别，他们还必须进行内部风险分析，将其记录在案，无论销售价格如何，都要报告可疑的案例。在实践中，这将导致大量额外的组织和财力消耗。因此，人们担心的不仅是收藏家的购买行为会发生变化，而且随着小画廊主和拍卖行的放弃，交易结构也会发生变化。"[180]

塞里格指出，即使在拍卖会上，到目前为止，一家离岸公司、一个匿名的竞标人号码和充足的银行资金证明往往就足够了，"很快所有的参与者都会在一开始就被记录下来，因为不可能事先预见到谁会在后来以超过 1 万欧元的价格竞拍哪件艺术品"[181]。该律师削弱了对预期巨大官僚主义消耗的担忧："这些担忧在何种程度上是合理的，还有待观察。在《文化财产保护法》出台时，人们担心会有多达 10 万份的出口许可证申请，而在该法出台后的一年里，只有不到 1 000 份。大多数艺术收藏家几乎不会因为透露身份而感到为难，特别是由于艺术品经销商只允许为防止洗钱而使用个人数据。身份鉴定也很难对艺术品经销商产生负面影响，因为他们可以总是说他们只是在履行法律规定。"[182]

　　同时在因市场参与者通过广告筹集资金，从而对艺术市场友好的公众报刊《艺术报》中，法学家彼得·劳厄用马刀而不是花剑对该法案进行了反击："德国立法者显然认为艺术品交易是洗钱专家的集合体，必须用立法措施对其进行猛烈的打击。"这位过去经常代表艺术收藏家、博物馆和艺术贸易成员的律师写道"该草案歧视了整个行业"，并在拒绝该草案时得出了论战性的结论："遗产转售权、艺术家的社会保障金、增加艺术品经销商的增值税、《文化财产保护法》，以及现在更严格的洗钱规定，德国立法机构难道不能最终注意到艺术品交易不是恐怖主义融资和洗钱的来源，免去这种彻头彻尾的刁难措施，而或许应该将关注点转移到柏林的阿拉伯人身上吗？但他们不买艺术品，他们买的是房地产、珠宝、汽车，因此被免除了他们所亏欠的义务。"[183]

　　这位律师就这样戏弄了议会的目标群体，并因此不仅掩饰了他的同事塞里格完全公开表示的内容："很难令人感到欣慰的是，欧盟第五项洗钱方针中明确规定了一万欧元的艺术品交易限额，德国立法者对此别无选择，只能接受。"[184] 事实上，德国新的洗钱法规明确包括房地产行业。客户至上主义就这样暴露了自己。劳厄的论证在许多方面与德国艺术贸易协会的论证相似，他们抱怨他们的成员现在受到了普遍的怀疑。在 2019 年 5 月德国画廊和艺术品经销商联邦协会（BVDG）的一次会议上，伊尔姆加德·埃尔哈肖米对此提出了反驳。她是汉堡参议院经济、交通和创新部防止洗钱小组的负责人，因此也将是监督新法规遵守情况的负责人之一。她说："这还不算太糟。这真的可以做到。我们认为，艺术品经销商是（洗钱行为的）受害者，而不是犯罪者。"艺术品交易并没有受到公开谴责，她引用了《商报》的话："（但是）经销商必须知道他卖给了谁。"[185]

社 会 性 损 害

艺术品交易行业还指点人们参阅了最新的研究。该研究表明，自 2001 年 9 月 11 日以来反复声称的恐怖主义融资与德国艺术市场的关系微乎其微。彼得·劳厄在试图反驳已通过的新法规的必要性时也提到了这一点："今年 7 月发表的 ILLICID（一个由德国联邦研究部资助的调查德国文化财产非法交易的独立项目）的研究报告发现，联合国教科文组织曾经提出的关于全世界存在价值约 60 亿美元的艺术品非法交易的说法经不起推敲。这项研究估计，德国合法的古董文化商品交易规模每年仅有 80 万欧元！没有关于非法艺术品交易的调查结果，更不用说恐怖融资。"[186]

但这并不是真正的问题。艺术品交易在资助恐怖活动方面可能只起了很小的作用（见第 3 章）。然而，艺术品交易通过其协会反对的新法律，主要是针对极其常规的洗钱和逃税行为。在所谓合法的幌子下，每天都有天真的公民而不是可怕的恐怖分子犯下这些罪行。这种反社会行为造成的物质损失，这些肇事者在艺术品交易的帮助下可能造成的政治和社会性损害，实际上比收藏家圈子里的人愿意承认的要大得多。

国际专家强烈要求废除特殊规定，如握手成交和现金交易，以及艺术品交易以悠久的传统和艺术品的特殊文化意义为由的、据称是特别必要的商业秘密。这种荒谬的论调多么容易鼓励犯罪活动，甚至在很长一段时间内都是如此。关于纳粹掠夺的艺术品所有权的持续辩论，或围绕伪造者沃尔夫冈·贝尔特雷西奇伪造的在任何情况下都无法知道其来源的雅格收藏品的丑闻就证明了这一点。后来才发现，部分由知名艺术品经销商使用的离岸避税天堂的匿名信箱公司也参与了这些伪造的艺术品的交易。此外，科隆审判期间传唤的证人也拒绝提供关于谁买了具体哪些画的信息。

巴西洗钱问题专家福斯托·马丁·德桑克蒂斯总结说："以独立性和行业必要的保密性为名，有问题的行为是被允许的。"这些行为在惯例法中是有理由的，但实际上这些惯例在法律上是不合理的。"与此同时，法庭案件、国际媒体的报道以及各种研究表明，其背后可能存在国际的、有组织的、非法的行为。"[187] 由此，这位法学家得出结论，在艺术品交易中必须有明确和系统的洗钱规则，"以排除任何犯罪行为的可能性。（……）已经成为文化传播的中心、在很大程度上已经属于社会机构的画廊或拍卖行并没有对银行或非银行交易给予更多的关注，以防止洗钱。"[188]

维滕贝格/哈勒大学的凯-D.布斯曼教授也呼吁对经济中的现金支付普遍实施上限："权衡来看，上限应低于5 000欧元的金额，这将排除大部分消费品。（……）普遍来看，德国的市场似乎也在向引进简化的无现金支付方式转变。当今使用无现金支付方式的激烈竞争表明了这一点，例如通过智能手机。尽管如此，虽然市场可能在很大程度上会转向无现金支付，但在进行有利可图的五位数或六位数的现金交易时，市场也会接受这种做法，房地产、艺术品和高档汽车的交易就是证明。洗钱的大门可能需要由立法者来关。否则，对大多数国家来说，等待一个由市场强制的上限的时间将会太久。"[189]

而美国律师菲比·库维罗斯也已经制定了一个"红旗指标"的范畴，以便检查所有参与到艺术市场的人，是否在交易中被牵连到洗钱的企图中：

- 艺术品的价格明显低于或高于市场价值。

- 艺术品是古董和/或原产国最近卷入了一场冲突。

- 艺术品几乎没有任何文件呈现。

- 买方坚持以现金方式支付大笔款项。

- 买方坚持用零星的小数额支付一笔交易。

- 客户拒绝提供有关其身份或财产的足够信息。

- 代理人替未知的买家或卖家行事。

- 买方和/或卖方希望通过第三方处理付款。

菲比·库维罗斯补充说："并不是每一面'红旗'都表明一定有利用艺术品洗钱的计划，但它们确实意味着需要采取进一步行动来排除嫌疑。"[190]

自由港——全球艺术商业的暗室

　　如今超级富豪们用来存放真正价值连城的艺术品的保险库从来就没有打算隐藏自己。它有一个多层仓库那么大，在晚上从远处看去闪闪发光。建筑师煞费苦心，绿色的聚光灯照亮了这座位于新加坡机场附近的巨大建筑的布面外墙。参观者必须通过几个安全屏障和闸门，然后再接受武装警卫的全面检查，继而进入一个摆放着由设计师罗恩·阿拉德设计的决定了该建筑风格的壮观雕塑的大中庭。该雕塑是由一种反射金属制成的栅栏，在房间里延伸出多个数米高的弧形曲面。阿拉德给了这个雕塑一个意味深长的标题：笼子无国界。

　　穿过多重防火保险门后，人们抵达的不仅是一间间储藏室，而且还通向实验室。在那里可以对艺术品进行检查、专业拍照和修复。这里甚至有一个装帧车间。各种空调系统确保温度始终保持在 20 摄氏度和 55% 的相对湿度。

自由港的客户可以租用所谓的陈列室，向他们的商业伙伴展示或出售储存的艺术品。在布置优雅的小型办公室中可以——如网站所说的那样"谨慎而安全地"办理业务。而且，如果需要，存放在自由港的艺术品也可以享受一项特殊的服务——在新加坡的博物馆进行展览，"免收关税、间接税或押金"。

建筑后方的入口直接通向机场场地，货物可以直接从飞机上运进大楼，不需要绕道，也不会被人看到。收藏家也可以从他们的私人飞机上被豪华轿车载到自由港的海关治外法权区。被带领参观整座建筑时，参观者将看到巨大的 X 光机，用它甚至可以检查出大型运输箱中的爆炸物或其他违禁物质。当然，这些设备不能检测出伪造的画作、伪造的出处或被掠夺的货物。

这个巨大的保险库，以前叫"新加坡自由港"，现在叫"自由港"，长期在世界最大的艺术博览会上打广告。它不仅可以防止盗窃、自然灾害和气候波动，而且最重要的是可以防止税务机关的介入。似乎没有什么东西比税务机关更令富豪害怕的了。当艺术收藏家们在香港的巴塞尔艺术展或伦敦的弗里兹艺术展等展会的贵宾室或免费豪华班车上会面时，谈论税务局所谓的过度要求是一个最受欢迎的话题。因此，许多成功的艺术博览会正是在这样的场所举行，为活跃在全球的超级富豪提供避税模式，这不是没有道理的。

自千禧年以来，自由港或自由仓库在这方面已经发挥了越来越重要的作用。它们是国际艺术市场的免税区和暗室。这里进行着合法的生意，但也操作着来源不明的金钱交易。它们甚至有可能将出处微妙的物品隐藏起来，以避免纳粹受害者的索赔或被掠夺的国家的寻查。

在艺术市场的繁荣时期，自由仓库发展成了美的掩体。在这里也能找到拥有清白历史的艺术杰作，但是它们被安全地包了起来，只能通过安保人员的监控摄像头看着。因为艺术品作为一种投资手段，在税收和保险技术方面更加友好，所以投机价值似乎超过了日常视觉享受的价值，也超过了人们通常通过炫耀这些艺术品而获得的象征价值。然而，自由港因此也是一个完整系统的组成部分，这个系统剥夺了艺术最重要的目的——被人们观赏。因此，它们不只是作为一个一切皆可能发生且人人都保持匿名的暗室，它们也是艺术系统的黑洞。

自由港的历史

自由港和自由仓库很早就存在于世界许多主要贸易中心和港口城市，就税收而言，它们属于治外法权区域。最初，自由港的目的是为了储存进出口交易的货物，以便在短时间内继续运输，而不需要向中转国缴纳进口税或关税。这些税款应该只在交付给客户时征收，而不是在中立转运点征收。在全球艺术品交易中，这个系统实际上只是为了给交易者提供简化的行政手续和在税务上不影响成本的临时存储点。但是这个系统却被利用和扭曲了：在瑞士、卢森堡和新加坡的自由仓库里，价值数十亿美元的艺术品现今不仅被存放几天或几周，而是几年或几十年，为了比如人为地减少市场上像毕加索或沃霍尔这样艺术家的作品，或为了在法庭诉讼中度过时效。不仅如此，这些艺术品还可以在这里免税转售。这些交易往往是由在巴拿马或英属维尔京群岛等避税天堂注册的信箱公司完成的，从而掩盖了真正的所有者。

世界上最著名的一些自由仓库，传统上多位于瑞士，在苏黎世的克洛腾机场、巴塞尔的德雷斯皮茨仓库或日内瓦的拉普拉耶。根据瑞士的估计，2013年仅在日内瓦自由港就存放了120万件艺术品，还有大约300万瓶葡萄酒。据那里的负责人说，该自由仓库是世界上最大的酒窖。[191] 大型保险公司指出，承保最高金额的迅速增长使得建造新的自由仓库成为必然。

日内瓦自由仓库里来自被掠夺性挖掘的古董和纳粹抢劫的艺术品

直到2007年，瑞士自由仓库甚至不属于海关控制的区域。瑞士联邦审计署在 2014 年的一份报告中仍然写道，免税仓库"经常被证明是增加了货物走私或非法活动风险的灰色地带"[192]。

当瑞士当局对调查行动进行更详细的检查时，被掠夺的货物浮出了水面。例如，2016 年 1 月，在日内瓦自由仓库中被扣押的两个伊特鲁里亚石棺被归还给了意大利。它们与一批花瓶和其他物品一起被存放在自由仓库长达大约 15 年。一个英国古董商把它们带到了那里。调查证实了对这些物品来自非法掠夺的怀疑。2015 年，在同一个仓库被扣押的一个来源可疑的石棺也被归还给了土耳其。

2016 年 4 月，日内瓦自由仓库吸引了大量的关注，当时在那里查获了阿梅代奥·莫迪利阿尼的一件作品，保守估计价值 2 500 万美元。这幅《坐着的男人》（约 1918 年）曾经属于犹太画廊老板和收藏家奥斯卡·斯特蒂纳，他在 1939 年逃离巴黎时不得不把它留下。随后，纳粹在被占领的巴黎将这幅画与斯特蒂纳的其他财产一起拍卖。几十年后，这幅《坐着的男人》通过佳士得的一次拍卖落入一家名为国际艺术中心的离岸公司手中。

多年来，人们一直在猜测谁是隐藏在这家公司背后的人。但是，直到 2016 年所谓的"巴拿马文件"——专门从事创办离岸公司的莫萨克·冯赛卡律师事务所的秘密文件的公布，才最终揭晓答案：国际商业中最成功的艺术经销商家族之一的后裔大卫·纳赫迈德与国际艺术中心有着密切联系。

纳赫迈德家族在伦敦、纽约和巴黎从事艺术品交易已有几十年，在佳士得和苏富比的大型拍卖会上，总能看到他们坐在前排竞拍的身影。有时，各个家庭成员之间甚至似乎在相互竞争。纳赫迈德家族拥有如毕加索、布拉克或米罗等艺术家的作品不是几十件，而是数百件。究竟有多少件、有哪些具体的作品不为公众知晓。

2011年10月，苏黎世美术馆展出了莫奈、马格利特、格里斯、康定斯基，特别是毕加索的大约100件精选作品，人们难得看到了这些藏品的质量。这场展览存在着争议，因为很难区分哪些是美术馆藏品而哪些是纳赫迈德家族的货物库存，至少对外人来说是如此。批评家说，为了交易货物的增值，博物馆可能被利用了。《新苏黎世报》关于展览的一篇文章中提到，纳赫迈德家族在日内瓦保税仓库的收藏品估计约为5 000件，估计价值几十亿瑞士法郎，其中仅毕加索的作品就有300件。[193] 据说只有毕加索家族本身才拥有的比他们更多。

在本书写作期间，奥斯卡·斯特蒂纳的一个孙子在纽约法院提起的关于归还画作《坐着的男人》的诉讼还没有裁决。大卫·纳赫迈德的律师认为，国际艺术中心拥有的莫迪利阿尼根本就不是奥斯卡·斯特蒂纳的画。当纽约法院在2018年4月决定接受该诉讼时，法官说："纽约不是也不应该成为纳粹种族灭绝期间被掠夺的艺术品的安全港。"[194]

自由港之王：伊夫·布维耶

使自由港系统在全球范围内真正成功地为艺术品交易服务的人，是国际艺术事业中最有趣的影子人物之一——伊夫·布维耶，1963 年生于瑞士，是日内瓦自由港的主要租户之一。他在新加坡建造了上述的自由港，后来又在卢森堡建造了另一套设施——为自己赢得了"自由港之王"的绰号。2015 年 2 月 26 日，这部成功史迎来了惊人的转折，布维耶在摩纳哥前往拜访他一个最好的客户的路上被捕。

布维耶的职业生涯开始于他的家族企业，位于日内瓦的货运代理公司纳图拉勒库尔特尔。1997 年，他从父亲手中接过了企业的管理权，在随后的几年里，他将企业发展成为艺术行业最重要的物流公司之一。他们的业务不仅仅是运输物品，还包括储存、修复和拍照。

自由港不是走私者的窝点，布维耶在 2013 年接受《时代》杂志采访时竭力申明了这一点："只有傻瓜才会在这里试图将毒品藏在艺术品或赃物中。这些都会被发现的，因为所有进出的东西都会被精确地登记和检查。我们甚至帮忙解决了一些艺术品盗窃案。"[195]

　　除家族企业外，布维耶的名字还出现在瑞士商业登记册上的其他十几家公司中，这些公司同样参与了艺术品交易。通过其中一家公司，他还同时在莫斯科和萨尔茨堡组织了艺术博览会，并在不同国家拥有众多公寓。但他的扩张计划目标更远：上海和北京也应该建立自由港；在巴黎附近将要建一整个艺术岛。

　　布维耶计划在塞冈岛上建立一个占地面积为2.8万平方米的艺术中心。亿万富翁弗朗索瓦·皮诺在搬到威尼斯和巴黎市中心之前曾想在塞冈岛上展示他的艺术收藏。让·努维尔将为所谓的"中心"提供建筑设计方案。该建筑将为工作室、津贴公寓、展览区、储藏室和拍卖厅提供大量的空间。该项目被称为R4，其成本估计约为1亿欧元。布维耶在2013年说："它将成为一种像迪斯尼乐园一样的地方，在那里可以体验到一切艺术能让人感动的东西。"[196]

　　三年后，当布维耶已经被卷入几场诉讼时，这个项目的地皮被卖给了收藏家劳伦特·杜马，他很快指定了新的建筑师和新的使用计划。

布维耶的离岸公司和贝尔特雷西奇的赝品

　　当艺术品伪造者沃尔夫冈·贝尔特雷西奇因与妻子海伦和其

他同伙在三十年间向国际艺术市场走私几十件所谓的大师杰作，从而造成至少数千万欧元的损失而被逮捕和判刑时，在其卷宗里也发现了一幅画作，使得人们很容易追踪到艺术市场黑暗面中原本秘密的交易行为。

2004年3月，当时公认的艺术专家维尔纳·斯皮斯在贝尔特雷西奇位于法国南部的乡村庄园检查了马克斯·恩斯特《森林》的伪造品。他觉得这幅画是真的，根据他自己的陈述，仅从贝尔特雷西奇那里他就收到了总共40万欧元，用于专业鉴定和牵线购买另外几幅画的佣金。他们把钱转到了他的一个账户名为英佩里亚的瑞士账户上——这对一个艺术史学家来说本身就是一件闻所未闻的事情，他的声誉应该建立在他的知识和独立性之上。

现在，这幅画走上了一条当今艺术市场上典型的混乱且到处停留的道路：在艺术专家斯皮斯之后不久，日内瓦画廊老板马克·布隆多参观了贝尔特雷西奇的乡村庄园，并以170万欧元买下了恩斯特的画。这幅画经历了长达两年的旅程，在日内瓦自由港和巴黎的卡佐-贝劳迪埃画廊停留后，又在布吕尔的马克斯·恩斯特博物馆和巴黎的一个艺术博览会上镀金，之后它又属于美国怀俄明州的萨洛蒙贸易公司和巴拿马注册的龙泰贸易公司等匿名公司所有。最后，在2006年9月29日，它通过一家位于英属维尔京群岛托尔托拉岛的公司迪瓦美术，以700万美元的价格出售给了在巴哈马的汉娜-格雷厄姆公司。通过它们，这幅赝品抵达了纽约，进入了一位法国前出版商的收藏中。不知道这些使这幅画在两年内传奇般地翻了三倍多身价的交易是否有任何应缴税款。

本案与来自日内瓦的运输商和自由港运营商有什么联系？这幅《森林》被纳图拉勒库尔特尔公司运输过几次——其间它可能也属于伊夫·布维耶。长期以来，不仅是贝尔特拉奇案件的调查人员，而且全世界的专家都想知道谁是迪瓦美术公司的幕后老板。本书的作者随后在一个完全脱离贝尔特雷西奇案的纽约民事案件的档案中找到了有价值的线索：在马克斯·恩斯特假画的发票上，已经注明了日内瓦的塞切伦大街6号是该公司欧洲办事处的地址，即纳图拉勒库尔特尔的总部。在纽约的审判中，不是关于伪造，而是关于没收威廉·德·库宁的一幅画，伊夫·布维耶在2011年12月提供了一份本书作者可以查阅到的宣誓书中进行了干预。他说，德库宁的作品曾经属于迪瓦美术，而他本人曾是这家公司的唯一董事和所有者。在布维耶于2011年11月将该公司清算后，其所有财产都变为私有。他还通过自己监管的香港新城公司操纵了与迪瓦美术的业务。迪瓦美术还拥有过一段时间马克斯·恩斯特的画作《地震》。该画作于2009年11月在纽约苏富比拍卖会上以114.25万美元的价格被拍卖，后来也被揭露为贝尔特雷西奇的赝品。

　　根据在贝尔特雷西奇案调查期间一位画廊老板的证词，布维耶还参与了另外两幅马克斯·恩斯特和海因里希·坎彭多克画作的中介活动。后来证实，这两幅画作也是伪造的。针对调查贝尔特雷西奇的德国警方提出的法律援助请求，日内瓦检察官办公室于 2011 年 3 月答复说，不能听取布维耶的意见，因为他不再是瑞士居民。这位野心勃勃的艺术品承运商后来成为了新加坡公民。伊夫·布维耶的发言人在 2019 年宣布，他是伪造者贝尔特雷西奇的受害者，他从未见过贝尔特雷西奇，也没有与他进行过交易。他是从其他经销商那里购买了这些假货，后来赔偿了涉及这些有问题交易的顾客，自己也得到了赔偿。

　　布维耶似乎与画廊老板贝劳迪埃关系密切。所以在 2008 年 7 月，他在日内瓦公证处成立了雅克·德·拉贝劳迪埃画廊——以贝劳迪埃和自己的名义。贝劳迪埃在纽约的诉讼中说，他与布维耶一起协商购买艺术品，后者购买艺术品主要是为了投资。另外的文件证明，布维耶还涉足了其他所谓的信箱公司，如位于美国税收优惠的怀俄明州的箭头美术有限公司。他不仅建立了一个运输和免税储存艺术品的网络，而且还为公司建立了一个离岸机构，可以用来暗中资助和进行艺术品购买。布维耶是一个无处不在、勤恳积极的服务提供商——他还利用其积累的秘密转移画作的经验策划了一些在全球艺术市场上的大型交易，直到它们成为了他的问题。

在摩纳哥被逮捕

2015年2月26日，当伊夫·布维耶在摩纳哥公国准备会见可能是他最好的客户时，他被逮捕了。他曾想和这位客户谈谈以1.4亿美元购买马克·罗斯科的一幅画的生意。布维尔当时不知道的是，这个客户，即热爱收藏艺术品的亿万富翁德米特里·雷博洛夫列夫，在几周前就向警方告发了他。根据指控，布维耶对他进行了诈骗，并且多年来以虚高的价格向他出售了几十幅画。

伊夫·布维耶的客户雷博洛夫列夫对购买艺术品有着非常高昂的兴趣，梵高、高更、莫迪利阿尼、毕加索和罗斯科的艺术品都在其中。这桩丑闻在摩纳哥和塞浦路斯、日内瓦和纽约、香港和新加坡上演。传闻布维耶欺骗俄罗斯人雷博洛夫列夫的总金额约为10亿美元。与此同时，"自由港之王"的资产已被几个州的法院命令冻结。伊夫·布维耶的发言人否认了所有指控：这是毫无根据的，纯属诽谤。他一直合法地、依照合同行事。但雷博洛夫列夫和他的律师后来也成为了摩纳哥调查的目标。

据说，德米特里·雷博洛夫列夫第一次怀疑自己可能是一个重大艺术骗局的受害者是在2014年新年前夕于加勒比海的圣巴特斯小岛上。这位俄罗斯裔亿万富商住在摩纳哥等地，是AS摩纳哥足球俱乐部的主要所有者。他当时在圣巴特斯小岛与美国艺术顾问桑迪·海勒在晚餐时聊天。雷博洛夫列夫讲起了他购买的一件艺术品，一幅莫迪利阿尼的画，画的是一个躺在蓝色垫子上的裸体女人：1916年的《靠着蓝枕头的卧姿裸体》。俄罗斯人说，这幅杰作之前由美国对冲基金经理和收藏大家史蒂文·科恩拥有，花费了他至少1.18亿美元。桑迪·海勒对这个高价感到惊讶，因为他是科恩的收藏顾问，他知道卖家当时只为这幅令人轻度脸红的裸体画收到了约9 300万美元。

这件事暴露给雷博洛夫列夫的是，多年来他一直觉得自己从布维耶那里得到了很好的建议，然而布维耶作为这幅画的经纪人，仅在向他销售莫迪利阿尼这幅画作上就获利约2 000万美元，雷博洛夫列夫声称对这一惊人的加价一无所知。据这位亿万富翁称，他曾认为他会以买入价得到艺术品，并向布维耶支付通常为2%的佣金，作为其中介服务费。按照2%佣金算，单幅价格为9位数，佣金也是百万级的，而该富翁买艺术品的总金额约20亿。伊夫·布维耶通过其牙医的妻子认识了这位俄罗斯人，当时这位寡头正在为一幅夏加尔画作寻找专家。

雷博洛夫列夫立即让人彻查他与伊夫·布维耶进行的其他艺术品交易。他的怀疑在2015年1月的头几天得到了证实。他在买下近几年才出现的有争议的达芬奇画作《救世主》时，布维耶也赚了一把。

《救世主》的故事：价值4.5亿美元的艺术残骸

耶稣的右手有两个大拇指。仅凭这个多出来的拇指，这幅胡桃木板上的画就不能算作文艺复兴时期伟大艺术家的作品。在1500年左右的意大利，人们普遍相信基督能神奇地使面包倍增，但在圣书中并没有关于多个拇指的记载。因此，修复师戴安娜·莫德斯蒂尼在500年后拿起画笔，在她认为画家自己以前摒弃而又再次创作的手指上进行涂改修复。

在某一刻，莫德斯蒂尼确定这位左手托着水晶球的赐福基督的创作者只可能是莱昂纳多·达芬奇。她认为这幅画就像一位"沉睡者"，是有史以来最伟大的大师迄今为止未被认识的作品。现在莫德斯蒂尼在她的工作室里通过艰苦的小规模工作将其唤醒。或者，正如一些评论家后来所说的那样，莫德斯蒂尼完全重新创作了局部画作。无论如何，她的工作完成得如此完美，以至于这幅只有65厘米×45厘米的画最终拍出了4.5亿美元，并立即成为一个标志。不是对许多艺术史学家，而是对21世纪的艺术商界来说，真正的杰作正在慢慢变得稀少。这幅所谓的"最后的达芬奇"漂泊辗转的经历讲述了许多关于在理性清醒的当今社会中，收藏家、经销商、科学家和博物馆长极度的渴望、迫切和堕落。

这幅最昂贵的艺术品是如何被发现的传奇故事，早已让这幅画本身黯然失色。

这一切开始于艺术品经销商罗伯特·西蒙和他的同事亚历克斯·帕里什。他们在最小的拍卖行的目录中搜索，从插图中了解到了 2005 年 5 月在新奥尔良的圣查尔斯画廊拍卖的一份遗产中的这幅画。根据作家本·刘易斯的著作《最后的达芬奇》[197] 所做的研究，两人为此支付了 1 175 美元，这幅画就是垃圾——木板已经损坏并开裂，还有一些可能来自前主人业余的过度涂抹，据说他出于宗教原因将这幅画挂在家里。一张照片证明了这幅画曾装饰着他狭窄的楼梯。这幅画最后一次公开转手是在 1958 年的伦敦苏富比拍卖会上——价格为 45 英镑。当时在拍卖会上看到这幅画的一位艺术史学家只报出一个词"残骸"——一件艺术品残骸。

莫德斯蒂尼后来告诉一些媒体，在画中耶稣有一张"小丑脸"。在过去的几十年里，她作为修复师建立了一定的声誉，在纽约大学担任教授，并在纽约的大都会博物馆工作到 80 年代中期。罗伯特·西蒙曾将这幅画交给她和她的丈夫马里奥·莫德斯蒂尼（现已去世，他也是一名修复师）进行处理。然而，在两人的处理后，耶稣当时看起来像一个有眼疾的双性生物，仿佛患有花粉症，或者像其他评论家说的那样，抽了一根肥大的大麻。

这并没有阻止伦敦国家美术馆的负责人 2011 年 11 月在艺术

史上规模最大的达芬奇展览中，把这幅新鲜修复的画作与其他毫无疑问是达芬奇的真迹放在一起展出。三年前，新上任的馆长尼古拉斯·彭尼让他年轻的策展人卢克·塞森在博物馆与五位达芬奇专家举行了一种需要投票决定的联合会议。罗伯特·西蒙说，在这幅画呈现给世界公众之前，所有五位专家都在给他的电子邮件中做出了"积极"的回应。心细的本·刘易斯后来发现，并非所有五位专家都想把这幅画归于达芬奇本人。其中只有两个人——包括牛津大学教授和达芬奇学者马丁·坎普——认为《救世主》出自大师之手。两位专家弃权，一位专家投反对票。许多达芬奇专家一致认为，至少这位大师对这幅画做出了贡献，不管只是就构图而言还是这只赐福之手。在这里，两个大拇指再次发挥了作用：它们被认为是一个真正的大师在工作的证明。因为只有亲自在寻找巧妙形象的创作者会在图画中犯错、挣扎和过度涂抹。人们把这种被丢弃的底图称为"原貌再现"。与之相反，一个好的复制品通常是一气呵成的。

2011 年，在伦敦国家美术馆看来，把这幅画归属于达芬奇不再有任何疑问。在世界最重要的博物馆之一的展出使这幅当时声称不出售的画作变得高贵起来。

展览结束后不久，西蒙和帕里什在第三方的帮助下，以 8 000 万美元的价格出售了这幅作品，这是他们最初支付的 4.5 万倍。

甚至没有一桩贩卖可卡因或非法武器的生意能如此迅速地将本金乘以四万五千。但是，围绕这幅画的真正市场营销大秀在几年后才真正开始。

艺术市场分析师说，通常情况下，被交易的艺术品中所谓的大鲸鱼，即那些价格在八位数或九位数的作品，不会产生快速的回报，至少不是金融方面的，它们更像是一种社会性和象征性财富的积累。所支付的巨额价格本身就是一座极尽挥霍金钱的奖杯，是证明其所有者拥有无限财务可能性的标志。这一行为的象征性力量甚至由于不太可能以同样的价格转售而得到加强。

与这一表面上的规律相反，《救世主》给它的买主带来了非常快速的回报和高额的利润。他也几乎没有承担任何风险，因为他早已认识下一个买家。

尽管布维耶最初建议雷博洛夫列夫不要购买《救世主》，但这位寡头决心要拥有这幅耶稣画像。因此，布维耶在苏富比拍卖行的帮助下，最终自己以 8 000 万美元的价格从西蒙、帕里什和第三个帮手手中收购了这幅画——以便在第二天通过由他在香港注册的梅投资有限公司以 1.275 亿美元的价格卖给雷博洛夫列夫。即便在所谓顶级作品的全球业务中，日赚 5 000 万美元也是一个冒险的数字。

如此冒险，以至于雷博洛夫列夫的律师团队最终在其摩纳哥的住所不只是因为这个高额利润对布维耶的欺诈行为提出了刑事指控。警方开始调查时，布维耶毫不知情。因此，当他于 2015 年 2 月在雷博洛夫列夫价值数亿欧元的顶层公寓前被逮捕时，他感到非常惊讶。在支付了七位数欧元的保释金后，这位"自由港之王"随后得到释放。但雷博洛夫列夫和布维耶之间的法律战争很快就蔓延到了几大洲。

横跨三大洲的巨额法律纠纷

在至少六个国家和城市——法国、瑞士、摩纳哥、新加坡、中国香港和美国，超级富豪伊夫·布维耶和亿万富翁德米特里·雷博洛夫列夫及其律师大军之间的纠纷自 2015 年以来持续不断。美国纽约地区法院法官杰西·福尔曼在 2019 年 6 月将此案描述为一个"国际传奇"。一个为专业律师提供了无数美味的法律传奇故事。雷博洛夫列夫方面的正式原告又是两家离岸公司，这次是位于英属维尔京群岛的公司：雅克德乐国际有限公司和克西坦斯财务有限公司。

2018 年，针对雷博洛夫列夫本人的调查也被加入了摩纳哥的刑事调查中。据称，通过邀请观看足球比赛或在格施塔德度过滑雪周末和使用其他便利设施，他影响了从摩纳哥调查员到司法部长众人。雷博洛夫列夫是一名来自彼尔姆的训练有素的医生，在苏联解体后通过投资和良好的关系网迅速变得非常富有，拥有着相当耀眼的过往。美国特别调查员罗伯特·穆勒的团队正在调查2008年雷博洛夫列夫与唐纳德·特朗普在佛罗里达州进行的一笔房地产交易，该交易为这位未来的美国总统带来了数千万美元的利润——尽管当时美国的住房危机已经在肆虐。雷博洛夫列夫和他的发言人否认有任何罪行或不法行为。

伊夫·布维耶也是如此，他否认针对他的任何欺诈指控。据一位发言人称，布维耶从未给雷博洛夫列夫当过中介。这位居住在新加坡的瑞士人一直是一个艺术品经销商，他自担风险地购买作品并为它们寻找收藏家。在2014年，他甚至可能是世界上最成功的艺术品经销商。在布维耶给俄罗斯人开具的每张账单中收取的大约2%的购买价格只是运输和处理其他事项的费用。2019年12月，摩纳哥的一家上诉法院宣布对布维耶的刑事调查无效，因为调查是以一种有偏见的方式进行的。对该决定的上诉未获成功。然而，当此书出版时，针对布维耶的另一桩欺诈诉讼仍在日内瓦进行。

布维耶多年来卖给雷博洛夫列夫的作品清单读起来十分壮观。清单始于2004年的毕加索画作《埃特的婚礼》，接着是2006年购买的莫迪利阿尼和毕加索的其他作品。清单就这样不断延续下去，而大部分业务是两人在2008年办理的。同年2月，雷博洛夫列夫买下了莫迪利阿尼的《忧郁的裸体》，4月买下了毕加索和德加的两幅画，6月买下了高更的塔希提画作《宅院》，7月买下了莫迪利阿尼的《维纳斯》，8月中旬买下了马克·罗斯科的《第1号（皇家红与蓝）》，最后在2008年9月12日购买了莫奈的两幅抢手的睡莲画。在2013年9月布维埃促成雷博洛夫列夫购买了最后一幅画——马克·罗斯科的大型作品《第6号（紫罗兰、绿和红）》。采购清单包括至少38个项目，价值约20亿美元。

雷博洛夫列夫却说，作为艺术品交易的代理人，布维尔应该为他谈一个好价钱，为此，他在每笔交易中都向他支付购买价格的2%左右的佣金。作为证据，雷博洛夫列夫的律师提交了2013年4月10日的电子邮件和消息，其中布维耶似乎与雷博洛夫列夫及其雇员分享了归属于达芬奇的《救世主》的购买谈判进展：1亿美元的报价被未透露姓名的卖家"毫不犹豫"地拒绝。布维耶写道："一块真正的硬骨头，我努力着并耐心等待。"在同一天，他让俄罗斯人知道，他现在给所谓的卖家提供了1.2亿美元，然后是1.25亿美元的报价。最后，布维耶告知他以1.275亿美元促成了这次收购——并称其为一次成功之举："非常困难。但对于达芬奇的独一无二的杰作来说，这是个不错的交易。"他隐瞒了这样一个事实，即当天卖家实际上已经同意了以8000万美元的价格卖掉这块归于达芬奇的木板。布维耶为他的行为辩护说，这是正常的商业惯例。他的发言人写道：这完全正常且合法，布维耶使用商业论据来寻找一个好的价格。顺便说一下，这些电子邮件在销售中没有发挥任何作用，新加坡的一家法院也承认了这一点。

在雷博洛夫列夫的法律团队的索赔声明中也有列出其他由布维耶安排的类似情况的购买项目。例如，2012年9月，在艺术市场历史上另一个最昂贵的私人拍卖会上，苏富比拍卖行提供了古斯塔夫·克里姆特的《水蛇Ⅱ》。布维耶和他的一个商业伙伴在维也纳参观了该作品。这幅画描绘了漂浮在水中被五彩缤纷的鱼和水生植物包围的女性裸体。

2012年9月11日，布维耶为这幅高度色情的画作签署了1.26亿美元的购买协议。同一天，布维耶在给雷博洛夫列夫的一封电子邮件中写道，他正在进行高风险的谈判："他们对1.8亿持有保留意见，而且已经到了突破点。我觉得1.9亿他们能够接受。但是我应该能让他们把价格降到1.85亿，先付一部分首付，余额在30天内付清。我们现在该怎么办？"布维耶后来声称已经以1.838亿美元的价格与卖家达成一致。雷博洛夫列夫转账了该购买金额外加布维耶的服务佣金367万美元。因此，通过这笔交易，布维耶在一天之内赚取了约6 000万美元。

这两家雷博洛夫列夫的公司现在也在起诉纽约的苏富比拍卖行，这是世界上最有势力的艺术公司之一。指控称，在14个案例中，拍卖行帮助布维耶获得了货物，然后以拍卖行的高估价转手给雷博洛夫列夫。在此过程中，拍卖行向雷博洛夫列夫隐瞒了布维耶以更低的价格购买艺术品的事实。[198] 根据指控，苏富比从布维耶的交易中赚取了数千万美元。这个瑞士人是该拍卖行最重要的商业伙伴之一，特别是在谨慎的"私人销售"方面，即在公开拍卖之外的交易。2013 年，对伊夫·布维尔的销售额据说占到了苏富比全球私人销售额的三分之一以上。对于有关该诉讼的询问，苏富比拍卖行没有回应。

毕加索继女遗失的画作

在卖给这位寡头共计 7 件毕加索的画作中，有一些后来也引发了在法国的刑事调查：毕加索最后一位妻子杰奎琳的女儿凯瑟琳·胡廷-布莱指控她的艺术品运输商出售了从巴黎郊区热讷维利耶的仓库偷来的作品。2015 年 3 月 13 日，她在巴黎就两幅画和据称来自 1955 年的三本速写本共计 58 幅素描提出申诉。

在伊夫·布维耶的斡旋下，毕加索作品的买家正是德米特里·雷博洛夫列夫。他为这两幅杰奎琳·毕加索的肖像画支付了 2 700 万欧元，为素描支付了 900 万欧元。收藏家的律师向法国调查机构提供了雷波洛夫列夫收藏的所有毕加索作品的文件，并表示如果盗窃案被证明属实，将把这些作品归还给主人。布维耶的发言人在 2015 年说，他从一个经销商那里买了这些画，出于保密的原因，他拒绝透露这个经销商的名字。当时，他从伦敦艺术品遗失登记处（一个关于被盗艺术品的全球商业数据库）获得了所有画作的清查证明。几年后，法国媒体报道说，这些作品竟不是从胡廷-布莱那里偷来的，而是完全合法地卖给了商业伙伴布维耶——通过毕加索继承人的一个列支敦士登基金会。胡廷-布莱反驳了这些言论并获取了与之相反的报道：所谓的收据被证明是来自先前的交易，而这些交易与仓库的盗窃案无关。

在本书付印时，对布维耶及其商业伙伴的调查仍在进行中。据布维耶的发言人称，没有对布维耶提出任何指控，并且保释金数额已减少90%。

在此期间，布维耶出售了他的瑞士货运代理公司纳图拉勒库尔特尔，以及他在日内瓦自由港的股份。而新加坡的自由港也将被出售，正如商业杂志《彭博社》在 2019 年报道的那样：布维耶早在 2017 年就说过，与雷博洛夫列夫的纠纷使他蒙受了近 10 亿美元的商业损失。[199]

他的发言人在 2019 年说，他仍然是新加坡和卢森堡的自由仓库的主要股东，这些仓库以完全透明的方式运作，包括例如标注了存储货物合法拥有者的库存清单。此外，布维耶将大部分时间花在了一个律师团身上，为自己的清白而战。

价值数十亿藏品的命运

如今，不仅是伊夫·布维耶的昔日帝国在没落，德米特里·雷博洛夫列夫在布维耶的帮助下搜集的并为此专门单独印刷了小版精装目录的艺术收藏也在逐渐崩塌。这位企业家已经转卖了一些作品，在某些情况下，价格远远低于以前支付给布维耶的价格。据媒体报道，他在2015年11月出售了古斯塔夫·克里姆特的《水蛇Ⅱ》，亏损约1 300万美元；还出售了罗丹的雕塑《永恒之春》，亏损约2 800万美元。寡头雷博洛夫列夫在法律斗争中也决定摆脱他那幅四年前入手的归于达芬奇的画。

《救世主》再次成为了艺术品市场上的一次变革的惊人象征。佳士得拍卖行的年轻明星，瑞士艺术品经销商洛伊奇·古泽接手了这幅画。在之前的几年里，他就把自己塑造成了一种策展人的形象。他不再简单地按照时代、价格以及最重要的托运日期对拍卖品进行分类，而是按照主题思想把拍卖会放在一起。然而，这些想法——有意或无意地——在构思上非常松散，在思维概念上没有约束。

古泽迄今为止策划的最大的项目就是拍卖《救世主》。他没有把这幅画放在传统的古代大师画作拍卖会上，而是放在当代艺术的拍卖会上。不是因为这幅画采取了大量的修复措施，实际上

可以说是 21 世纪的作品，而是因为几年来，在为最新的艺术品而
开展的拍卖会上，营业额可以高达数百万。与所谓的画作发现者
不同，古泽不仅依靠艺术史专业知识，他还组织了一场据说花费
了几百万美元的涵盖各方面的公关活动，包括制作了一部感人的
广告片。该片以这幅作品的视角展示了在纽约观看它时为所谓
"最后的达芬奇"惊叹的人们的表情。这些都是一些素人的面孔，
他们曾排着长队等待，只为一睹作品的真容，现在在由两名保镖
护卫的作品面前泪流满面。在这之间，演员莱昂纳多·迪卡普里
奥的面孔也出现在这部宣传片中。他是洛伊奇·古泽的朋友，近
年来其艺术品藏家的身份十分耀眼（见第 6 章）。

　　2017 年 11 月 15 日，经过 19 分钟的竞拍，这幅备受瞩目的 9b
号拍品最终以 4.5 亿美元（包括佳士得的拍卖费）的价格被一位
沙特王子拍走。后来《纽约时报》发现了买家的身份，沙特驻华
盛顿大使馆随后也证实了这一点。据称他是代表沙特王储穆罕默
德·本·萨勒曼行事。但不久之后，卢浮宫位于阿布扎比的分馆
宣布，《救世主》将来会在那里展出。开幕仪式原定于 2018 年秋
季举行，但没有给出任何理由就被取消了。从那时起，这幅画就
消失了。即使在 2019 年秋季巴黎卢浮宫为纪念达芬奇逝世 500 周
年的大型回顾展开幕仪式上，该馆馆长曾要求将《救世主》借来
参展，它也没有再次出现。据称是因为它不被认为是出于达芬奇

亲手创作的作品。然而，博物馆甚至准备了一个目录版本，其中这件作品已经做好了印刷的准备。而在策展人的构想中，也已经为它安排了一个显眼的位置。

据不愿透露姓名的高价专家称，这幅画在此期间一直被存放在瑞士。2019 年 6 月，艺术品经销商肯尼·沙赫特出面提供信息，称这幅画在沙特阿拉伯王储穆罕默德·本·萨勒曼所属的一艘豪华游艇上，对此却没有足够有力的证据。在此期间，谁拥有这幅画，关于作者身份或修复条件的争议是否在酝酿中——所有这些都还不清楚。同样不清楚的还有这幅画何时会再次向公众展示。

没有任何来自达芬奇时代和随后一百年间的历史资料能证明这幅《救世主》出自大师本人之手。对此，艺术史学家如莱比锡达芬奇专家弗兰克·佐尔纳，即目前达芬奇目录的作者一如既往地强调着。然而，对于追踪全球艺术市场的构成、寡头和他们神秘顾问之间的交易、阿拉伯王子的交际策略以及广大艺术爱好者的观赏欲望来说，这块木板的彩绘是当今最重要的艺术作品。专业批评人和艺术家越是详细地处理这项工作，艺术产业的黑暗面就越清晰，如同这幅画中耶稣左手拿着的玻璃球一样清晰。这幅画甚至会消失多年，它的故事将被讲述得愈加精彩。

后记 关于艺术和犯罪的十个问题

  在本书的最后，还有许多案件不可避免地没能讲述——而且问题也未得到解答。仅在发稿前的几天，来自艺术和犯罪界的惊人消息就堆积如山：2019 年 11 月底，在德累斯顿绿穹珍宝馆，即城市宫殿的藏宝阁被人闯入，三套来自 18 世纪的珠宝被盗。这些珠宝极其珍贵，不仅是因为使用了黄金和成千上万的钻石、金刚钻和宝石，而且重要的是它们在艺术史上的意义。另一个消息是：五幅在 1979 年被盗的古代大师画作回到了哥达。

  同样在 2019 年秋天，意大利文化遗产保护宪兵队逮捕了 23人，他们被执法当局指控创建了一个犯罪组织，破坏了意大利的考古遗产，并在整个欧洲贩卖非法挖掘的文化财产。然后，这些文物将被卖到其他欧洲国家。花瓶和油灯、珠宝和硬币、服装扣和水壶……有超过一万件物品被没收。在英国、法国、塞尔维亚和德国也进行了搜查。之前截获的两名参与者在对话中提到卡拉布里亚的帕鲁迪挖掘现场时说："这座山谷已经被完全挖空了，很快就会轮到帕鲁迪。帕鲁迪也必须从明信片上消失。"[200] 对于他们的发现，他们使用了"白松露""萨拉米香肠"或"芦笋"等暗语。据调查，只有一名被指控的同伙疑似与一个黑手党部族关系密切。目前还不清楚该案件何时会被提交到法庭。

与此同时，里昂的一家上诉法院确认了对巴勃罗·毕加索的前电工和其妻子的判决。两人已经在 2015 年和 2016 年被判处两年有期徒刑，缓期执行，因为他们侵吞了这位西班牙艺术家的 271 件作品，并将它们藏在车库里多年。这名男子在 20 世纪 70 年代初在毕加索家中安装警报系统时恰巧接触过艺术家。当这对夫妇在 2010 年 9 月要求毕加索的儿子克劳德为一些没有签名的作品出具真实性证明时，克劳德开始怀疑，并提出了申诉。在法庭上，电工和他的妻子谈到了他们从毕加索的第二任也是最后一任妻子杰奎琳那里收到的一份"美妙的礼物"。1973 年，在毕加索去世后，杰奎琳曾要求这对夫妇带走装在垃圾袋里的素描和其他作品，估计总价值为 6 000 万欧元，时间从 1900 年到 1932 年。毕加索第一任妻子的儿子克劳德对此颇有看法。[201]

来自柏林的一位知名画廊老板的故事也还没有定论。2019 年秋天对他发出了逮捕令，因为他被指控在艺术品交易中作弊。据称涉及几百万欧元。在这位画廊老板的一个客户家里，出现了一个几乎一模一样的副本，这幅画与导致逮捕令的调查无关，不是画廊老板在2014年展出的格哈德·里希特的原作。里希特的档案馆负责人迪特玛·埃尔热将其诊断为赝品。目前还不清楚是谁制作了这份副本，又是谁传播的。然而，据说收藏家承认了一份交货收据，上面描述的是真品。该艺术品经销商的其他收藏家和商业伙伴现在也提出了控诉。嫌疑人有时还在远东地区掌管着分支机构。他曾将画作描述为股票。尽管本书作者多次试图与他联系，但截至即将出版时，他仍未对询问作出回应。他被认为是无辜的。

而在佛罗里达州，一家专门为艺术品购买提供融资，包括用于投资目的融资的德国公司于2019年秋季对另一家活跃在迈阿密和伦敦的画廊老板提起诉讼。据说是关于价值几百万美元的当代艺术被盗用的指控。

甚至在为本书寻找封面图案时，也意外地发现了一个涉嫌伪造的线索。最初选定的安迪·沃霍尔设计的美元符号图案被当作真迹在一个美国线上拍卖行里进行拍卖，这引起了管理艺术家权利的沃霍尔基金会的不满。他们声称不知道这个图案，这可能是个伪造品。现在读者在本书封面上看到的美元符号，被遗产执行人确认为是真迹。

还有无数个这样的故事可以讲述，越来越昂贵的艺术品交易与越来越精妙的犯罪活动间紧密交织的故事。一一列举这些故事既不可能也不是本书的目的。本书更着重于指出在这个市场中出现的结构性危险。在这里，艺术不再被允许只是艺术，而是成为一种投机性的生意。抛开责任问题，所有这些案件都体现了全球艺术市场的深刻变化，在这种变化中，新形式的欺诈、贪污和洗钱行为可以如此蓬勃发展。"有很多钱的人想通过投资艺术品来赚更多的钱。"艺术家丹尼尔·里希特曾在一次采访中这样描述这一发展，"艺术之美、对真理的探索、对图像的询问、解放的笑声、乌托邦主义——这些都不会发生。所有权关系不是被归还了，而是变得激进了。"[203]

许多画廊老板和艺术品经销商正试图跟上蓬勃发展的市场，举债购买作品，并以作品为抵押进行借贷。他们正在适应不断变化的市场体系，在如今所谓的"炒卖"中许多物品在很短的时间内被转卖。在这方面，艺术市场长期以来丝毫不逊于证券交易所的商品期货和看跌期权。过去是在周末去卢森堡，在一家谨慎的银行的包间里换取用黑钱买来的股票的优惠券；现在则是去巴塞尔、苏黎世、列支敦士登或新加坡的始终不受监管的保税仓库。

当这种交易加"杠杆"操作时，就变得特别有利可图。一个虚构的例子：为了以100万欧元的价格购买一件艺术品，有人自己只付了10万，并与卖家达成协议，日后支付剩余的价格。然后他尽可能在几天、几周或几个月内以 120 万欧元的价格将作品卖掉。然后他再把剩余的 90 万欧元支付给前主人。剩下的 20 万欧元就是以 10 万欧元的本金迅速赚来的利润——神话般的 200% 回报。近年来,许多涌入艺术市场的投资者和服务提供者都梦想着这样的交易。然而,这种"杠杆交易"在艺术市场上的风险甚至比在金融市场中更大。例如,如果交易的艺术品出现了文物保护或所有权问题,或者大众品味的突然改变或市场的不景气导致的买家流失,那么债务的大山就会迅速攀升到巨大的高度。

那些大多数参与其中、仍在以光荣和合法的方式追求他们的职业或他们对收藏的热情的人却被淡忘。伪造、欺诈、洗钱和腐败的案件如此壮观,物质方面的损失数额如此耸人听闻,在数字时代,这些故事以闪电般的速度传遍世界。

用传统、惯例或维护既得权利等所谓的论据进行后瞻性的游说都无济于事。只有试图公正对待所有相关方利益的法规,才能有助于用合理的方式应对上述新挑战。

国际股票市场由证券交易所和金融监管机构控制,在进行股票交易时必须遵守严格的法律和规则。服务提供者和交易者必须披露利益冲突,并且禁止内幕交易。但是,艺术市场在很大程度上仍然没有得到监管。在这里,当涉及百万美元的交易时,不会制定过于复杂的合同。在这里,除了一般的法律之外,对市场没有特别监督。

艺术的新叙事是"巨额回报",批评家格奥尔格·塞斯伦在关于他的作品《金钱吞噬艺术,艺术反噬金钱》[204]的采访中这样诊断道:"对于什么是艺术这个问题,越来越只能用美元符号来回答了。金钱对艺术产生了一种定义性的力量。结果是,艺术恰恰被那些可以用它来体验一点快乐的人所遗弃。"[205]

关于艺术解放的十个问题

但是,如何才能使艺术重新成为所有人的幸福体验,为那些想要拓展意识边界,想要获得美学享受,或者想用启蒙和解放的视野了解世界的人。如何使艺术从被迫成为仅仅是一种尽可能有利可图和节税的金融投资中解放出来?如何阻止不断增长的与艺术行业相关的刑事案件?

科学工作的独立艺术史学家必须得到强力支持,专家体系和艺术市场必须得到规范。经销商和拍卖行有义务扣留提供给他们的在真实性或来源方面显得可疑的艺术品,并将其怀疑告知有关当局。当发现赝品时,应该报告给有约束力的独立公共机构维护的数据库,而不是像今天仍然相当普遍的做法那样,向部分赞助艺术品交易的私营企业报告。联合国教科文组织可以和已经有一个相应的数据库的国际刑警组织一起建立这样一个机构。通过这种方式，还可以防止国家机构因商业利益而将可疑作品从数据库中再次删除，如德国联邦政府和州政府资助的 Lostart. de 数据库不仅不完整、不准确，而且在过去也屈从过。从长远来看，这是拯救艺术品免受造假者和欺诈者侵害的唯一途径。

然而，如果要出台新的法规，一些在经济上和政治上有影响力的艺术行业协会和收藏家就会经常试图用夸张的宣传来大声反对。例如，针对德国 2016 年 8 月生效的《文化财产保护法》，该法与新的反洗钱方针一样，只履行了将欧盟决定需转化为国家法律的义务。最重要的是，经销商们对这些法规所带来的更大的义务提出抗议，因为他们现在必须记录卖家和买家的名字，并保留30 年。如果这一文件要求早些出台，许多造假案件本可以得到更快、更彻底的清理。成功的经销商无论如何都会长期保留他们的业务记录，因为了解艺术品在艺术市场上的下落对未来的业务很有价值。然而，经销商和收藏家强烈抵制相应的具有约束力的新规则，而且不仅仅是通过文章和写信给编辑。一个专门成立的"保护文化财产行动联盟"宣称其目的是"团结反对计划中的《文化财产保护法》的倡议，从而给予它们必要的重视"。他们甚至在 2016 年 2 月写了一份请愿书，要求提供财政支持以支付律师费用。根据这封两页的信，一个艺术贸易协会已经支付了五位数的欧元来准备一份关于该法律的意见声明。

代表游说协会的同一位律师以貌似独立专家的身份出现在公共场合和媒体上，称其擅长如《文化财产保护法》或反洗钱方针等课题，并代表该行业反对这些新法规。然而，像《文化财产保护法》和新的反洗钱方针中制定的这些规则，恰恰有助于保护艺术品市场，从而也有助于保护利润丰厚的企业免受盗贼、欺诈者和造假者的侵害。

如果所有参与艺术市场的人——经销商、收藏家、经纪人在每次交易前都能问自己以下十个问题，就会有很大收获：

1. 我自己能否核实提供给我的艺术品和文物的来源是毫无疑问的？

2. 提供给我的商品价格是否明显低于通常的市场价？

3. 我可以核实卖家或买家的身份吗？

4. 在与中介机构或艺术顾问的交易中，谁是艺术品的真正所有者，谁是交易的受益者？

5. 用来付款的资金来源是否明确，转账是否可以证明，而不存在使用现金、加密货币或在线支付系统的情况？

6. 独立的、无争议的专家和学者是否确认了所提供作品的真实性？

7. 所提供的文化财产是否来自危机或战区？

8. 所提供的文物是否有其原产国规定的有效出口许可证？

9. 在纳粹恐怖时期，艺术品或文化财产的出处是否可以核实为无异议？

10. 该文物在原产国的殖民时期的出处是否明显无异议？

那些在购买、交易和展览艺术品和文物时向自己提出这些问题并发现有疑问的人应该进行进一步调查。对出处的探索甚至常会挖掘出一些故事，使作品更加有趣、有意义，从而更有价值。

最重要的是，应该更多地支持和赞颂那些工作干净利落，努力追求透明度，仍然把艺术本身、它的美、它的批判力量、它的智慧放在工作的核心位置的艺术家、画廊主、策展人和拍卖商。

他们仍然是大多数。

注　释

1. 塞巴斯蒂安·斯派特：《我的生活是一场物质之战》，赫尔格·阿亨巴赫的
   采访，2019 年 10 月 30 日。《明镜周刊》网络版：https：//www. spiegel. de/
   kultur/gesellschaft/helge-achenbach-ich-bin-in-der-lage-rueberzubringen-dass-
   ich-bereue-a-1293685. html。

2. 文森特·诺斯：《古代大师赝品丑闻》，《艺术报》2019 年 9 月 13 日，
   https：//www. theartnewspaper. com/news/giuliano-ruffini。

3. 桑迪·奈尔内：《空白的墙——博物馆失窃案：两幅特纳画作的案例》，伯
   尔尼/维也纳，2013。

4. 参考奥利弗·霍伦斯坦、亚辛·穆沙巴什、霍尔格·斯塔克、托比亚
   斯·蒂姆、弗里茨·齐默尔曼：《家庭纽带》，《时代周报》2018 年 7 月 5
   日，第 28 版。

5. 托比亚斯·蒂姆：《相对较轻的赃物》，《时代周报》2019 年 1 月 10 日，
   第 3 版。

6. 马克·汤森、卡罗琳·戴维斯:《已解的莫尔被盗之谜》,《卫报》2009 年 5 月 7 日,https://www.the guardian.com/artanddesign/2009/may/17/henry-moore-sculpture-theft-reclining-figure。

7. 凯斯丁·盖尔克、海伦娜·达文波特:《从艺术到废品》,《每日镜报》2019 年 1 月 17 日。

8. 安德烈·赞德-瓦基里:《奥尔斯多夫公墓的两座雕塑被盗》,《汉堡晚报》2014 年 4 月 8 日。

9. 参考贝恩德·克鲁格:《钱币阁》,博物馆和科学研究所,柏林,2005 年第 2 版,第 91 页。

10. 托比亚斯·蒂姆:《盗贼可能是艺术家吗》,《时代周报》2019 年 9 月 19 日,第 39 版。

11. 威斯巴登地区法院对 1KLs－4423 Js 39160/12 号案件的判决,2018 年 3 月 15 日。

12. 进一步参看解释:威斯巴登地区法院对 1 KLs－4423 Js 39160/12 号案件的判决,2018 年 3 月 15 日。

13. 托比亚斯·蒂姆:《极具创造性的》,《时代周报》2013 年 6 月 20 日,第 26 版。

14. 斯蒂芬·科德霍夫、托比亚斯·蒂姆:《它闻起来像新油漆》,《时代周报》2014 年 10 月 16 日,第 43 版。

15. 托比亚斯·蒂姆:《极具创造性的》,《时代周报》2013 年 6 月 20 日,第 26 版。

16. 参照网页：http：//www.modigliani1909.com/index2.html。

17. 娜奥米·雷亚：《意大利警方可能已经解开了在热那亚举办的莫迪利阿尼假画展的幕后黑手之谜》，artnet.com 2019 年 3 月 14 日，https：//news.artnet.com/art-world/fake-modigliani-paintings-1488106。

18. 参照尼古拉斯·格林：《性情交易：19 世纪下半叶法国艺术领域的经济转型》，《艺术史》1987 年 3 月 10 日；罗伯特·詹森：《前卫艺术和艺术贸易》，《艺术期刊》1988 年冬。

19. 罗伯特·詹森：《边缘化欧洲的现代主义市场营销》，普林斯顿出版社，1994 年，第 3 页。（原文为：To market modernism artists, their dealers, critics, and historians required above all to establish its historical legitimacy. The historiographic enterprise was as much a part of merchandising Impressionism as the increasingly refined practices of art dealers to promote not only individual paintings but whole careers, and to do so not only through conventional publicity, but through carefully constructed exhibitions and a mode of personal persuasions that variously appealed to the speculative and/or connoisseurship skills of the potential client, the *amateur*.）

20. 斯蒂芬·科德霍夫：《梵高——人与神话》，科隆，2003 年。

21. 引用并翻译：匿名：《一份轰动性的未发表的文件：文森特·梵高的葬礼》，由画家埃米尔·伯纳德撰写，载于：《艺术文献》1953 年 2 月，第 1 页。

22. 参照国家博物馆联盟：《杜伊勒里宫桔园——让·沃尔特收藏——保罗·纪尧姆》，巴黎 1966 年（1991 年新版）。

23. 巴黎橘园博物馆。

24. 我对波恩的苏珊娜·克莱内提供的参考资料表示感谢。

25. 多拉·瓦利埃：《艺术与见证》，苏黎世，1961 年，第 50 页。

26. 参照赫米蒂奇基金会：《兹博罗夫斯基的画家——莫迪利阿尼、乌特里罗、苏蒂内和他们的朋友们》，展览图录，洛桑 1994 年。

27. 费舍尔画廊：《德国博物馆的现代艺术》，卢塞恩，1939 年 6 月 30 日。

28. 格萨·哲特：《锤子下的现代主义——1939 年卢塞恩菲舍尔画廊对"堕落的艺术"的"利用"》，载于乌韦·弗莱克纳主编《对前卫艺术的攻击——国家社会主义下的艺术和艺术政治》，柏林，2007 年，第 278 页（研究中心的文章《堕落的艺术》第 1 卷）。

29. 克利福德·欧文：《赝品！——埃尔米尔·德·霍里的故事，我们这个时代最伟大的艺术伪造者》，纽约，1969 年；德语版发行于斯图加特 1970 年。

30. 电影《伪作》。法国/伊朗/德国，1973 年。

31. 在这一点上，与 1998 年造成埃森富克旺根博物馆长期负面影响的阿列克谢·冯·雅夫伦斯基造假丑闻进行比较会很有意义，艺术家的继承人在这一事件中发挥了重要作用。

32. 亚瑟·普凡内斯蒂尔：《莫迪利阿尼——艺术与生活》，巴黎，1929 年。

33. 亚瑟·普凡内斯蒂尔：《莫迪利阿尼的画作》，洛桑，1958 年。

34. 科德霍夫，2003 年。

35. 安布罗乔·塞罗尼：《阿梅代奥·莫迪利阿尼，画家，随后是卢尼娅·捷克夫斯卡的"纪念品"》，米兰，1958 年。

36. 载于《艺术报》，2002 年 5 月。

37. 约瑟夫·兰特曼：《莫迪利阿尼 1884—1920 年，他的生活，他完整的工作，他的艺术》，巴萨罗那，1970 年。

38. 奥斯瓦尔多·帕塔尼：《莫迪利阿尼综合目录——绘画》，米兰，1991 年。

39. 奥斯瓦尔多·帕塔尼：《莫迪利阿尼综合目录——雕塑和设计 1909—1914 年》，米兰，1992 年。

40. 奥斯瓦尔多·帕塔尼：《莫迪利阿尼综合目录——设计 1906—1920 年，附保罗·亚历山大的图画收藏》，米兰，1994 年。

41. 引自亚历山大·诺埃尔：《不为人知的莫迪利阿尼——未发表的保罗·亚历山大收藏的素描、文件和资料》，安特卫普，1993 年。

42. 引自乔治娜·亚当：《伪造的莫迪利阿尼毒害了艺术市场》，《艺术报》2002 年 5 月。

43. 参考网页：http：//www.modigliani-amedeo.com/。

44. 马克·斯皮格勒：《一份蒙上阴影的遗产》，《艺术新闻》2007 年夏，第82—85 页。

45. 斯蒂芬·瓦利斯：《莫迪利阿尼乱局》，《艺术与拍卖》2001 年 4 月，第44 页。

46. 乔治·西尼基金会：《莫迪里阿尼和他的作品》，博尔加罗托里内塞，2000 年。

47. 斯皮格勒，2007。

48. 同上。

49. 克塞尼娅·普罗丹诺维奇:《未知的莫迪利阿尼画作在塞尔维亚出现》,路透社 2007 年 9 月 25 日,http://www. reuters. com/article/entertainmentNews/idUSL2576382620070925。

50. 帕里索,1996 年,第 40 页。

51. 引自马克·斯皮格勒:《莫迪利阿尼——专家之战》,《艺术新闻》2004 年 1 月,第 124—129 页。

52. 史蒂芬·瓦莱:《经销商对莫迪里阿尼的争夺战——是与否?》,《艺术与拍卖》2000 年 1 月,第 20—24 页。

53. 同上。

54. 斯皮格勒,2007。

55. 同上。

56. 参考网页:https://en. wikipedia. org/wiki/Wildenstein_ Institute。

57. 瓦莱,2001,第 46 页。

58. 斯皮格勒,2004。

59. 《费加罗报》2002 年 7 月 20 日。

60. 瓦莱,2001,第 39 页。

61. 同上。

62. 所有引自亚当 2002。

63. 引自斯皮格勒 2004。

64. 参考网页:https://www. dw. com/en/hitler-phone-a-fake-german-phone- expert/

a-37713206。

65. 参考网页：http：//www. droog-mag. nl/hitler/2019/rivett/index. html。

66. 原文此处和其他地方都提到了名字。

67. 勒内·阿隆吉：《希特勒铜雕的发现——德国人的犯罪史》，《犯罪学家》2017 年 4 月刊，柏林，第 6—14 页。

68. 同上。

69. 同上。

70. 布里吉特·赞德：《棕色的怀旧情结》，《时代周报》1978 年 12 月 8 日，https：//www. zeit. de/1978/50/braune-nostalgie。

71. 《人民报》1969 年 8 月 19 日，第 9 页，https：//www. delpher. nl/nl/kranten/ view? coll = ddd&identifier = ABCDDD：010847894：mpeg21：a0153。

72. 引自汉斯·乌尔里希-贡布雷希特：《阿道夫·希特勒很喜欢的电影如〈白雪公主〉或〈小鹿斑比〉》，载于《新苏黎世报》2018 年 9 月 26 日，https：//www. nzz. ch/feuilleton/adolf-hitler-verehrte-filme-wie-schneewittchen-oder-bambi-von-walt-disney-wer-den-grund-dieser-faszination-kennt-versteht-mehr-von-unserer-reaktionaeren-gegenwart-ld. 1422529。

73. 对巴特·FM. 德罗格提供的参考资料表示感谢。同样可见：https：//www. droog-mag. nl/hitler/2008/knacks-with-fake-hitlers. pdf。

74. 匿名：《早年希特勒家族》，《明镜周刊》1960 年，第 23 期，第 60 页。

75. 同上。

76. 斯文·菲利克斯·凯勒霍夫：《希特勒的艺术"作品"应多达 3 000 幅》，

《世界报》2019 年 1 月 30 日，https：//www. welt. de/geschichte/article1879

33434/Kunstmarkt-Mythen-Hitler-soll-bis-zu-3000-Bilder-gemalt-haben. html。

77. 奥地利国家档案馆（综合行政档案馆），E 1719 遗赠品洛曼 116 号文件

　　夹：记忆笔记，通讯：恩斯特·舒尔特-斯特拉豪斯博士（元首副手的工

　　作人员）给沃尔特·洛曼博士的信，1938 年 7 月 22 日。引自弗朗茨·约

　　瑟夫·甘格迈尔：《国家社会主义党档案》，维也纳大学毕业论文，2010，

　　http：//othes. univie. ac. at/12247/2010-10-09_0300622. pdf。

78. 同上。

79. 霍斯特·布雷德坎普，《伽利略 O 的故事——关于〈星际信使〉的研究报

　　告》，《星星与太空》2012 年 1 月，第 48 页，https：//www. spektrum. de/

　　magazin/die-geschichte-von-galileos-o/1133262。

80. 同上，第 45 页。

81. 尼古拉斯·施密德：《一本非常罕见的书——围绕伽利略的关键性论文的

　　谜团》，《纽约客》2013 年 12 月 16 日，第 63 页。

82. 布雷德坎普，2012 年，第 42 页。

83. 霍斯特·布雷德坎普：《艺术家伽利略——素描，月亮，太阳》，慕尼黑奥

　　登堡科学出版社，2007 年。

84. 埃琳娜/哈恩/奥利弗/尼德汉姆/保罗·布吕克尔：《伽利略的 O》第

　　一卷和第二卷，柏林德·格鲁特，2011 年。

85. 施密德，2013，第 65 页。

86. 霍斯特·布雷德坎普/ 托马斯·德·帕多瓦：《它像一道闪电击中了我们》

（采访），载于《每日镜报》2014 年 2 月 12 日，https：//www.
tagesspiegel. de/wissen/gefaelschte-galilei-zeich-nungen-es-traf-uns-wie-ein-
blitz/9466754-all. html。

87. 汉诺·劳特伯格：《假月亮》，载于《时代周报》2013 年 12 月 27 日，
https：//www. zeit. de/2014/01/faelschung-zeichnungen-galileo-galilei-horst-
bredekamp/komplettansicht。

88. 施密德，2013，第 67 页。

89. 施密德，2013，第 68 页。

90. 布里塔·萨克斯：《没有证据》，载于《法兰克福汇报》2014 年 6 月 20 日，
https：//www. faz. net/aktuell/fuenf-jahre-haft-fuer-herbert-schauer-ohne-
beweisfuehrung-13000869. html。

91. 施密德，2013，第 71 页。

92. 同上，第 72 页。

93. 巴伐利亚州立图书馆——德国国家文化基金会：《马丁·瓦尔德泽米勒地
图的全球分部——美国，新世界的早期形象》，柏林：联邦州文化基金会，
1992（＝遗产协会38）。

94. 《精装本和手稿，含美洲》，纽约苏富比，2005 年 11 月 30 日，44 号拍品
（插图）。

95. 施密德，2013 年，第 69 页。

96. 霍斯特·布雷德坎普/ 埃琳娜·布吕克尔/ 保罗·尼德汉姆：《伪造的伽利
略——揭开纽约版〈星际信使〉的面纱》，柏林德·格鲁特，2014 年，第

95 页。

97. 奥尔加·克朗斯泰纳：《文物的非法交易——资助恐怖主义的谣言》，载于《标准报》2018 年 6 月 30 日，https：//www. derstandard. at/story/200008 2486099/illegaler-antikenhandel-die-maer-von-der-terrorismusfinanzierung。

98. 参照网页：https：//web. archive. org/web/20040206042450/http：//www. ifar. org/ tragedy. html。

99. 贡特尔·韦塞尔：《文物的肮脏交易》，柏林克里斯托弗·林克斯出版社，2015 年，第 44 页。

100. 同上，第 45 页。

101.《天主教新闻社》2019 年 10 月 8 日，第 45 版。

102. 韦塞尔，2015 年，第 45 页。

103. 米歇尔·茨克：《盗墓者的十亿美元生意》，载于《每日镜报》2011 年 7 月 6 日，https：//www. tagesspiegel. de/wissen/handel-mit-kunstschaetzen-das-milliardengeschaeft-der-raubgraeber/4365476. html。

104. 参照网页：https：//www. heise. de/tp/features/Tor-auf-fuer-Raubgrabungsgueter-oder-Schutz-des-Kulturerbes-3407179. html。

105. 参 照 网 页：https：//www. gesis. org/forschung/drittmittelprojekte/archiv/illicid-illegaler-handel-mit-kulturgut-in-deutschland。

106. 参照网页：http：//interessengemeinschaftdeutscherkunsthandel. de/2019/07/03/pressemitteilung-freispruch-fuer-den-kunsthandel/。

107. 参照网页：https：//archaeologik. blogspot. com/2019/08/der-abschlussbericht-

von-illicid-und. html。

108. 同上。

109. 同上。

110. 同上。

111. 同上。

112. 克里斯托弗·施迈茨勒：《关于出口文件的事情》，载于《法兰克福汇报》2019 年 8 月 5 日，https：//www. faz. net/aktuell/feuilleton/debatten/studie-ueber-illegalen-kunsthandel-alles-nicht-so-dramatisch-16317786. html。

113. 参照网页：https：//www. heise. de/tp/features/Tor-auf-fuer-Raubgrabungsgueter-oder-Schutz-des-Kulturerbes-3407179. html。

114. 参照网页：http：//oi-archive. uchicago. edu/OI/IRAQ/iraq. html。

115. 匿名：《因接收被盗的内布拉星象盘而被缓刑》，载于《法兰克福汇报》2003 年 9 月 19 日，https：//www. faz. net/aktuell/gesellschaft/urteil-bewaehrungsstrafen-wegen-hehlerei-mit-himme-lsscheibe-von-nebra-174134. html。

116. 汉斯·凯策：《巴伐利亚州被洗劫的宝库》，载于《南德意志报》2012 年 9 月 19 日，https：//www. sueddeutsche. de/bayern/bullenheimer-berg-in-unterfranken-bayerns-gepluenderte-schatzkammer-1. 1471545。

117. 参照网页：http：//content. time. com/time/magazine/article/0，9171，963620，00. html。

118. 参照网页：https：//anywhereiwander. com/2011/06/24/%E2%80%9Cthe-marcoses-the-missing-filipino-millions%E2%80%9D/。

119.《对一个国家进行空前的掠夺》,《明镜周刊》1986 年 4 月 7 日,第 157 页等。

120. 杰妮·卡辛多夫:《走出去——难以捉摸的阿德南·卡舒吉,在城里和在码头上》,《纽约》杂志,1989 年 12 月 18 日,第 37 页等。

121. 参照网页:https://www.vanityfair.com/magazine/1989/09/dunne198909-https://books.google.de/books? id = NugCAAAAMBAJ&pg = PA40&lpg = PA40&dq = khashoggi + marcos + art&source = bl&ots = D GvPF6S-Hn&sig = gGp8R-03RxTKHOE1JJOgJ2rj-SQ&hl = de&sa X&ved = 0ahUKEwiIkoXUv MHZAhWMZlAKHV5YC84Q6AEIX TAK # v = onepage&q = khashoggi%20marcos%20art&f=false。

122. 参照网页:http://www.telegraph.co.uk/news/worldnews/northamerica/usa/9694017/Imelda-Marcos-secretary-tried-to-sell-missing-32-million- Monet-painting.html。

123. 参照网页:http://www.thesmokinggun.com/documents/billionaire-bought-hot-monet-painting-687432。

124. 参照网页:http://www.telegraph.co.uk/news/worldnews/northamerica/usa/10418395/British-billionaire-pays-10-million-to-avert-legal-claim-on-his-Monet-painting.html。

125. 参照网页:https://www.bloomberg.com/news/articles/2017 - 01 - 13/shoe- queen-imelda-owned-art-too-and-her-country-wants-it-back。

126. 参照网页:https://www.icij.org/investigations/offshore/ferdinand-marcos-

daughter-tied-offshore-trust-caribbean/。

127. 迈尔斯·C.加西亚:《三十年后——追赶马科斯时代的罪行》,旧金山,2016 年,第 84 页。

128. 参照网页:https://kurier. at/chronik/weltchronik/schweiz-autos-des-diktatoren sohns-in-genf-beschlagnahmt/228.771.822。

129. 参照网页:https://www. huffingtonpost. com/artinfo/terrifying-taste-21-despo_ b_ 2535030. html。

130. 参照网页:https://www. finews. ch/news/banken/23793-1mdb-usa-fbi-fin ma-mas-najib-razak-jho-low-khadem-al-qubaisi-bsi-ubs-falcon。

131. 参照网页:https://news. artnet. com/art-world/documents-show-jho-low-tktkt-567875 https://www. justice. gov/opa/pr/united-states-seeks-recover-more-1-billion-obtained-corruption-involving-malaysian-sovereign。

132. 参阅沃尔夫冈·乌尔里希:《背对着墙——权力地位的新象征》,柏林,2000 年,第 19 页。

133. 赫尔格·阿亨巴赫:《从扫罗到保罗——艺术和建筑咨询》,雷根斯堡,1995 年。

134. 赫尔格·阿亨巴赫:《艺术煽动者——从采集到捕猎》(编者为克里斯蒂安·霍夫曼斯),奥斯特菲尔登,2013。

135. 赫尔格·阿亨巴赫:《自我毁灭——一个艺术经销商的自白》,慕尼黑,2019 年,第 66 页。

136. 托比亚斯·蒂姆:《为奥乐齐的继承人准备的毕加索作品》,《时代周报》

2014 年 12 月 11 日，第 51 版。

137. 阿亨巴赫，2019 年，第 163 页。

138. 科内利斯·蒂特尔：《现代的乌托邦》对马丁·温特科恩和克劳斯·比森巴赫的采访，《周日世界报》2011 年 5 月 29 日，第 22 版。

139. 《大众汽车震撼纽约现代艺术博物馆》，《彩色》杂志 2011 年 5 月 31 日，第 23 版。

140. 贝伦贝格艺术咨询公司的新闻稿，2011 年 9 月 29 日。

141. 引自托比亚斯·蒂姆：《寻找感兴趣的人》，《时代周报》2013 年 7 月 25 日，第 31 期。

142. 阿亨巴赫，2013 年，第 229 页。

143. 阿亨巴赫，2019 年，第 185 页。

144. 参考托比亚斯·蒂姆：《朦胧拼贴画》，《时代周报》2015 年 2 月 19 日，第 8 期。

145. 凯－D.布斯曼：《市场上针对洗钱的预防——功能、机会和不足》，柏林斯普林格出版社，2018 年，第 97 页。

146. 福斯托·马丁·德桑克蒂斯：《通讨艺术品洗钱——刑事司法的视角》，海德堡斯普林格出版社，2013 年，第 3 页。

147. 帕特里夏·科恩：《有价的艺术品，无价的洗钱工具》，载于《纽约时报》2013 年 5 月 12 日。

148. 艾琳·金塞拉：《英国艺术品经销商马修·格林被指控参与 900 万美元的毕加索洗钱计划》，artnet. com，2018 年 3 月 6 日，https：//news. artnet.

com/art-world/matthew-green-charged- money-laundering-us-1236929。

149. 亚历克斯·拉尔夫：《艺术品经销商马修·格林卷入让博福特证券破产的欺诈案》，载于《泰晤士报》，2019 年 5 月 13 日，https：//www. thetimes. co. uk/article/art-dealer-embroiled-in-beaufort-securities-fraud-made-bankrupt-hqrmmdxlp。

150. 诺伯特·库尔斯：《几乎像麦道夫一样厚颜无耻》，载于《法兰克福汇报》2009 年 7 月 11 日，https：//www. faz. net/aktuell/wirtschaft/marc-dreier-fast-so-dreist-wie-bernie-madoff-1827893. html。

151. 杰克·伯恩斯坦：《巴拿马文件——保密的艺术》，Icij. org，2016 年 4 月 7 日，https：//www. icij. org/investigations/panama-papers/2016 0407-art-secrecy-offshore/。

152. 匿名：《莱昂纳多·迪卡普里奥不得不交出他的毕加索》，载于《Bilanz》2017 年 6 月 16 日，https：//www. bilanz. ch/people/leonardo-dicaprio-muss-seinen-picasso-abgeben-889248。

153. 参照网页：https：//news. artnet. com/art-world/documents-show-jho-low-tktkt-567875。

154. 凯利·克罗/布拉德利·厚普：《在艺术市场上大放异彩的一马来公司人物成为卖家》，载于《华尔街日报》2016 年 5 月 19 日，https：//www. wsj. com/articles/1mdb-figure-who-made-a-splash-in-art-market-becomes-a-seller-1463695018。

155. 科恩，2013 年。

156. 莫妮卡·罗斯:《艺术品贸易中的洗钱行为》,在"2014 年艺术与法律"会议上的发言,巴塞尔大学,2014 年 6 月 20 日: Roth-Monika_ Auszug_ Tagung_ Kunst_ und_ Recht_ 150312. pdf,第 49 页。

157. 同上,第 54 页。

158. 莫妮卡·罗斯:《艺术品贸易中的洗钱行为:问对的问题》,载于《艺术与法律》,柏林 2016 年 2 月,第 35—40 页。

159. 同上,第 35 页。

160. 科恩,2013 年。

161. 同上。

162. 布斯曼,2018 年,第 97 页。

163. 同上。

164. 同上,第 124 页。

165. 同上,第 125 页。

166. 大卫·E. 卡普兰/ 阿莱克·杜布罗:《山口组——日本的地下犯罪世界》,加州伯克利大学出版社,2012 年,第 183 页。

167. 同上,第 184 页。

168. 亨德利克·安肯布兰德:《中国的艺术品市场是洗钱的乐园》,载于《法兰克福汇报》2019 年 3 月 28 日,https://www. faz. net/aktuell/finanzen/meine-finanzen/chinas-kunstmarkt-ist-eine-spielwiese-fuer-geldwaesche-16113447. html。

169. 陶汉石:《刘特佐和〈华尔街之狼〉:马来西亚商人如何"勾搭上迪卡普

里奥"》，载于《南华早报》2015 年 5 月 12 日，https：//www. scmp.

com/business/article/1735821/jho-low-and-wolf-wall-street-how-malaysian-

businessman-hooked-dicaprio。

170. 克罗/厚普，2016 年。

171. 匿名，2017 年。

172. 同上。

173. 加里·鲍姆：《莱昂纳多·迪卡普里奥、马来西亚人和马龙·白兰度失踪
的奥斯卡奖杯》，载于《好莱坞报道》2016 年 9 月 21 日，https：//www.

hollywoodreporter. com/features/leonardo-dicaprio-malaysians-marlon-brandos-

931040。

174. 斯万特吉·卡里奇/ 科内利斯·蒂特尔：《艺术品贸易应该集中组织起
来》，载于《世界报》2015 年 6 月 1 日，https：//portal03. deutsch

landradio. de/kultur/article141743893/，DanaInfo=www. welt. de，SSL+Der-

Kunsthandel-sollte-sich-zentral-organisieren. html#。

175. 马蒂亚斯·德普夫纳：《艺术是属于全世界的》，载于《蓝色杂志》2015
年 7 月 1 日。

176. 《关于实施欧盟新洗钱法规的政府草案的非文件》，柏林联邦财政部，
2019 年。

177. 参考阿利桑德拉·达吉曼吉安：《艺术品市场的洗钱问题——关于在美国
监管通过艺术品洗钱的建议》，载于《福特汉姆知识产权、媒体和娱乐
法杂志》2019 年第 2 期第 2 卷，纽约福特汉姆大学，2019 年，https：//

ir. lawnet. fordham. edu/iplj/vol29/iss2/7/。

178. 扎克瑞·斯莫尔:《艺术界是否存在洗钱的问题?》,hyperallergic. com,2018 年 10 月 18 日, https://hyperallergic. com/ 465736/does-the-art-world-have-a-money-laundering-problem/。

179. 参照网页:https://www2. deloitte. com/lu/en/pages/art-finance/articles/art- finance-report. html。

180. 格尔德·塞里格:《新的洗钱法是否威胁到艺术品交易?》载于《垄断》杂志网页版,2019 年 7 月 30 日, https://www. monopol-magazin. de/bedroht-das-neue-geldwaeschegesetz-den-kunsthandel。

181. 同上。

182. 同上。

183. 彼得·劳厄:《用大炮打麻雀》,载于《艺术报》2019 年 9 月,第 3 页。

184. 塞里格,2019 年。

185. 克里斯蒂安娜·弗里克:《请出示您的证件!》——今后,艺术品经销商将必须证明客户的身份。载于,《商报》2019 年 7 月 4 日,https://www. handelsblatt. com/arts_ und _style/kunstmarkt/geldwaeschegesetz-ihren-ausweis-bitte-kunsthaendler-muessen-kuenftig-die-identitaet-der-kunden-nachweisen/24517294. html? ticket =ST-31668449-bIgvf1tOr3qjIUAsa9P3-ap3。

186. 劳厄,2019 年。

187. 福斯托·马丁·德桑克蒂斯:《艺术界的自律和防止洗钱的需要》,载于《商业和经济杂志》2014 年第 3 期第 5 卷,第 7 页,https://www.

omicsonline. org/ open-access/business-and-economics-journal-2151-6219. 1000108. php？aid＝31714。

188. 同上。

189. 布斯曼，2018 年，第 61 页。

190. 参照网页：https：//www. privateartinvestor. com/art-business/money-laundering-through-art-what-all-stakeholders-must-know823/。

191. 参照网页：https：//www. swissinfo. ch/ger/wirtschaft/die-diskreten-bunker-der-superreichen/40485786。

192. 瑞士联邦审计署：《自由港和开放的海关仓库——对授权和控制活动的评价》，2018 年 1 月 28 日，https：//www. efk. admin. ch/images/sto ries/ efk_ dokumente/publikationen/evalua-tionen/Evaluationen %20（45）/12490BE_ Entrepots_ douaniers_ PUBLICATION_ RAPORT_ FINAL. pdf。

193. 菲利普·迈尔：《一件藏品的诞生》，《新苏黎世报》，2011 年 10 月 21 日。

194. 劳拉·吉尔伯特：《关于莫迪利阿尼画作的法律争论持续不断》，《艺术报》网页版，2018 年 4 月 20 日，https：//www. theartnew spaper. com/ news/legal-battle-over-modigliani-painting-rumbles-on。

195. 同上。

196. J. 埃米尔·森纳瓦尔德/ 托比亚斯·蒂姆：《在美丽的地堡里》，《时代周报》2013 年 4 月 25 日，第 18 版。

197. 本·路易斯：《最后的莱昂纳多——世界上最昂贵的绘画的秘密生活》，伦敦，2019 年。

198. 美国纽约南部地区法院，雅克德乐国际有限公司等同苏富比公司等的案件 18 - CV - 9011 （JMF）。

199. 彭博社网页版，2019 年 7 月 17 日，https：//www. bloomberg. com/news/articles/2019-07-17/asia-s-fort-knox-said-to-be-up-for-sale-as-owner-fights-tycoon。

200. 玛格丽塔·贝托尼/ 弗洛里亚娜·布卢恩：《意大利被盗之宝》，《南德意志报》2019 年 11 月 21 日，https：//www. sued deutsche. de/kultur/operation-achei-italien-europol-schmuggel-archaeologie-1. 4691210。

201. 参照网页：https：//www. npr. org/2010/11/29/131664254/staggering-cache-of- picassos-turns-up-in-france？ t = 1574523817055。

202. 参照网页：https：//www. tagesschau. de/ausland/verschwundene-kunstwer-ke-in-china-luepertz-101. html。

203. 斯文·米歇尔森采访丹尼尔·里希特：《如果由我来决定，这些画作会自己画出来》，《南德意志报杂志版》2015 年 9 月 16 日，第 35 版，https：//sz-magazin. sueddeutsche. de/kunst/wenn-es-nach-mir-ginge-wuerden-sich-die-bilder-selber-malen-81648。

204. 马库斯·梅兹/格奥尔格·塞斯伦：《金钱吞噬艺术，艺术反噬金钱》，本小册子，柏林，2014 年。

205. 托比亚斯·蒂姆对格奥尔格·塞斯伦的采访：《为艺术而起义》，《时代周报》2014 年 8 月 21 日，第 35 版，https：//www. zeit. de/2014/35/georg-seesslen-kunstmarkt。

图书在版编目（CIP）数据

艺术与犯罪：艺术市场的掠夺、造假与诈骗/（德）
史蒂芬·科德霍夫，（德）托比亚斯·蒂姆著；潘南婷译
. —上海：上海书店出版社，2023.12
ISBN 978 - 7 - 5458 - 2287 - 8

Ⅰ.①艺… Ⅱ.①史… ②托… ③潘… Ⅲ.①艺术品
—犯罪—研究 Ⅳ.①D912.16

中国国家版本馆 CIP 数据核字（2023）第 089889 号

Original Title：„Kunst und Verbrechen" by Stefan Koldehoff and Tobias Timm
First published under the imprint Galiani Berlin
Copyright © 2020, Verlag Kiepenheuer & Witsch GmbH & Co. KG, Cologne/Germany
Simplified Chinese translation copyright © 2023 by Shanghai Bookstore Publishing House

版权合同登记号：图字 09 - 2023 - 0224 号

责任编辑　何人越
封面设计　郦书径

艺术与犯罪
——艺术市场的掠夺、造假与诈骗
[德] 史蒂芬·科德霍夫　[德] 托比亚斯·蒂姆　著

出　　版　上海书店出版社
　　　　　（201101　上海市闵行区号景路 159 弄 C 座）
发　　行　上海人民出版社发行中心
印　　刷　苏州市越洋印刷有限公司
开　　本　889×1194　1/32
印　　张　11.25
字　　数　160,000
版　　次　2023 年 12 月第 1 版
印　　次　2023 年 12 月第 1 次印刷
ISBN 978-7-5458-2287-8/D.72
定　　价　78.00 元